KB130930

당신은 신(神)을 만나 보았는가?

전쟁의 서막

신과의
만남 ㊤

당신은 신(神)을 만나 보았는가?

전쟁의 서막

신과의 만남 ㊤

진상현 지음

지식공감

———— 중편 ————

─────── 하편 ───────

상편
목차

제1장

서문(序文)

이 글을 쓰게 된 동기는 우연하게 유튜브(YouTube)에서 신을 만나 계시를 받고 도(道)를 전한다는 사람들의 영상을 시청하면서, 그 사람들이 만나 본 알 수 없는 존재는 신계에 거주하는 신이 아니라 사후세계에 살고 있는 영혼 또는 불가시 존재라는 사실을 알려드리고자 함이다. 또한 영계에 대하여 궁금해하는 많은 사람들에게, 내가 10년 전에 경험했거나 현재 경험하고 있는 체험담을 나누어주며, 신들께 받은 수기(手記)를 실천하고자 한다.

내가 쓴 이 글은 상상력으로 지어낸 판타지 소설이 아니라, 나의 경험담으로서 개인의 정보 보호 및 명예 실추를 방지하고, 독자 여러분들의 빠른 이해를 돕기 위하여 부득이하게 지명 및 인물들을 각색하였으며, 일부분의 내용은 팩션(Fact+Fiction, 사실에 상상력을 덧붙임) 하였다. 그리고 내가 거짓 없는 진실로 이 글을 작성하였다는 것을 증명하기 위하여 나의 사주팔자를 공개하고자 하니, 영능력자와 무속인 그리고 사주팔자를 공부하는 명리학자들은 참고하기 바란다.

나는 1971년 8월 21일(음력) 묘시에 태어난 진상현(陳相現)으로 지금으로부터 10년 전인 내 나이 36세 때인 2006년도에 영적 체험을 처음 하게 되었으며, 도중에는 신계 신전을 보았고, 2016년 5월에 나의 간절한 바람으로 영적 체험을 통해 신을 다시 만나 보게 되었다. 또한, 이전에 글을 쓰는 공부를 전혀 한 바가 없는 관계로 어법, 문체 및 문맥이 서로 맞지도 않고 매끄럽지 못할 수 있으니, 형식보다는 내용 위주로 글을 읽어 주길 바란다.

마지막으로 천지신명(天地神明)들에게 수기(秀氣)를 받고 음지에서 자신의 맡은바 소임을 다하고 있는 신가(神家)의 수행자들과 이 책을 읽고 도움을 얻어 가시는 모든 분들에게 천복(天福)이 함께 하시길 기원한다.

참고 자료

1. 주요 존재

1) 범아신(凡我神) : 현상(現像)이 있으며, 전체적인 의식으로 소통하는 세계에 있는 존재이며 생기(生氣)의 원천지이다.

2) 생기(生氣) : 세상을 구성하고 스스로 움직이는 물질적·비물질적 생명이 있는 원천(源泉) 기운(氣運) 덩어리. 단순한 뜻으로는 물질에게 생명을 줄 수 있는 생명의 기운(氣運)을 말한다.

정보가 전혀 없는 최초의 살아 있는 생명 에너지로서 생각할 수 있는 의지(意志), 인지할 수 있는 인식(認識) 그리고 행복과 고통 등을 느낄 수 있는 감각(感覺)을 가지고 있다.

범아신(凡我神)으로부터 최초로 윤회를 하기 위해 분리된 생기(生氣)는 즉시 영(靈)으로 둘러싸여 영(靈)이 된 후에, 현세계(現世界), 사후세계(死後世界)와 영계(靈界)를 끊임없이 윤회를 하고, 마침내 생기(生氣)를 둘러싼 영(靈)을 깨뜨리고 신(神)이 되는 존재다.

과학자들이 부단한 노력으로 마침내 생물을 구성하는 물리화학적 및 DNA를 완전하게 알게 되어 완벽한 생물의 형태를 만들 수 있어도 생명의 기운인 생기(生氣)를 만들 수는 없다.

생콩이나 씨앗을 땅에 뿌리고 오랜 기간 동안 지켜보게 되면 땅에서 싹이 돋아나게 되지만, 생콩이나 씨앗을 먼저 증기로 삶은 후에 땅에 뿌리게 되면 아무리 오랜 기간을 기다려본다고 하여도 뿌린 땅에서는 더 이상 싹이 올라오지 않는다.

증기로 삶았던 콩과 씨앗은 생콩이나 씨앗처럼 물리화학적 구조는 그대로 간직하고 있었지만, 증기로 삶는 과정에서 콩이나 씨앗 자체를 스스로 운영할 수 있는 생기가 빠져나와 삶은 콩과 씨앗에게는 더 이상 생기가 존재하지 않기 때문에 싹이 나오지 않는 것이다.

신의 근원도 생기임으로 생기인 신이 새로운 생기를 만들 수 없는 것처럼, 아무리 과학이 비약적인 발전을 거듭하더라도 영 안에 존재하는 생기로 운영되고 있는 사람이 새로운 생기를 절대로 만들어 낼 수 없다.

3) 영체(靈體) : 현세계(現世界)에서 영(靈)이 장착한 물체를 뜻하며, 미생물부터 사람에 이르는 생명체와 물질인 비생물체도 영(靈)이 장착할 수 있는 영체(靈體)가 될 수 있다. 영체(靈體)는 정

(精)과 혼(魂) 그리고 백(魄)의 힘을 가지고 있다.

4) 영혼(靈魂) : 현세계(現世界)에서 영(靈)이 장착한 물체를 벗어버리고 사후세계(死後世界)에서 영(靈)과 혼(魂)만을 가지고 살아가는 존재를 말한다. 영혼(靈魂)은 정(精)과 혼(魂)의 힘을 가지고 있다.

5) 영(靈) : 영계(靈界)에서 살아가는 존재로 비물질적인 정(精)의 힘만을 가지고 있다.

6) 신(神) : 다양하고 많은 정보를 가지고 소지한 생기(生氣)를 말하며, 개별적인 의식을 가지고 소통하는 존재이다.

7) 불가시 존재 : 사람이 탄생하기 이전에 지구에서 살고 있었거나 사람과 생물들의 기운(氣運)이 혼재된 영 또는 외계에서 지구로 이전한 영(靈)들을 말한다.

2. 각종 세계

1) 범아계(凡我界) : 현상(現像)이 있으며, 거주하는 모든 존재가 전체적인 의식을 가지고 소통하는 세계이다. 어떤 원리로 작동하는지는 현재로서는 도무지 알 수 없다.

2) 신계(神界) : 현상(現像)이 있으며, 다양하고 많은 정보를 소지한 생기(生氣)인 신(神)이 거주하는 장소로 신(神)이라는 존재 각각이 구분된 의식을 가지고 전체와 소통하는 세계이다. 생기에서 나오는 비물질적 에너지인 기(氣)를 사용한다.

3) 영계(靈界) : 공통으로 인식하는 현상(現像)이 없으며, 생기에서 나오는 비물질적 에너지인 정(精)을 사용하는 영(靈)들이 살고 있는 장소이다.

4) 사후세계(死後世界) : 정신적 물질세계인 사후세계(死後世界)는 정신적 물질 힘인 혼(魂)과 비물질적 힘인 정(精)을 가진 영혼(靈魂)들이 거주하는 장소이다.

5) 현세계(現世界) : 물질적 물질세계와 정신적 물질세계가 모두 존재하는 현세계(現世界)는 물질을 움직이는 힘인 백(魄)과 정신을 움직이는 힘인 혼(魂) 그리고 비물질적 에너지인 정(精)의 힘이 공존하는 장소로서 물질을 움직이기 위하여 미생물로부터 사람에 이르기까지 물체에 영(靈)이 들어가 사는 형태인 영체(靈體)들이 살고 있다.

3. 주요 개념

• 1) 생기(生氣)의 탄생, 그리고 윤회(輪廻) 과정과 중요성

현세계(現世界)에서 현미경에 눈을 대고 미생물의 세계를 관찰할 때 우리가 알아내지 못한 어떤 존재가 눈에서 출발하여 미생물에 도달한다.

미생물에 대한 정보를 가지고 다시 눈으로 되돌아와 우리의 의식 속에 정보를 주는 과정처럼, 범아신(凡我神)이 영계(靈界) 이하의 세계를 관찰할 때, 범아신(凡我神)에게서 아주 미세한 생기(生氣)라는 존재가 떨어져 나가면서 생기(生氣)에 두꺼운 형체가 덮여져 영(靈)이 된다.

영(靈)은 영계(靈界)와 사후세계(死後世界) 및 현세계(現世界)를 끊임없이 윤회(輪廻)하면서 영(靈) 안의 생기(生氣)에 범아신(凡我神)이 필요로 했던 만큼의 정보를 완전하게 습득하게 된다.

그리고 마침내 생기(生氣)를 덮고 있던 영(靈)을 깨뜨리고 정보를 가진 생기(生氣)인 신(神)이 되어 범아계(凡我界)로 되돌아가 범아신(凡我神)이 필요로 했던 정보를 전달하는 모든 과정이 윤회(輪廻)이다.

생기(生氣)에게 지식과 경험을 통한 정보를 축적하는 윤회(輪廻)가 꼭 필요한 이유는 다음과 같다. 사람의 눈도 현미경을 통해 미생물을 관찰하면서 다른 생각을 하고 있으면, 사람의 눈에서 나온 우리가 아직 알아내지 못한 존재가 미생물에 도달하여 정보를 습득한 후에도 사람의 의식으로 되돌아가지 못하고 현세계(現世界)의 어느 공간에 대기 상태로 남아 있게 된다.

이처럼 범아(凡我)의 원천적인 신(神)이 필요로 하는 정보를 축적하지 못한 생기(生氣)는 영원히 범아계(凡我界)로 되돌아가지 못하게 되어 지속적인 고통을 받기 때문이다.

- 2) 영(靈)의 행성 이전

범아신(凡我神)이 관찰하는 장소가 생기(生氣)가 태어나는 장소이며, 현세계(現世界)인 우주 속에 존재하는 각 행성에는 영(靈)들이 장착하여 정보를 습득하여야 하는 생물들이 다양하게 분포하여 살고 있다.

또한, 끊임없는 윤회(輪廻)로부터 파생된 영(靈)의 양적 성장의 결과물인 파장이라는 진폭과 에너지 크기에 맞게 장착할 수 있는 생물의 등급도 각각 다르게 구성되며, 영(靈)의 질적 성장의 결과물인 고급 정보의 저장에 따라 현세계(現世界)에서의 삶도 크게 차이 나게 된다.

18

반복되는 윤회(輪廻)는 영(靈)에게 양적으로는 더 많은 정보를 저장할 수 있도록 영(靈)적 파장과 에너지의 크기를 높여주어 영(靈)이 저등 생물에서 고등 생물로 진화하여 장착할 수 있도록 만들어 준다.

질적으로는 가치가 높은 정보를 소지함으로써 영(靈)의 품격이 높아지도록 만들어주며, 활발한 영(靈)적 교감(交感)을 통하여 더욱 영(靈)적 힘이 강하게 만들어준다.

과거 시리우스 별에 사는 고등 생물에 장착된 영(靈)들이 영(靈)적 파장과 에너지의 크기가 더 높아져 더 이상 장착할 수 있는 생명체가 없게 되자, 신계(神界) 신(神)들이 지구에 살고 있던 공룡들을 멸종시키고, 진화라는 형식을 활용하여 유인원보다 영(靈)적 파장과 에너지의 힘이 센 거인족과 사람을 만든 후에 시리우스 별의 영(靈)들을 지구로 이전시켜 주었고, 그 결과 현재 지구에 살고 있는 사람들에게 장착한 일부 영(靈)들의 고향은 시리우스 별이 되었다.

마찬가지로, 반복되는 윤회(輪廻)로 더 많은 정보를 저장할 수 있도록 영(靈)적 에너지가 더 높아진 사람들의 영(靈)도 지구에서 장착할 생명체가 더 이상 존재하지 않게 되면, 우주의 다른 행성으로 이전하게 된다. 외계인이란 영(靈)이 장착할 수 있는 또 다른 형태의 생명체일 뿐이다.

• 3) 영(靈)적 성장

영(靈)적 성장은 반복된 윤회(輪廻)의 결과이며, 크게 양적 성장,

질적 성장과 힘으로 구분되는데

① 양적 성장은 많은 윤회(輪廻)를 거듭할수록 많아진 정보를 영(靈) 안의 생기(生氣) 속에 저장하기 위하여 영(靈)적 파장과 에너지의 크기를 높이는 현상을 말한다. 윤회(輪廻)를 거듭하면 할수록 영(靈)적 파장과 에너지의 크기가 높아지며, 영(靈)이 장착할 수 있는 대상의 흐름도 미생물에서 식물과 동물을 거쳐 사람까지 도달할 수 있게 만들어 준다.

영(靈)적 에너지의 파장과 에너지의 크기는 장착할 수 있는 생물의 종류를 결정하게 되는데 현세계(現世界)에서 환생(還生)하였지만 사람에게 장착하여 운영할 수 없는 낮은 영(靈)적 파장과 에너지의 크기를 가지고 있는 영(靈)은 동물 이하의 생물에게 장착된다.

영계(靈界)를 정화시키는 장소에서 영(靈) 대 영(靈)과의 정산을 하는 대부분의 영(靈)은 영(靈)적 파장과 에너지의 크기가 더 높아지지만, 신(神) 대 영(靈)과의 정산을 하는 대부분의 영(靈)은 영(靈)적 파장과 에너지의 크기가 크게 낮아져 환생(還生)하게 되었을 때 동물 이하의 생물에 장착되어 현세계(現世界)를 살게 된다.

② 질적 성장은 윤회(輪廻)를 거듭하면서 얻은 가치 있는 정보를 영(靈) 안의 생기(生氣) 속에 저장하는 현상을 말한다. 가치 있는 정보를 저장한 영(靈)은 가치 있는 정보와 비례한 품성(인격)을 가지게 된다.

수많은 윤회(輪廻)를 하면서도 가치 없는 많은 정보만 습득한 영(靈)은 저장된 많은 정보 때문에 영(靈)적 파장과 에너지의 크기가 높아 사람으로 환생(還生)을 하게 되었지만, 인면수심(人面獸心)의 마음을 가지고 태어날 수 있다.

그러나 적은 윤회(輪廻)를 하면서도 가치 있는 정보를 습득한 영 (靈)은 적은 정보 때문에 영(靈)적 파장과 에너지의 크기가 낮아 비록 동물로 환생(還生)을 하게 되었지만, 품격 있는 동물 생활로 일반적인 동물들의 생활과는 확연하게 구별된 삶을 살게 된다.

③ 힘은 윤회(輪廻)를 거듭하면서 얻은 만물과의 교감(交感)능력 으로 발생하는 현상을 말한다. 남을 돕거나 사회에 긍정적 역할 을 수행하는 사람은 스스로에게 자신감도 생기고, 타인과의 교류 도 활발해지며, 이로 인하여 영(靈) 안 생기(生氣) 활동이 왕성하게 되어 더 큰 영(靈)적 힘이 생긴다. 반면 남을 해치거나 사회에 부 정적 역할을 수행하는 사람은 스스로 위축되고 타인과의 교류도 점차 차단되어 영(靈) 안의 생기(生氣) 활동도 둔화됨으로 인하여 영(靈)적 힘이 점차 약해진다.

4) 생기(生氣)의 중요성

잔혹한 장면을 본 사람이 미쳐 버리거나, 기발한 생각을 한 사 람이 환희에만 빠져있는 것처럼, 범아신(凡我神)에게서 나온 극히 적은 양의 생기(生氣)지만, 생기(生氣) 안에 저장된 정보가 범아계 (凡我界)로 되돌아가 범아신(凡我神)의 의식 전체를 변화시킬 수 있 기 때문에, 정보가 들어있는 하나하나의 생기(生氣)는 대단히 중 요한 가치를 지니고 있다.

유튜브(YouTube)에서 신을 만나 계시를 받고 도(道)를 전한다는 사람들을 보았는데, 신이 근엄한 사람의 형상으로 나타났으며, 사람의 음성으로 신의 계시를 받았다고 주장한다.

나는 이런 것이 궁금했다.

신은 선지자(先知者)들에게 사람의 형상과 음성 없이 신의 뜻을 완전하게 전달하지 못할까?

자신이 상상한 기대와 다른 신의 형상과 음성을 보고 들은 선지자(先知者)들의 실망감은 없었을까?

사후세계와 영계의 여행을 다녀온 후 나는 다음과 같은 사실을 알게 되었다. 사람들이 서로의 대화에서 말하고 있는 내용인 언어적 신호의 호감도와 시각 또는 청각 등 비언어적 신호가 보이는 내용의 호감도가 서로 다를 때에는 말의 내용인 언어적 신호보다는 시각 또는 청각 등 비언어적 신호에 의하여 호감도가 결정된다는 《메리비언 법칙》이 있다.

《메리비언 법칙》은 심리학자 앨버트 메리비언이 발표한 이론으로 말하는 내용과 목소리, 표정, 태도가 나타내는 내용이 상반될 때 대화 상대방이 중시하는 것으로는 말은 7%에 불과하지만 청각 정보인 목소리는 38%, 시각 정보인 표정은 35%, 시각 정보인 태도는 20%나 된다는 이론이다.

한가지 예를 들면, 내가 친한 친구와 격한 논쟁을 하면서 심각한 표정으로 말하지 않고 싱겁게 웃으면서 말한다면, 나와 논쟁을 벌이고 있던 내 친구는 내가 말한 내용보다는 나의 태도를 보고 심각한 논쟁을 하지 않는다고 판단하게 된다는 뜻으로 말의 내용보다 비언어적인 태도나 목소리, 표정이 상대방에게 더 큰 영향을 미친다고 할 수 있다. 그리고 효과적인 의사소통을 하기 위해서는 말하는 사람은 듣는 사람에게 상대방의 입장에서 이해하기 쉽게 전달해야 하고, 듣는 사람은 말하는 사람이 자유롭게 말할 수 있도록 분위기를 조성시켜 주어야 한다.

만약 당신이 개의 언어를 완벽하게 구사할 수 있어 개에게 아주 중요한 이야기를 전달하고자 시도할 때, 비언어적인 태도나 표정은 사용하지 않고, 근엄한 모습으로 개의 언어로만 내용을 전달하는 방식을 선택한다면, 상대방 입장에서 쉽게 내용을 전달할 수 있는 효과적인 의사소통 방법을 선택한 것이 결코 아니다.

또한, 듣는 개의 입장에서도 자신이 상상하지 못했던 마음에 들지 않는 사람의 모습을 만나게 되면, 몹시 실망스러운 마음으로 인하여 사람이 개에게 전달하고자 하는 내용을 쉽게 받아들이지 못하여 효과적인 의사소통이 이루어지지 않을 수도 있다.

신이 근엄한 모습으로 나타나 사람의 음성으로 계시를 한다면, 정확한 의사를 전달받지 못할 뿐 아니라 자신이 상상한 기대와는 전혀 다른 말끔한 스포츠머리가 아닌 덥수룩한 머리를 가진 마음에 들지 않는 신의 형상을 보면서 계시를 받고 있는 사람들은 원치 않던 실망감을 가지게 될 수 있다. 더구나 신의 목소리마저 천상의 고운 목소리가 아닌 듣기 거북한 거친 목소리라면 무의식적으로 《메리비언 법칙》이 작동되어 신의 계시(啓示)는 환청으로 무시될 수도 있을 것이다.

　신이란 존재는 무형상과 무음성인 감응(感應)의 형태로 신의 뜻을 사람에게 완전하게 전달할 수 있기 때문에, 신의 형태를 왜곡시켜 보여줄 필요가 없다. 내가 신계와 영계에서 신과 대화할 때의 기억을 상기하여 보면 의식으로 궁금한 점을 떠올린 순간과 동시에 해답이 의식 속에 들어와 저절로 알게 되지만, 어떤 형상을 보거나 음성을 들을 수 없는데 신계나 영계에서의 대화법은 감응(感應)과 비슷한 형태이기 때문이다.
　참고로 물질적 물질세계인 현세계와 정신적 물질세계인 사후세계와는 완전히 다른 비물질적 세계가 바로 영계이며, 영계 이상에서만 신이나 신장(神將)들을 만나 볼 수 있다. 비물질적 세계에서는 물질적 세계에서 사용하는 형상이나 음성이 절대로 존재하지 않는다.

　★ 결론은 신이라는 존재는 왜곡되지 않는 무형상과 무음성인 감응(感應)의 형태로 전달하고자 하는 사람에게 신의 뜻을 완전하게 전달할 수 있기 때문에, 도(道)를 전한다는 사람들에게 사람의 형상과 음성으로 나타나 계시(啓示)를 한 알 수 없는 존재는 신계나 영계에 거주하는 신이 아니라 사후세계에 존재하는 우리와 같은 수준의 영혼일 뿐이다. ★

다음은 무속인들이 모시는 작두신에 대한 나의 경험담이다.

내가《작두신에게 묻다》

00시 축제 기간 중 작두에 올라가 신의 말씀인 공수를 주고 있던 무당에게 내가 물어보았다.

"신과 이 세상은 어떻게 태어났습니까?"

공수를 주던 신은 벙어리가 되었고, 공수를 기다리던 사람들은 나의 질문으로 인하여 신께서 노하여 부정탔다며, 나를 축제장에서 쫓아냈다.

질문한 나의 잘못입니까? 정답을 모르는 신의 잘못입니까?

우리가 알고 있었던 신이라는 존재는 신계에 거주하는 신이 아닌 사후세계에 살고 있는 우리와 같은 수준인 영혼일 뿐이다.

제2장

전생(前生)의 업(業)과 사주팔자(四柱八字)

에피소드 1 : 꿈(1)

　나는 어렸을 때부터 암흑처럼 끝이 없는 길을 혼자서 걸어가는 독특한 꿈을 꾸며 자랐다. 한 발자국 조금씩 걸을 때마다 보이지 않는 물체가 "우지직우지직" 소리를 내며 으깨지고 있었고, 나는 그것이 무엇인지 꼭 확인하고 싶었지만, 좀처럼 실체를 확인할 수는 없었다.

　내가 꿈을 꾸었던 7살 시절에는 우리 가족 어느 누구도 종교활동을 하고 있지 않았던 상황이었지만, 꿈에서 으깨지는 실체를 확인하고 싶었던 나는 무조건 신께 기도를 드리고 있었다.

　"정녕 신이 있다면, 내가 꿈에서 밟아 으깨는 물체의 실체를 보여주세요"

　나는 칠흑 같은 어둠 속 끝없는 길을 혼자서 걷고 있는 동일한 꿈을 또다시 꾸게 되었지만, 이번 꿈속에서는 나의 발바닥 아래에서 으

26

깨지고 있는 물체의 실체를 내가 직접 확인할 수 있을 것 같다는 생각이 들었다.

나는 으깨지고 있는 물체를 보고 싶은 호기심과 두려운 마음을 동시에 간직한 채, 나의 시선을 조금씩 조금씩 하반신에서 발바닥으로 옮겼다. 내가 발바닥 아래 으깨지는 물체를 확인한 순간 "으악" 외마디 소리를 지르면서 주저앉을 수밖에 없었다.

한 걸음씩 걸을 때마다 셀 수 없이 많은 검은 뱀의 머리들이 나의 발에 밟혀 으깨지고 있었고, 아직 머리가 으깨지지 않은 검은 뱀들은 서로 살기 위해서 애처롭게 꿈틀거리고 있었기 때문이었다. 암흑처럼 끝이 없는 공간은 크고 작은 검은 뱀들로 가득 찬 공간이었으며, 바닥에 있는 뱀들은 나의 발바닥에 밟혀 다치지 않으려고 꿈틀거리며 가련한 모습으로 발버둥 치고 있었다.

순간적으로 이 상황을 벗어나고 싶었던 나는 "신이시여, 이 어둠의 길을 벗어나게 하여 주소서."라는 간절한 외침으로 신께 기도를 드리자, 내 앞길을 막고 있던 검은 뱀들이 좌우로 비켜나가기 시작하면서, 내 앞에는 조그만 폭의 끝없는 도로가 펼쳐졌다.

나는 기도를 멈추고 즉시 자리에서 벌떡 일어나, 내 앞에 펼쳐진 조그만 폭의 끝없는 도로로 기어 올라오고 있는 일부 검은 뱀들의 머리를 짓밟고, 빠른 속도로 도로를 뛰어가면서 꿈에서 깨어났다.

에피소드 2 : 꿈(2)

나는 형상은 없지만 영감으로 느껴지는 환생을 주관하는 염라대왕님 앞에 다가섰다. 염라대왕님은 나에게 어떤 인생을 준비했냐고 물어보셨고, 나는 나의 인생 후반을 귀하고, 잘 사는 것으로 계획했다고 대답했다.

염라대왕님은 나에게 "난이도가 높은 것을 선택하였구나."라고 말씀하셨고, 나는 "인생 후반을 귀하고, 잘 사는 것으로 계획하는 것이 난이도가 높은 건가요."라고 반문하였다.

염라대왕님은 웃으면서 "너는 신령 또는 영과의 접촉으로 인하여, 네가 계획한 사주팔자가 무력화되거나, 바뀔 가능성이 있도록 인생의 계획표를 구성하였다."라고 말씀하셨다.

현세계에서 신령 또는 영과의 만남 후, 내가 잘못된 인생 진로를 선택하게 되면 많은 인생 풍파를 겪게 되거나, 내가 설정한 운명을 다 살지 못하게 될 수도 있다고 말했다. 그러나 반대로 내가 올바른 인생 진로를 선택하게 되면 나의 영 안에 지식과 경험을 통한 많은 고급 정보를 축적할 수 있을 뿐만 아니라, 남보다 빨리 영적 성장을 이룰 수 있다고 말해주었다.

에피소드 3 : 후기

목에 탯줄을 두 번 감고 태어난 나는 꿈속에서 자주 신비한 현상을 경험하기도 하고 다양한 신들을 만나기도 한다. 그 이유는 영계에서 이번 삶을 계획할 때 내가 신령과 영과의 접촉을 포함한 난이도 높은 사주팔자를 선택했기 때문이라고 나는 생각한다.

∷ 인도 카스트 제도와 윤회 사상

지금의 흑해 지방의 코카서스 산맥에 거주하던 흰 피부색의 아리얀(산스크리트어로 고귀하다)족이 코카서스 산맥에서 나오는 철광석으로 제련한 무기를 들고, B.C 1,300년 전후 청동기를 사용하던 인도 토착민인 검은 피부색의 드라비다족을 정복하는 과정에서 자신들의 우월성을 드러내기 위하여 신분의 상·하가 사람의 피부색으로 구분되는 '바루나[산스크리트어로 색(色)]'라는 신분제도를 만들었다.

기원전 10세기경 기름진 평야지대인 펀잡 지방에 머문 아리얀족은 생활방식을 유목에서 농경으로 전환하면서 종교적인 지식을 기록한 종교 문헌인 베다경전을 편찬하고 바라문교도 창시하였다.

이후, 아리얀족은 인도 토착민들을 영구히 지배하기 위하여 사회적 기능에 따라 종교의례를 담당하는 사제 계급인 브라만, 군사와 정치를 담당하는 귀족 계급인 크샤트리아, 상·공업 활동에 종사하는 평민 계급인 바이샤, 천민 계급인 수드라로 구성된 카스트제도를 만들었다. 그리고 자신들은 바라문교를 주관하는 제사 계급인 브라만이 되어 신의 가르침이라는 명목하에 모든 풍속, 법률과 일상 의식까지도 규제하였다.

그리고 큰 제사나 놀라운 주술 등을 행하여 인도 토착민들에게 공포심과 존경심을 가지도록 세뇌하였고, 마침내 정신적 ·일상적으로 완전하게 지배하게 되었다.

그러나 세월이 흘러, 일부 강력한 무력을 가진 크샤트리아 계급과 막대한 재물을 가지게 된 바이샤 계급으로 인하여 최상위 브라만 지배계층의 지위가 흔들리게 되자, 인간에게는 영혼이 있으며 이 영혼이 죽으면 살아 있을 때의 죄의 업보에 따라 더 나은 계급이나 나쁜 계급 또는 가축으로 끊임없이 태어난다는 윤회론을 주장하였다.

그리고 윤회를 벗어나려면 브라만에 의해서만 가능한 사선팔정의 수행을 하여야 한다는 지배 이데올로기를 만들었으며, 종교의식도 다른 계급의 사람들로서는 도저히 알 수가 없도록 은밀하면서 복잡하게 규정하였다.

윤회 사상은 현생에서 공덕을 많이 쌓고, 착한 일을 많이 하면 다음 생애는 더 좋은 신분으로 다시 태어날 수 있기 때문에, 현재 자신의 신분에 불만을 가지고 있더라도 겉으로 표시하지 말고 만족하며 살아가도록 가르쳐 주어 지배계급의 지위를 더욱 공고히 구축하는 역할을 담당하였다.

일부 사람들은 부와 권력을 가진 좋은 환경에서 태어난 사람들은 전생에 선업을 많이 쌓았으며, 가난하고 하층민으로 태어난 사람들은 전생에 악업을 많이 쌓았다고 주장한다.

나는 이런 것이 궁금했다.

전생의 선업과 악업이 없었던 처음 생애의 사람들을 누가 부자로 또는 가난한 자로 태어나게 결정했을까?

전생에 선업을 많이 쌓아 재벌로 태어났지만 사악한 성격을 가진 사람들과 전생에 악업을 많이 쌓아 가난한 집안에 태어났지만 선한 성격을 가진 사람들의 경우, 전생에서 사악하고 선했던 습관들을 현생에서는 모두 잃어버린 걸까?

  사후세계와 영계의 여행을 다녀온 후 나는 영의 탄생과 윤회 그리고 사주팔자의 생성원리에 대하여 다음과 같은 사실을 알게 되었다.

1. 영의 탄생

  범아신의 본체는 생기이며, 신들이 사는 신계를 넘어 우리의 의식으로는 알 수 없는 세계에 존재한다. 사람들이 현미경을 통해 박테리아 등 미생물의 세계를 관찰할 때 우리가 알지 못하는 어떤 존재가 눈에서 출발하여 미생물에 도달한다. 미생물에 도달한 우리가 알지 못하는 존재는 미생물에 대한 많은 정보를 가지고 다시 관찰한 사람의 눈으로 되돌아와 의식속에 정보를 전달하여 준다.

  이와 마찬가지로 범아신이 영계 이하의 세계를 관찰하는 순간 범아신의 본체를 구성하고 있던 극히 일부분이며 저장한 정보가 전혀 없는 생기라는 존재가 자연스럽게 떨어져 분리되어 현세계로 나가게 된다.

  생기가 영계로 최초로 진입하게 되면 생기를 보호하기 위하여 두꺼운 막이 감싸지게 되는데, 두꺼운 막에 쌓여진 생기를 우리는 영(靈)이라고 부른다.

2. 윤회

영은 영계의 '영적정화소'에서 자신이 계획한 사주팔자라는 운명을 설정하고, 현세계에서 사후세계를 거쳐 영계를 끊임없이 윤회하면서, 지식과 경험을 바탕으로 필요한 정보를 영 안에 있는 생기에 축적한다. 필요한 정보를 모두 습득한 영 안에 있던 생기는 마침내 생기를 감싼 두꺼운 영을 깨버리고 정보를 가진 생기 즉 신이 되어 신계로 다시 되돌아간다.

신계에서 저장했던 정보를 다시 완벽하게 정화한 후 신계를 떠나 범아계에 있는 범아신에게 되돌아가 자신의 정보를 전달하는 과정까지가 윤회이며, 윤회의 과정 또한 전생의 업이나 원죄가 아닌 우리의 의지로 설계되어 이루어진 것이다.

3. 범아신과 초월적인 힘과 의식을 가진 신

'대한민국 헌법 제1조 2항 대한민국 주권은 국민에게 있고, 모든 권력은 국민으로부터 나온다.'란 말에서 국민이란 개별적인 국민을 의미하는 것이 아닌 이념적·정치적 통일체로서의 전체 국민을 의미한다.

어떤 사람이 대한민국 권력은 국민으로부터 나온다고 주장하면서 내가 국민이므로 내 맘대로 권력을 사용하겠다고 주장한다면, 다른 국민들이 그런 사람에게 권력을 주지 않을뿐더러 그가 국가권력을 자신의 마음대로 사용하도록 허용하지 않을 것이다.

통일체이면서 개별적인 치우침이 없는 범아신은 대한민국 헌법 제1조 2항에 나오는 이념적·정치적 통일체로서의 전체 국민의 개념을 가지고 있는 실체가 없는 허상이 아니라 그러한 개념을 가진 의식, 인식, 감각 등 실체를 가지고 있는 실상에 있는 살아 있는 존재이다.

우리가 보통 말하는 초월적인 힘과 의식을 가진 신이라는 존재는 끊임없는 윤회 과정을 경험한 후 감싸던 영을 깨뜨린 정보를 가진 생기 즉 신이 되어 신계로 되돌아간 개별적 정보와 의식을 가진 생기를 말한다. 그러므로 신은 개별적이면서 치우침이 있는 의식을 소유한 권력의 행사자가 되어 신계 이하의 세계를 주관하고 있으며, 자신이 가지고 있는 정보를 모든 세계와 끊임없이 소통하면서 완벽하게 정화하는 삶을 살고 있다.

4. 사주팔자

영계의 '영적정화소'에서 우리의 의지로 매번 사주팔자라는 운명과 삶의 난이도를 설정하고 현세계에 환생하면서 우리의 본질인 영 안에 지식과 경험을 바탕으로 한 정보를 축적하고 있다.

사주팔자는 크게 수명의 최대와 최소 기간, 구간별 부와 권력의 최대 및 최소 범위와 변동폭의 크기, 운명에 커다란 영향을 끼칠 수 있는 사건 및 난이도로 구성된다.

외계에서 지구로, 축생계에서 인간계로 온 지 얼마 되지 않은 어리거나 나약한 영들은 현세계에서 셀 수 없이 많은 윤회를 반복하면서 점차 튼튼한 영으로 성장한다. 영계보다 혹독한 현세계의 환경은 적은 윤회로 정보가 부족한 어리고 나약한 영들에게는 짧은 수명과 부와 권력의 작은 변동폭을, 튼튼한 영들에게는 긴 수명과 부와 권력의 큰 변동폭을 설정하도록 유도한다.

사주팔자의 난이도 또한 크게 네 가지로 구분할 수 있다.

첫째, 부자나 권력자의 집안 등 좋은 환경에서 시작하는 낮은 난이도.
둘째, 평범한 환경에서 시작하는 보통 난이도.
셋째, 가난하거나 천박한 집안 등 나쁜 환경에서 시작하거나 신체나 정신적인 장애 등을 가지고 태어나는 높은 난이도.
넷째, 신령 또는 영과의 접촉으로 인하여, 계획했던 사주팔자가 무력화될 수 있는 최고의 난이도다.

혹독한 현세계의 환경에서 많은 정보를 축적하기 위해 난이도가 높은 것을 선택하거나 긴 수명을 선택할수록 당장 이루거나 가질 수 없는 상황을 극복하려고 더 많은 노력과 오랜 기간 타인과의 관계에서 더 많은 것을 이해하게 됨으로써 현세계에서 축적할 수 있는 질적·양적 정보가 많아져 보다 빠르게 영적 성장을 이룰 수 있다.
성숙한 영들은 윤회의 횟수는 적고 영적 성장이 빠른 방법인 긴 수명과 높은 난이도를 선택하는 경향이 있는 반면, 어리고 나약한 영들은 윤회의 횟수는 많고 영적 성장이 더딘 짧은 수명과 낮은 난이도를 선택하는 경향이 있다.
그러나 성숙한 영이 이번 생애를 휴식처럼 보내기 위해 짧은 수명과 낮은 난이도를 선택할 수도 있고, 어리고 나약한 영이 보다 빠른 영적 성장을 이루려는 욕심으로 긴 수명과 높은 난이도를 선택할 수도 있어, 태어난 환경과 영적 성숙도는 분리되어 판단해야 하며, 전생에서 쌓은 선과 악의 행실과는 전혀 관련이 없다.

단지, 우리는 현세계에서 사람들의 생각 및 말과 행동에서 나타나는 품격을 보면서 그 사람의 영적 성숙도를 판단할 수 있다. 성숙한 영은 천하고 가난하게 태어났다고 하더라도 반복된 윤회 과정 속에서 축적된 질적·양적 정보를 적극 활용하여, 세상의 흐름을 잘 이해하고 빠르게 대처하며, 권력자 혹은 부자가 되거나 특정한 분야의 뛰어난 전문가가 될 수 있다.

또한, 윤회의 궁극적 목적이 부와 권력이 아닌, 지식과 경험을 영 안의 생기에 축적하는 것이라는 것을 잠재적으로 인식하고 있기 때문에, 지나온 삶에 대한 후회나 미련이 없는 마음이 부자인 상태로 편안한 삶을 마감하기도 한다.

★ 결론은 일부 사람들이 말하는 전생의 업과 죄로 태어난 환경 및 신분을 설명하는 것은 남을 지배하여 자신의 기득권을 유지·보호하려는 신과는 전혀 관련 없는 일부 사람들의 사악한 마음에서 나온 교리일 뿐이며, 현생에 태어난 환경과 신분은 우리의 영이 우리의 의지로 영계에 있는 '영적정화소'에서 계획한 것이다. ★

제3장

신(神)을 만나는 방법

나는 별다른 취미 없이 집안에서 잠만 자는 것을 좋아했으며, 외형적으로는 키도 작으면서 몸 관리도 하지 않아 배가 나온 상태여서 내 또래의 여자들에게는 인기 없는 사람이었다. 당연한 결과로 여자와 둘이서 함께 커피 한 잔을 마셔보지도 못한 채, 대학교까지의 학창시절을 보내고 30살에 공무원으로 임용되었다.

나와 같이 임용된 19명의 합격자 중에는 내 마음에 쏙 드는 여자도 한 명 있었는데, 우연을 가장한 만남, 부담 없는 선물 증정 등 나름대로 부단한 노력을 하였지만, 그런 행동은 그녀가 나를 더 싫어하게 만드는 이유가 될 뿐이었다.

누구보다도 더 다정하게 대하여 줄 수 있고, 누구보다도 더 사랑해 줄 수 있다는 나의 진심을 그녀가 알지 못하는 것 같아 야속한 마음이 들었지만, 그녀의 반응을 돌이킬 수는 없었다.

그렇게 3년이 흐른 어느 날….

나는 교통사고를 당한 그녀에게 병문안 간 것을 계기로 연인 사이가 되었으며, 그동안 꾸준한 노력이 거둔 성과라고 생각했다. 연애 과정에서 그녀도 처음부터 나를 좋아했지만, 공무원에 임용된 지 얼마 안 된 시점이라 주변의 시선을 의식할 수밖에 없어, 부득이 나를 싫어하는 척 반응을 보였다는 사실을 알게 되었다.

상대방의 호감이 없는 상태에서는 일방적이고 꾸준한 노력으로도 좋아하는 사람을 쟁취할 수 없다는 사실을 깨닫게 되었다.

일부 사람들은 자신의 모든 것을 내려놓은 상태에서, 끊임없이 기도하고 간절하게 매달리면 신을 만날 수 있다고 주장한다.

나는 이런 것이 궁금했다.

사람들도 호감이 없는 상대방이 일방적으로 만나자고 애원하면 무척 싫어하는데, 세상 만물을 보살피기 위해 바쁘신 신께서 끊임없이 기도하고 매달린다고 이유 없이 만나주실까?

사후세계와 영계의 여행을 다녀온 후 나는 신의 일방적인 선택이 없이는 사람들의 간절한 기도로는 신을 만날 수 없음을 알게 되었다. 자신을 가꾸지 않은 남자가 예쁘고 능력 좋은 이상형의 여자를 발견하고, 지속적인 관심과 애정을 표현한다고 해서 만날 수는 없다.

자신의 직업까지 버리고 만나 주지 않는 이상형의 여자를 기다린다는 것은 스토커처럼 잘못된 인생의 길을 선택하는 것이며, 이상형의 여자와 잠시 만남을 가진다고 하더라도, 즐거움보다는 괴로운 시간이 될 것이다.

이상형인 여자의 사랑을 쟁취할 수 있는 가장 효과적인 방법은 그녀를 쫓아다니기보다는, 나에게 주어진 것에 최선을 다하고 나를 그녀보다 멋있게 가꾸게 되면, 자연스럽게 내가 아닌 그녀가 나를 쫓아오게 된다.

신과의 만남도 마찬가지다.

신을 꼭 만나야 하는 진정한 본인의 성찰 및 준비도 없이 끊임없이 기도하고 간절하게 매달리는 행위로는 절대로 신을 만나볼 수가 없다.

준비되지 않은 사람이 신을 만난다는 구실로, 끊임없이 기도나 수련 및 수행을 하게 되면, 진짜 신은 만나지도 못한 채, 신을 모방한 신령이나 영혼, 잡귀들을 만나게 되어, 행복이 찾아오는 것이 아니라 불행이 당신의 문 앞에 서서 언제나 동행할 것이다. '줄탁동기(啐啄同機)'라는 말이 있다.

줄탁동기(啐啄同機)

알 속에서 자란 병아리가 알 껍질을 깨기 위해서 부리로 껍질을 쪼는 것을 '줄(啐)'이라 하고 이러한 소리를 들은 어미 닭이 밖에서 알을 쪼아 새끼가 알을 깨는 행위를 도와주는데 이것을 '탁(啄)'이라고 한다. 줄탁으로 알 속의 병아리가 태어난다.

세상에 나올 준비가 되지 않은 알 속의 병아리가 세상을 빨리 보고 싶다는 욕심만으로 알 속에서 부리로 잘못된 신호인 '줄'을 보내게 되면, 어미 닭은 '탁'으로 도와준다. 그러나 알이 깨진 후에는 세상에 나올 준비가 되지 않았던 알 속의 병아리는 세상의 즐거움을 경험하지도 못한 채 즉시 사망하게 된다.

이와 같이 준비되지 않은 사람이 신을 만나게 되면 알 속에서 잘못된 신호인 '줄'을 보낸 병아리의 신세를 면치 못하고 죽게 되거나 불행한 삶을 살게 된다.

신과의 만남을 위해서는 사람이 신을 만나고 싶어 하는 것이 아니라 신이 사람을 만나보고 싶어 하도록 사전에 본인의 성찰 및 준비가 되어 있어야 하고, 환생하기 전에 영계의 '영적정화소'에서 사주팔자라는 운명을 계획할 때 특정한 목적인 신과의 만남을 설정해야 현세계에서 만남이 이루어질 수 있다. 신이 나를 만나준 사유도 내가 영계의 '영적정화소'라는 장소에서 사주팔자라는 운명을 계획할 때 특정한 목적을 설정하였기 때문이었다.

★ 결론은 현세계에서도 일반 사람이 아무리 대통령을 만나보 겠다고 외치거나 기도하여도 대통령이 아무런 이유 없이 만나 주지는 않는다.

하물며 대통령보다 훨씬 더 높은 신이라는 존재가 신을 꼭 만나야 하는 진정한 본인의 성찰 및 준비를 하지 않은 상황에서 끊임없이 기도하고 간절하게 매달리는 행위를 한다고 절대로 만나주지 않는다.

신을 만나는 가장 좋은 방법은 현세계에서 사후세계나 영계의 삶을 추구하는 것이 아니라 자신에게 맡겨진 소임을 다하면서 자신뿐만 아니라 모든 사람들의 행복을 기원하는 사람에게 신은 소리 없이 먼저 찾아온다. ★

제4장

지식과 경험의 산물인 재능(才能)

나의 가족은 아버지의 세 번 결혼 생활로 본처의 자녀 2남 2녀, 계모의 자녀인 막내 남동생으로 구성되었고, 나는 누나, 형, 여동생, 남동생이 있었다. 가업을 계승하겠다며 다니던 직장을 그만둔 나의 형은 아버지의 건축과 관련된 일들을 도왔지만, 계모와의 갈등으로 자의 반 타의 반 아버지로부터 독립하여 장사를 시작하게 되었다.

처음 시작한 가정용 생활 세제를 판매하는 00대리점 총판 사업은 시내에 대형마트가 생기면서 판매 부진으로 인한 경제적 어려움에 처하게 되었고, 이를 극복하고자 비디오 판매점을 추가로 인수하게 되었다. 과거 비디오 판매점의 주요 수익은 영화관에서 상영되었던 영화 비디오가 아닌 19금 비디오인 『변강쇠』나 『옹녀』 시리즈였으며, 처음 6개월 동안은 장사가 잘 되었으나, 인터넷에서 적나라한 성행위를 보여주는 불법 다운로드 파일이 성행하게 되면서 비디오 판매점도 곧바로 적자가 발생했다.

00대리점 총판 사업과 비디오 판매점의 적자를 해결할 아이템은 경제가 아무리 어려워도 자식들에게 투자를 아끼지 않는다는 통계를 바탕으로 선택한 학습지 사업이었다.

형이 선택한 학습지는 선생님이 아이들의 집을 방문하는 학습지가 아닌, 아이들의 집에 배달만 하는 0000 학습지로 사교육 현장에서는 점점 외면을 받고 있는 상태였고, 형이 멋지게 성공하기를 바라는 가족들의 기대와는 다른 대참사의 결과를 가져왔다.

형의 세 가지 사업, 즉 가정용 생활 세제 00대리점 총판, 비디오 대리점 그리고 0000 학습지에서 동시에 발생하는 빚은 눈덩이처럼 커졌다. 우리 본처의 자식들은 형의 빚을 청산하고, 새 출발을 시키기 위하여 돈 많은 아버지와 가족회의를 통한 협상을 진행하였으나 결렬되었고, 본처 삼 남매가 대출 등 각자 최대한의 돈을 모아 형의 빚을 청산하는데 나름대로 적극 도왔다.

그리고 돈 버는 일에 재능도 없고 세상일도 싫었던 형은 종교인이 되어 사회를 영영 떠났고, 여동생은 이기적인 가족들이 꼴보기 싫다며 연락을 끊었으며, 나와 누나는 돈이 있으면서도 어려움에 빠진 형을 돕지 않아 종교인을 만든 부모님과의 인연을 끊었다. 그렇게 형은 몰락하고 가족들이 뿔뿔이 흩어진 36살인 나에게 남은 것은 유일한 혈육인 누나와 형을 돕기 위해 빌렸던 빚뿐이었다.

일부 사람들은 신께서 사람들이 공부, 음악 또는 스포츠 등을 잘하는 타고난 재능을 주셨다고 언급하며, 신께 감사하는 마음으로 헌금을 하면 더 큰 재능을 주실 것이라고 말한다.

나는 이런 것이 궁금했다.

세상 모든 사람들에게 공평한 신께서 어떤 기준으로 사람들에게 타고난 재능을 차별적으로 나누어 주셨을까?

그리고 신께 감사하는 마음으로 재물을 바치면 더 큰 재능을 받을 수 있을까?

사후세계나 영계의 여행을 다녀온 후 재능은 신이 사람에게 부여하여 주는 것이 아니라 사람이 끊임없는 윤회을 하여 습득한 지식과 경험의 산물임을 알게 되었다.

신은 심장이 없다고 한다.

인간으로 태어난 적이 없고 특별한 사유가 없는 한 누구와도 인연을 두지 않기 때문에 세상 모든 사람들을 차별 없이 공평하게 대할 수 있는 신이 자신만의 마음에 쏙 드는 사람에게는 공부나 운동을 잘할 수 있는 좋은 재능을 주고, 미운 사람에게는 도박을 잘하는 나쁜 재능을 주지는 않았다. 사람들의 타고난 재능은 현세계와 영계의 반복되는 삶인 윤회 과정 속에서 습득된 지식과 경험의 산물이었다.

예로 홍길동이란 사람이 한국에서 주로 윤회를 하여 한국어를 많이 습득한 후 영국에서 태어났다면, 자신도 모르게 한국어를 친숙하게 느끼고 다른 사람들보다 익숙하게 배우게 될 것이다.

마찬가지로 윤회하는 과정에서 권력을 잡는 연습을 많이 했거나, 장사를 많이 했거나, 그림을 많이 그려 봤다면, 그러한 지식과 경험은 다음 생애에서도 타고난 재능으로 나타나게 된다. 그래서 팔방미인이라는 사람도 태어나고, 남들보다 특별한 재능이 없는 사람도 태어나게 되는 것이다.

해리 리버만은 윤회 과정 속에서 셀 수 없이 많은 그림을 그려 본 사람이다.

:: 해리 리버만

해리 리버만은 77세에 처음 배운 그림 실력으로 101세까지 총 22회의 작품전을 열었고, 샤갈보다는 그림의 가치가 뛰어나지는 못하지만 연륜과 깊이가 묻어나는 성숙한 그림으로 '원시적인 눈을 가진 미국의 샤갈'이라는 호평을 받은 실존 인물이다. 본인의 나이가 칠십이 될 때까지도 그림에 대한 자신의 잠재력을 전혀 알지 못한 채 살았었다.

영 안에는 그림에 관한 축적된 지식과 경험이 풍부하게 잠재되어 있었기 때문에 77세에 처음 붓을 들었을 때에도 그림 그리기에 친숙함을 느끼고 실력을 발휘할 수 있었다. 훈련에 의하여 획득된 재능은 반복되는 학습과 행위로 향상될 수 있다. 누구나 처음 지하철을 탈 때에는 낯설고 어색해 하지만, 타면 탈수록 익숙해져 낯설지도 않고 어색함도 점점 사라진다.

영어공부도 마찬가지다. 처음 알파벳을 접하고 빨리 배우고 싶은 욕심에 영어책을 펼쳐본 순간 영어 문장에 대한 자신감은 없어지고 두려움이 엄습하지만, 영어를 자주 접하다 보면 어느새 두려움은 사라지고 자신감이 그 자리를 채워준다.

우리는 현세계에 살면서 한 분야의 전문가로 살 것인지, 아니면 다양한 분야의 지식과 경험을 습득하며 살 것인지를 판단해야 한다.

현세계에서 한 분야의 전문가로 살고 싶으면, 나의 영 안에 가장 많이 축적된 지식과 경험이 무엇인지를 찾아 다시 그 행위를 반복하면 되고, 다양한 분야를 습득하고 싶으면 많은 것을 경험하고 조금씩 익히면서 살아가면 된다.

어떤 길을 선택하더라도 윤회의 횟수가 많으면 결국에는 팔방미인 또는 특정 분야의 전문가가 되는 삶을 살 수밖에 없으므로 무엇보다 중요한 것은 현세계의 삶이 영 안의 지식과 경험을 습득하는데 얼마나 소중한지를 알아야 하며, 어떤 불행한 상황이 자신에게 놓여 있더라도 결코 삶을 포기하지 말고 열심히 살아야 한다는 사실이다.

이러한 사실을 우리의 영은 무의식적으로 알고 있기에, 다른 사람이 현세계의 삶을 포기하는 자살을 보게 되거나, 소식을 듣게 되면 안타까움을 느끼게 된다. 내가 사후세계나 영계를 여행한 후 이러한 사실을 알게 되었을 때 형을 많이 생각하게 되었다.

나의 형은 이번 생애에도 돈 버는 연습은 아니하고, 다시 도(道)를 닦는 연습을 하고 있다는 생각을 하니, 다음 생애에 아무리 부자 집안에서 태어났어도 돈을 유지하거나 벌기는 어렵다고 생각하게 되었지만, 다른 한편으로는 미래의 훌륭한 사상가 또는 종교가가 될 것을 생각하니 슬프지는 않았다.

열심히 마음의 도(道)를 닦고 수련하여 세상 모든 사람들에게 바른 길을 인도하여 줄 수 있는 또 한 명의 아름다운 정도령(正道靈)이 되기를 두 손 모아 빌어본다.

나는 '내일 지구가 멸망하더라도 한 그루의 나무를 심겠다.'라고 말한 스피노자를 좋아하여 철학자나 과수원의 농부를 보게 되면 나도 모르게 '저분이 전생에 스피노자가 아니었을까?'라는 상상을 가끔씩 해 본다.

★ 결론은 공부나 음악 또는 스포츠, 경제 활동 등을 잘할 수 있는 사람들의 타고난 능력인 재능은 신이 부여한 능력이 아니라 우리 자신이 현세계와 영계의 반복되는 삶인 윤회 과정 속에서 습득한 지식과 경험의 산물로 터득한 능력이었다.

따라서 삶이 허락하는 마지막 순간까지 영 안의 생기에 지식과 경험을 축적하기 위한 끊임없는 부단한 노력을 추구해야 다양하거나 특별한 전문가적 재능을 가질 수 있다. ★

제5장

삶과 죽음의 선택

 사랑하는 여자와 사귄 지 3년, 36살인 나는 빚만 가진 상황에서 결혼 이야기가 오가는 참혹한 현실과 마주하고 있었다. 여자 친구의 부모님은 나의 특별했던 환경을 이해하신다며 결혼을 허락한다고 위로하여 주셨지만, 그녀를 행복하게 만들어 줄 자신감을 상실한 나는 당시 결혼 적령기였던 30대 초반의 인기 있는 공무원인 여자친구를 위하여 이별을 하기로 결심하였다.

 그녀를 나의 불행한 인생길로 동행하지 않는 것이 진심으로 여자 친구를 사랑하는 것이라 믿었기에 가능한 일이었다. 희망의 탈출구가 없는 절망만을 가슴에 품은 내가 자살을 선택했지만, 마지막 생(生)의 모습은 멋있게 끝내고 싶은 욕망도 가지고 있었다.

 산과 바다 중, 여행을 떠나려는 행복한 마음의 소유자는 좋아하는 장소를 선택하지만, 생을 마감하려는 절망감의 소유자는 덜 고통스러운 장소를 선택하려고 한다. 나는 수영을 배우지 못했기에 물에 빠져 죽는 고통보다는 풍경 좋고 고통이 없을 것 같은 절벽이 있는 산을 선택했다.

　나의 자살 장소는, 내가 태어난 대한민국의 전도(全圖)를 펴서 나의 얼굴을 덮은 상태로 잠을 잔 후, 입김을 후~ 불어 제일 먼저 눈에 띈 00시의 산으로 결정하였다. 가벼운 옷차림으로 출발하여 오후 2시부터 오후 6시까지 00시의 산들을 산책하였으나 마땅한 절벽을 찾지 못해 바위 위에 걸터앉아 먼 산을 바라보고 있었다.

　"젊은이~ 앞으로 잘 살 텐데… 왜 자살하려고 하나?"
　스포츠머리를 한 아저씨가 나에게 말을 걸었고, 깜짝 놀란 나는 "어떻게 아셨어요?"라고 궁금해하였다.
　"봤으니까 알지. 오늘은 늦었으니 우리 집에서 자고, 내일 집으로 돌아가게. 나를 따라서 오겠나?" 라며 나와 함께 가기를 권유하였다. 목도 마르고 배도 고픈 나는 스포츠머리를 한 아저씨를 따라나섰고, 30분쯤 지나자 아담하고 정갈한 사찰이 나타났다.

　"이 절에서 사세요?"
　"맞아, 이 절에서 살지"
　"제가 오늘 밤 이 사찰에서 잠을 자려면, 사전에 스님들의 허락을 받아야 할 것 같은데 저를 재워주실 수 있으세요?"
　"허락은 이미 받았네. 나를 따라오게."라고 대답하면서 웃었다.
　나는 마음속으로 '휴대폰도 없이 산에서 내려왔는데 어떻게 허락을 받았을까'라는 의구심을 가지면서 스포츠머리를 한 아저씨를 따라 사찰 안으로 들어갔다.

사찰 안으로 들어서는 우리를 보고 30대 젊은 남자와 노인이 마중 나오면서 "스승님 오셨습니까."라고 말하자 스포츠머리를 한 아저씨가 "잘 다녀왔네. 젊은 친구 저녁 먹이고 일찍 재우게."라고 말하고는 집무실이 있는 집 안으로 들어갔다.

나는 얼떨결에 30대 젊은 남자와 노인을 따라 식당으로 가면서 "그래도 이곳 주지스님께는 인사드려야 하지 않나요?"라고 물어보았고 젊은 남자가 "같이 온 분이 이곳 주인이면서 우리들의 스승님이야."라고 알려 주었다.

나는 노인을 쳐다보며 "이 분보다 더 젊어 보이는데요?"라고 반문하자 "50대처럼 보이지. 연세가 70세가 넘으셨어."라며 노인은 반색하며 말해주었다.

"스포츠머리던데요. 스님 맞나요?"

"과거엔 스님이었지. 부처님이 모셔져 있다고 여기 있는 사람들이 모두 스님은 아니야~ 어서 저녁 먹고 일찍 자. 그리고 내일부터는 선생님이라고 호칭해"

나는 저녁을 먹은 뒤 조그마한 방으로 안내되어 잠을 잤다.

일부 사람들은 신께서 사람들을 죽음으로부터 구하였으며, 죽고 싶어도 죽지 않고 살아남도록 보호해 주셨다고 주장하며, 다시 한번 새로운 생명을 주신 고마운 신을 위하여 남은 여생(餘生)은 자신을 버리고 신이 원하는 삶을 살아가라고 주장한다.

나는 이런 것이 궁금했다.

어떤 사람은 죽음에서 구원하고, 어떤 사람은 죽음을 맞이하게 방치하는 존재가 일부 종교인들과 무속인들이 말하는 세상 모든 사람들을 사랑하시는 신이었을까?

죽음에서 구한 존재가 신이 아니라면 과연 누구였을까?

사후세계와 영계의 여행을 다녀온 후 우리에게 자유의지를 부여한 신은 특별한 사유가 없는 한 우리의 삶과 죽음에 대하여 직접적인 관여를 하지 않으며, 우리가 죽음에서 살아남게 된 것은 신의 도움이 아닌 우리의 영이 수많은 윤회 과정을 거치면서 작은 사고에는 충분히 견딜 수 있을 만큼 튼튼해졌기 때문이라는 것을 알게 되었다.

신과 사람들의 관계는 부모와 어린아이 관계와 유사하다.

사람들도 어린아이가 부모를 의식하지도 않고 바라는 것도 없이 혼자서 놀고 있을 때는 부모는 묵묵히 바라보고 있다가, 부모를 의식하여 찾거나 배가 고파서 우는 등 부모의 보살핌을 간절히 바랄 때는 직접적으로 관여하게 된다.

사람들이 죽으면 사후세계를 거쳐 영계로 가고, 영계의 '영적정화소'에서 환생을 선택하면 현세계로 가는 끊임없는 윤회의 반복적인 삶은, 신이 판단할 때는 아무런 문제가 없으며, 영적 성장이 필요한 영에게는 꼭 필요한 순환 과정일 뿐이다.

더구나 만물을 편애(偏愛) 없이 사랑하시는 신께서 본인이 원하지도 않는데 현세계에서 영계로 가고 싶은 일부 사람들의 삶에 관여하여 영계로 가는 길을 막아 버리고, 일부 사람들의 삶은 방치하여 영계로 가도록 관여하지 않는다.

단, 신을 찾으면서 현세계에 사는 사람이 영계로 가지 않기를 간절히 기원할 때나 영계에서 다시 현세계로 환생하기를 간절히 기원할 때에만 관여하고 있다.

사람들도 톨스토이의 우화『소와 사자의 사랑 이야기』의 내용처럼 상대방의 입장을 고려하지 않고, 본인의 입장만을 관철하는 것은 최악의 결과만을 탄생시킨다는 사실을 잘 알고 있다.

⠇ 톨스토이 우화 《소와 사자의 사랑 이야기》

소와 사자가 서로 아끼고 사랑해서 결혼을 했다. 소는 정성을 다해 자신이 좋아하는 싱싱한 풀을 사자에게 주었지만 사자는 먹을 수가 없었고, 사자도 정성을 다해 자신이 좋아하는 싱싱한 고기를 소에게 주었지만 소도 먹을 수가 없었다.

마침내 소와 사자는 "나는 정성을 다했지만 상대방이 문제야."라고 주장하며 헤어졌다. 상대방을 고려하지 않고 본인의 판단으로 행하는 행위는 서로에게 좋은 결과보다는 나쁜 결과를 가져온다는 이야기다.

하물며, 현세계와 영계의 끊임없는 윤회 과정을 잘 알고 있는 신이 현세계의 삶을 마치려는 영을 살려서 영으로부터 원망을 받으려고도 하지 않을뿐더러 우리의 의사와 반한 행위도 결코 하려고도 하지 않는다. 그 이유는 처음부터 우리의 본질은 신으로부터 분리되어 나온 신의 일부이기 때문에, 신들의 억압과 지배를 받지 않는 자유의지가 부여된 존재이기 때문이다.

외계에서 처음 왔거나 윤회의 횟수가 적어 어리고 나약한 영들은 조그만 사고에도 목숨을 잃거나, 강한 영인 신령이나 종교령 또는 불가시한 존재들의 장난으로 죽음에 이를 수도 있다. 그러나 윤회의 횟수가 많아 튼튼하게 자란 영들은 대형 사고에도 거뜬하게 살아남으며, 강한 영인 신령이나 종교령 또는 불가시한 존재들의 공격이나 장난에도 죽거나 잘 다치지 않는다.

튼튼한 영들을 사로잡아 지배하고 싶은 신령이나 종교령 또는 불가시한 존재들은 처음에는 튼튼한 영들에게 대형 사고 등 예상하지 못한 위험을 만들어 빠뜨려 보고, 당연하게 살아남은 것이 마치 자기들이 보호해서 살아있는 것처럼 꾸며서 말하여주기도 한다.

이런 행위에도 튼튼한 영이 자신들에게 복종하지 않으면, 주변의 어리고 나약한 영들을 찾아서 죽이거나 크게 다치는 행위를 보여줌으로 또다시 복종을 강요한다. 이러한 불법적인 행위를 알고 있는 신계에 있는 신들도 수만 년에 한 번씩 신의 군대인 신장들을 파견하여 영계나 사후세계를 지배하려는 사악한 신령이나 종교령과 불가시한 존재들을 잡아 축생계나 외계로 보내고 있다.

또한 종교인들 또는 무속인들이 모시고 있는 신들을 두려워하거나 무서워할 필요가 없는 이유는 영계에서 만나보면 현세계에서 강한 가면 속에 감춰놓은 나약한 실체를 금방 알 수 있기 때문이다.

현세계에도 이와 같은 사례를 찾아볼 수 있다. 1703년 제주목사로 부임한 이형상은 129개의 신당과 5개의 사찰을 불태우고, 1,000명에 가까운 무속인을 귀농시켜 더 이상 무속 행위가 일어나지 않게 조치하였는데도, 그들이 모신 능력 있는 신이라는 존재들이 어떤 반격도 가하지 못하여 천수를 누리며 81세 나이로 세상을 떠났으며, 사후(死後)인 정조 때는 청백리로 녹선되었다.

★ 결론은 신은 사람들의 자유의지에 반하여 대형사고와 자살 행위를 막거나 살아남도록 지켜주는 행위 등에는 특별한 사유가 없는 한 결코 관여하지 않는다.
대형사고나 자살 시도 등에서 살아남을 수 있었던 진짜 이유는 현세계와 영계의 끊임없는 윤회 과정에서 지식과 경험으로 습득한 정보와 영적 교감으로 숙련된 영적 힘이 성장했기 때문에 작은 사고에는 쉽사리 죽음을 맞이하지 않을 정도로 우리 자신의 영이 튼튼해졌기 때문이다. ★

제6장

운명(運命)을 바꿀 수 있는 능력

나는 어제 일찍 잠을 잔 덕분에 오전 7시경 잠에서 깨어났으며, 사찰 밖을 혼자서 산책하다가 먼발치에서 선생님과 제자 5명이 즐겁게 이야기를 나누면서 밭을 경작하고 있는 모습을 보고 몹시 실망하게 되었다.

이런 모습에 실망한 이유는 수행자(修行者)라면 마땅히 새벽 일찍 일어나 산림 속 또는 동굴 안 기도터나, 부처님을 모신 법당 안에서 세상 모든 사람들과 자신을 위하여 열심히 기도하고 있어야 한다는 생각 때문이었다.

아침 공양(供養) 시간에 선생님과 제자 5명과 함께 식사를 하게 된 나는 일반적인 수행자라면 아침 일찍 일어나 밭을 갈기보다는 기도에 전념해야 하며, 선생님이란 호칭보다는 00 선사(禪師), 00 도인(道人) 등 공식 명칭은 없는지를 물어보았다.

내 질문을 받은 선생님은 갑자기 빙그레 웃으면서 예전에는 00 스님, 00 도인이라는 공식 명칭이 있었지만 지금은 더 이상 사용하지 않으며, 자신도 선생님이라는 호칭으로 불리는 것이 훨씬 더 기분이 좋다고 답변했다. 그리고 우리가 직접 먹을 먹거리를 만들어가는 밭일도 기도만큼 매우 중요한 일이라고도 말했다.

선생님의 답변에 다시 실망한 나는 내가 자살하려는 사실도 알고 있는 것 같아 선생님을 따라서 산에서 내려왔고, 사찰 이름도 00정사(精舍) 사찰[1]인데 영적 공부는 언제 하느냐고 다시 물어보았다.

선생님은 나에게 이 장소는 부처님을 모시는 사찰의 형태를 가지고 있지만 실제로는 사후세계에 존재하는 영혼들을 마음대로 활용하는 도가(道家)를 양성하는 곳이라고 말했다. 이 장소에 거주하는 제자들이 배우는 공부는 주로 영안(靈眼)을 눈 뜨게 하고, 명리학과 약간의 인문학 및 경제학 그리고 도덕 등이라고 말했다.

나는 선생님의 대답을 듣고 제자들이 공부하려고 가져온 책들을 자세하게 살펴보았는데, 시중에서 살 수 있는 사주 관련 책이나 법화경, 인간관계론 등의 심리학 및 경제 관련 서적들이었다. 나와는 전혀 관련이 없을 것 같은 내용을 배우는 장소라는 생각이 나의 머릿속에 들어왔다.

이 장소에서 우리 집까지는 자동차로 3시간 이상 소요되는 200km가 넘는 장거리이기 때문에, 지친 몸과 어수선한 마음을 추스르기 위하여 점심때까지 0000 사찰 주변을 즐겁게 산책한 후 집으로 되돌아

---

1) 사(寺)는 보통 사찰을 의미하고, 정사(精舍)는 수행하는 사람들이 기거하는 곳을 말하며, 영안(靈眼)이 뜨인 사람들이 많다.

가야겠다고 생각했다.

　점심을 맛있게 먹은 후 집으로 되돌아가겠다고 인사를 드리기 위해 선생님이 계신 장소인 집무실로 찾아갔다. 선생님 덕분에 너무 잘 쉬었다며 감사를 드렸고, 내일은 직장에 출근해야 하기 때문에 부득이하게 지금 출발하려고 한다고 말했다. 그리고 0000 사찰을 떠나기 전에 내가 궁금하게 여기고 있는 사항을 여쭈어보아도 되는지 물어보았다.

　선생님은 나에게 궁금했던 사항을 가슴속에 품고 집으로 되돌아가지 말고 지금 여기에서 물어보라고 답변하여 주었다. 내가 자살하려고 한 사항을 선생님이 어떻게 알게 되었는지 몹시 궁금하다며 솔직하게 답변하여 달라고 요청하였다.

　선생님은 나를 어제 산에서 처음 보았을 때, 내 주변에는 나를 보호하기 위하여 사후세계 존재하는 영혼이 아닌 강력한 영적 힘을 가진 두 명의 신장(神將)이 함께 있었다고 말해 주었다. 일반 사람들의 경우에는 사후세계에 존재하는 영혼들이 같이 있는데 나의 경우에는 영계에서도 만나기 매우 힘든 신장(神將)들이 함께 있다는 상황이 몹시 궁금하여 나의 곁으로 다가오게 된 것이라고 말했다.

　선생님이 나의 주변에서 나를 보호하고 있던 신장(神將)들에게 어떤 이유로 내가 산으로 오게 되었는지 물어보았고, 신장(神將)들은 내가 경치 좋은 장소에서 자살하겠다는 마음을 먹은 것 같아 지친 몸과 혼란스러운 마음을 안정시키기 위하여 산을 구경시켜 주는 중이라고 대답했다고 말해주었다. 그리고 신장(神將)들이 인생 후반부로 갈수록 잘살게 될 것이라는 사실을 알려주어 희망을 주라고 말씀하셔서, 나의 생각을 독심술(讀心術)로 확인하고 선생님의 영을 띄어 미래를 본 후에 나에게 왜 자살하려고 하는지 물어보게 된 것이라고 대답해주었다.

나는 내 영을 띄어 나의 미래를 확인했다고 주장하는 선생님의 말을 듣고 깜짝 놀라 다시 되물어 보았다. 그러자 선생님은 다른 사람의 영은 제압할 수는 있어도 띄울 수는 없다고 말하면서 나의 영이 아닌 선생님의 영을 띄어 미래를 보았다고 주장하였다.

선생님의 주장에 호기심이 발동한 나는 자신의 영을 띄어 미래를 다녀오는 방법이 아닌 자신의 영을 가진 채 미래를 볼 수 있는 방법은 없는지를 또다시 물어보았다. 선생님은 도가(道家)에 소속된 사람들이라면 6개월 전부터 죽거나 크게 다칠 운명을 맞이하게 될 사람들을 자연스럽게 알 수 있다고 말해 주었다.

예로 교통사고를 당하여 머리가 박살나 사망하게 될 수 있는 사람을 가정하여 다음과 같이 설명하여 주었다.

도가(道家)에 소속된 사람들이 교통사고를 당하여 머리가 박살나 사망하게 되는 사람을 6개월 전에 만나게 되면, 사망하게 되는 사람의 머리가 아주 희미하게 박살 난 형태를 지니고 있다고 말했다. 시간이 흘러갈수록 희미한 형태는 점점 뚜렷한 형태가 되고, 3일 전에는 완벽하게 박살 난 머리 형태를 가지게 되어 죽음이 확정되며, 죽음이 확정되는 3일 이전에는 죽음을 예방할 수 있는 방편이 존재하지만 죽음이 확정된 3일 이내에는 죽음을 막을 방편이 없다고 말했다.

그래서 과거 시대에 도인(道人)이나 스님들이 우환이 든 집안을 우연하게 지나가다가 우환의 형태를 보고 예방할 수 있는 방편을 알려 주었다고 주장하였다. 선생님은 나의 형상(形象)을 아무런 장애나 흉터가 없는 멀쩡한 상태로 보았기 때문에 내가 절대로 자살하지 않을 것이라고 확신했다고 말했다.

나는 선생님에게 말씀은 잘하지만 정말 도인이 맞느냐고 반문하였다. 선생님은 텔레비전에 나오는 산속에서 세상 인연 끊고 산다는 도인이라고 주장하는 사람들은 진정한 도인이 아니라 정신을 텅 비우고 살아가는 사람일 뿐이라고 주장했다.

세상 이치를 깨달은 도인이라면 권력을 가지고 싶을 때 권력을 가질 수 있고, 재물을 가지고 싶을 때 재물을 가질 수 있어야 한다고 말했다. 다시 말하면 진짜 도인은 언제든지 가질 수 있는 능력을 발휘할 수 있지만, 가짜 도인은 가지고 싶어도 가질 수 없기 때문에 가지고 싶어하는 마음을 비우는 사람들이라고 말했다.

그리고 나에게 산속에서 도인이 산다는 생각을 잊어버리고 세상 이치를 깨달은 도인을 찾으려거든 도시에서 찾으라고 조언하였다. 또한, 나는 절대로 도가(道家)가 아니어서 선생님이 제자로 가르칠 수 없고, 가르칠 생각도 없으니 부담감을 갖지 말고 언제든지 명함에 적혀 있는 주소로 찾아오라고 말했다. 그리고 재미있는 마술도 보여줄 수 있다며 웃음을 지어 보였다.

내가 앞으로 더 잘살게 된다는 말은 여자 친구와의 결혼도 다시 생각할 수 있도록 나에게 희망을 품게 하고 용기도 솟아나게 도와주어 즐거운 마음으로 0000 사찰을 떠나 나의 집으로 되돌아올 수 있게 만들어주었다.

일부 사람들은 사람의 형상으로 나타난 신 또는 신령님이 자신들에게 사람들의 운명을 바꿀 수 있는 능력과 수련 방법을 주셨다고 주장한다.

나는 이런 것이 궁금했다.

사람의 형상으로 나타난 신 또는 신령님이 사람들의 운명을 바꿀 수 있는 능력과 수련 방법을 가지고 있었을까?
신 또는 신령님에게 운명을 바꿀 수 있는 능력과 수련 방법을 부여받은 본인은 왜 불로장생(不老長生)의 특별한 삶을 살지 못했을까?

사후세계와 영계의 여행을 다녀온 후 나는 알게 되었다.

과거에도 향후에는 사람으로 환생할 일이 거의 없는 신계에 거주하는 신만이 영계의 '영적정화소'에서 사람들이 계획한 사주팔자의 운명(運命:사람의 의지에 따라 여러 갈래로 선택할 수 있음)과 신령과 영을 만나 사주팔자가 무력화되는 숙명(宿命:사람의 의지와 상관없이 오직 한 갈래만 존재함)을 바꿀 수 있다.

영계에서 아직 영의 형상이지만 신의 힘에 근접한 능력을 가지고 있는 신령들과 사후세계에 거주하는 영혼들은 사람들과 영적으로 접촉하고 있는 기간에만 영계의 '영적정화소'에서 사람들이 계획한 운명만을 일시적으로 바꿀 수 있다. 신이나 영 또는 영혼들과 접촉하는 사람들은 크게 신가(神家), 도가(道家), 무가(巫家), 종교인 등 4가지로 구분할 수 있는데,

신가(神家)는 자신의 바람으로 신의 선택을 받았으며, 신을 바르게 공경함의 보답으로 신의 철저한 보호 속에 성장하고, 인생 도중에 반드시 신의 수기(授記)를 받아 환생할 때의 운명이 숙명으로 바뀌는 사람들이다.

당연히 보통 사람처럼 보이고, 온 세상이 신의 법당이라고 생각하기 때문에 어떤 형상도 모시지 않고, 기도하는 장소도 구애받지 않으며, 종교를 마음 수련으로 활용할 뿐이어서 여러 종교를 섭렵하거나 종교 생활 자체를 처음부터 거부하는 사람들이 많다.

도가(道家)는 자신의 의지로 신장(神將)이나 영 또는 영혼들을 만나 본 사람으로서 영계의 능력을 부여받아, 사후세계에 존재하는 영혼들을 부릴 수 있는 사람이다. 신도 만나 볼 수 있고, 신장(神將)의 도움으로 일정 기간에만 사람들의 운명을 바꿀 수 있는 능력을 소유할 수 있지만, 평생 동안 신의 수기(授記)를 받지 못하는 사람들이다.

무가(巫家)는 자신의 의지와 관계없이 사후세계에 거주하는 영

혼들의 일방적인 선택으로 현세계에서도 사후세계에 거주하는 영혼들의 지배를 받으면서 살고 있는 사람들이다.

각자 다른 형태로 모시는 형상을 가지고 있으며, 사후세계에 자신들의 직책과 지배할 영역을 표시한 명호(冥護)를 새겨놓았으며, 일시적으로는 운명(運命:급살(急煞)을 예방하거나 제거)에 영향을 미칠 수 있지만, 평생 동안 신을 만나볼 수도 없고, 신의 수기(授記)를 받아볼 수도 없는 사람들이다.

종교인들은 과거 사람으로 환생하였던 종교령과 자신이 모시는 형상만을 믿기에, 다른 사람들의 운명에 관여할 수 없을 정도로 영적 능력이 현저하게 낮거나 거의 없는 사람들이다.

우리의 본질은 자유의지가 부여된 신이기 때문에, 신계에 살고 있는 신들조차도 우리가 동의하거나 원하지 않는다면 현세계에서 90살까지 살기로 계획한 우리의 사주팔자라는 운명을 신 마음대로 100살까지 바꾸지 않는다. 하물며, 현세계에 살고 있는 사람들의 눈앞에서 사람의 형상으로 나타난 존재들은 신이 아닌 사후세계에 거주하고 있는 영혼들로 사람들의 운명을 바꾸거나 수명을 연장할 수 있는 능력이 없다.

다만, 사주팔자에 계획된 큰 사건(변곡점)에서 발생할 수 있는 대형 참사 등을 일시적으로 예방하거나 방지할 수 있는데, 그러한 존재들에게 능력과 수련 방법을 터득한 사람들이 어떻게 다른 사람의 운명을 바꿀 수 있단 말인가?

《북두칠성과 단명소년》 이야기에서 신승(神僧)이 아이의 상을 보고 단명(短命)할 것이라고 말하고, 남산 꼭대기에서 바둑 두는 노인을 찾아가 수명을 연장했다는 것은 위와 같은 사실을 전혀 모르는 사람이 재미있게 꾸며낸 이야기일 뿐이다.

북두칠성과 단명소년

옛날 옛적에 외아들을 둔 사람이 있었는데, 어느 날 신승(神僧)이 지나가다가 아이의 상을 보고 단명(短命)할 것이라고 하여 부모가 모면할 방도(方道)를 묻자 남산 꼭대기에 올라가 바둑 두는 노인에게 간청하여 보라고 알려주었고, 아이가 남산 꼭대기에 직접 올라가 두 노인에게 간청하여 오래 살게 되었다는 설화.

진짜 도인이라면 아이의 부모에게 지금 아이에게 닥쳐오고 있는 급살(急煞)만 피하게 하여 영계의 '영적정화소'에서 아이 스스로가 계획한 운명을 현세계에서 다 살 수 있도록 안내하는 역할만 수행하면 되는 것이었다.

그리고 사람의 형상을 한 바둑 두는 노인은 신이 아닌 사후세계에 살고 있는 영혼이라는 존재로 운명을 바꿀 수 있는 능력이 없는 것을 잘 알고 있기 때문에, 아이가 힘들게 남산으로 올라가 두 노인에게 간청하게 하지는 않았을 것이다.

★ 사람의 형상으로 나타난 신 또는 신령이라는 존재는 형상이 없는 진짜 신이 아닌 형상이 있는 사후세계에 거주하는 영혼이라는 존재로 현세계에 살고 있는 사람들의 운명을 바꿀 수 있는 능력과 수련하는 방법을 전혀 알지 못하며, 이러한 존재들에게 운

명을 바꿀 수 있는 능력과 수련방법을 배웠다고 주장하는 사람들 또한 다른 사람들의 운명을 바꿀 수 있는 능력을 절대로 갖고 있지 못한다. ★

제7장

특정한 기도문(祈禱文)과 주문(呪文)의 효과

집에 도착한 나는 여자친구에게 지금은 우리가 어려운 상황에 직면하고 있지만, 나중에는 잘 산다는 이야기를 누군가에게 들었다면서 다시 만나자고 말하고 싶었지만, "우리가 어떻게 잘살게 되는 거지?"라고 되물어오면 내가 구체적으로 답변할 내용이 전혀 준비되지 않았다는 사실을 알게 되었다.

다음 주에 선생님을 다시 찾아가서 내가 어떻게 잘살게 되는지, 잘 사는 방법은 무엇인지를 구체적으로 물어본 후, 여자친구에게 정확하게 알려주어서 정신까지 미친놈이 되었다는 소리를 듣지 않고 즐거운 마음으로 나를 기다릴 수 있도록 만들어주어야겠다는 생각이 들었다.

일주일의 기다림은 나에게 시곗바늘을 직접 잡고 마구마구 돌리고 싶을 정도의 엄청난 고통을 안겨 주었지만, 세상의 많은 인고의 고통을 견디며 수행하고 있는 수행자들을 생각하면서 꾹 참았다.

드디어 일주일이 지난 토요일 오후 2시경 나는 00시 0000 사찰에 도착하자마자 선생님의 집무실로 바로 직행하였다. 그리고 선생님 주변에 있는 신도들도 무시한 채 긴급히 드릴 말씀이 있어 찾아왔다며 시간 좀 내 달라고 선생님께 요청하였다. 건방진 젊은이라고 쑥덕대는 신도들을 뒤로 한 채 선생님은 내 손을 잡고 제자들과 중요한 신자들에게만 개방한다는 기도실로 나를 데리고 갔다.

선생님의 기도실에는 삼불이 모두 관세음보살님이었는데, 나중에 안 사실이지만 사후세계의 영혼을 활용하는 도가(道家)들은 사람들에게 욕심을 비우게 하는 부처님보다는 소원을 들어주는 관세음보살님을 더 좋아한다는 사실도 알게 되었다. 나는 스님이나 도인들은 부처님이나 신이라는 존재를 모시고 있는데 선생님은 왜 관세음보살님을 모시고 있는지 물어보았다.

∷ 관세음보살

관세음보살은 자비로 중생을 구제하고 이끄는 보살로서 중생의 모든 것을 듣고, 보며, 보살피는 의미를 1,000개의 손과 1,000개의 눈으로 형상화하여 천수천안(千手千眼) 관자재보살이라고 부르기도 한다.

관세음보살은 석가모니보다 먼저 부처가 된 정법명왕여래로 석가모니 전생의 스승이었는데 중생을 제도하기 위해서 스스로 부처에서 보살이 되었다고 한다.

"어떤 중생이 신묘장구대다라니를 외우고도 극락세계에 왕생(往生)하지 못하는 이가 있다면 나는 맹세코 성불(成佛)하지 않으리라."하는 대자비의 원을 세웠다 한다.

선생님이 젊은 시절에 수행할 때에는 보살님보다 높은 부처님을 모셨으며 부처가 되기를 바랐다고 말했다. 욕심 없는 마음 등 모든 것을 비우는 연습과 신을 만나고 신이 되기 위한 수도 생활을 나름대로 열심히 수행했지만 신을 만나보지 못했다고 말했다. 그래서 이번에는 《신묘장구대다라니》나 《반야심경》 등 불경을 열심히 독경했지만 부처님이나 보살님은 고사하고 신령조차 못 만나게 되자, 수도 생활과 불경 독경 등은 신을 만나보지 못한 사람들이 교육하는 차원에서 만들어낸 것이라는 생각을 하게 되었다고 말해주었다.

이때부터 부처님들처럼 마음과 생각을 비우는 것이 아니라 사람들의 소원을 들어주는 관세음보살님의 진정한 원을 끊임없이 생각하게 되었고, 과연 《신묘장구대다라니》가 없던 시절에 태어났던 관세음보살님이 '어떤 중생이 《신묘장구대다라》를 외우고도 극락세계에 왕생하지 못하는 이가 있다면 나는 맹세코 성불하지 않으리라.'라고 하면서 《신묘장구대다라니》에 자신의 영원한 운명을 거는 원을 세웠을까 하고 성찰해 보기 시작했다고 말했다. 그리고 알게 되었다고 말했다.

관세음보살님은 수도 생활과 불경과는 전혀 관계없는 원을 세웠다고 생각했고, 부처가 될 수 있는 자격조건이 되었지만, 자타불이(自他不二)의 마음으로 혼자가 아닌 모든 사람들이 부처가 되기를 바라는 원을 세웠을 때 비로소 신이 관세음보살님에게 찾아왔다고 생각하게 되었다고 말했다.

그 이유는 우리 모두는 무한한 신의 본질이며 일부라는 사실을 관세음보살님이 깨달았기 때문이라는 것이다. 신들은 인간이 만들어낸 특정 종교나 또는 무종교를 편애하는 옹졸한 마음의 소유자가 아닌 무한한 사랑을 소유한 부모님과 같은 존재이기 때문에 나 역시 종교와 전혀 관계없는 자타불이(自他不二)의 정신으로 세상 사람들을 위한 작은 도움이 되고 싶다는 원을 세웠을 때 비로소 수도한 지 10년 만에 신들이 나를 찾아와 만나주셨다고 말했다.

그때 신들이 주신 약간의 도력과 사주팔자를 더 잘 볼 수 있는 능력으로 오늘날까지 내가 밥 먹고 잘살고 있기 때문에 받은 은혜를 잊지 말자는 그 감사함의 표현과 자타불이(自他不二)의 정신을 본받자는 마음으로 관세음보살님의 형상을 모시고 있다고 말해 주었다.

신은 어떤 모습이었는지 수염이 난 할아버지인지 아니면 곱상한 할머니인지 그리고 어떤 옷을 입고 있었는지 나는 궁금하다는 듯이 물어보았다. 선생님은 자신이 만나보고 싶었던 최고의 큰 신이 나를 직접 만나 줄 것이라며 지금 당장은 신들의 모습을 너무 궁금해하지는 말라고 대답했다.

일부 사람들은 자신들이 알려준 특정한 기도문과 주문을 많이 독송하면 신을 만나볼 수 있거나 신의 능력을 받을 수 있다고 주장한다.

나는 이런 것이 궁금했다.

신들이 자신들의 능력을 전수하여 줄 수 있는 기도문과 주문을 만들었을까?

종교인들과 도인들이 알려준 기도문과 주문을 많이 한 사람들에게 무슨 이유로 특별한 능력이 생기지 않았던 것일까?

사후세계와 영계의 여행을 다녀온 후 나는 알게 되었다.

신은 영감(靈感)의 형태로 사람들과 의사를 정확하게 소통하기 때문에 부정확한 의사소통 방식인 특정한 기도문과 주문을 필요로 하지 않는다. 그러나 과거에 사람으로 태어났고 영감으로는 의사소통을 할 능력이 없는 덜 성장한 사후세계에 거주하는 영혼들은 현세계 사람들의 말인 특정 기도문과 주문 등의 형태로 후손들과 의사소통을 하고 있다. 그래서 현세계 사람들이 특정한 기도문과 주문을 탐닉하여도 특별한 능력이 생기지 않는 것이다.

신계 신을 만나게 되면 지속적인 특정한 능력을 보유하지만, 사후세계에 거주하는 영혼을 만나게 되면 일시적인 현상만 경험할 수 있기 때문에 특정한 기도문과 주문의 행위로 일시적인 영적 체험을 경험했다면 신을 만나본 것이 아닌 사후세계에 거주하는 영혼이나 불가시 존재를 만나본 것이다.

영화 〈스피어〉[2]에서도 스스로 통제할 수 없는 초능력이 주변

---

2) 태평양 해저 깊숙한 곳에서 발견된 우주선에 있던 구체(스피어) 속으로 들어갔다가 나

사람들에게 얼마나 큰 재앙인지 알 수 있듯이, 신도 인성(人性)이 뒷받침되지 않는 사람들에게 신의 능력을 부여하는 것이 얼마나 위험한 일인지 사람보다 더 잘 알고 있다.

★ 신은 세상에 존재하는 모든 일체의 말이 아닌 특정한 말로 구성된 기도문과 주문만을 사랑하는 편협한 마음의 소유자들에게는 신과의 만남을 통한 특별한 능력을 부여하지 않는다. 또한, 특정한 기도문과 주문을 탐닉하는 사람들이 만난 존재는 신이 아닌 사후세계에서 신을 모방하는 영혼들이나 잡귀들이다. ★

온 사람들에게 잠재의식 속 상상을 현실화시키는 능력이 생기게 되었고, 원하지 않는 상상으로 동료들을 죽음으로 몰아갔다. 스스로 통제할 수 없는 초능력은 주변 사람들에게 크나큰 재앙이 된 것이다. 우주선을 파괴하고 겨우 탈출에 성공한 사람들은 우리는 아직 스피어를 만날 자격이 없다고 말한다.

제8장

미래를 아는 능력

선생님은 호기심 어린 말투로 내가 긴급하게 물어볼 말이 무엇인지를 물어보았다. 나는 선생님이 예전에 말하기를 내가 나중에 잘 산다고 하셨는데, 어떻게 잘 살게 되는지, 잘 사는 방법은 무엇인지 구체적으로 알고 싶다며 선생님의 두 눈을 똑바로 바라보면서 대답했다.

선생님은 어떻게 잘 살게 되는지, 잘 사는 방법은 무엇인지 구체적으로 알려달라는 나의 질문에 몹시 의아해하는 표정을 지으며 잠시 생각에 잠기어 있었다.

잠깐의 침묵이 흐른 뒤 선생님은 나에게 《진묵 대사의 설화 이야기》를 들려주며 "진묵 대사가 조카에게 행한 행위는 옳은 것인가?"라고 물어보셨다.

:: 진묵 대사의 조카 일화 이야기

진묵 대사에게는 한 명의 누이동생이 있었고, 누이동생이 낳은 외동아들인 조카는 매우 가난하게 살았다. 진묵 대사는 칠월 칠석날 칠성님을 모셔 올 테니 복을 많이 쌓아 가난을 면해 보라고 하면서 조카에게 일곱 개의 밥상을 정성껏 준비하도록 알려주었다.

칠월 칠석날 조카는 밥상을 푸짐하게 준비하였고, 밤 12시에 진묵 대사는 일곱 분의 손님을 모시고 조카의 집안으로 들어왔다. 진묵 대사가 모시고 들어온 손님들의 초라한 행색을 본 조카는 거룩한 칠성님이 아닌 거지 영감들만 데리고 왔다고 판단하여 부엌에서 불평을 말하며 소란을 피웠다.

그 소란을 듣고 밥상 위에 앉았던 칠성님들이 하나둘 자리를 떠나기 시작했고, 마지막 칠성님이 일어서려고 할 때 진묵 대사가 다가가 붙잡으며, 한 숟갈만 드셔 달라고 통사정을 하여 일곱 번째 칠성님이 밥 한술, 국 한술, 반찬 한 젓가락을 드신 후 자리에서 일어나 떠났다.

진묵 대사는 초라한 행색을 한 손님들이 칠성님이라는 것을 조카에게 알려주어 크게 꾸짖고, 마지막 목성 대군이 세 숟가락을 잡수셨기 때문에 3년은 잘 살 수 있을 것이라고 말해 주었다.

이튿날 헐값에 산 돼지 한 마리로 인하여 조카는 3년간 부유하게 잘 살다가 집안에 불이 나서 다시 거지 신세가 되었다는 일화다.

나는 무엇이 잘못된 것인지 알려달라고 반문하였다.

돈을 전혀 관리할 줄 모르는 나에게 선생님이 3년간 큰 부자가 되도록 만들어주었다고 가정하면, 3년 동안은 내가 선생님에게 감사한 마음을 가지고 살게 되겠지만, 부자의 씀씀이에 맞춰진 삶을 살게 될 것이라고 말해주었다.

부자의 씀씀이에 맞춰진 삶을 살고 있다가, 3년 후에 갑작스럽게 망하게 되어 커진 소비를 줄이지 못하여 미래에 더 큰 고통에 직면하게 된다면, 계속해서 가난하게 사는 것보다 더 큰 시련을 준 것이 아니냐고 물었다.

우리 도가(道家)의 낮은 수련을 쌓은 제자 정도의 수준이라도 모셔온 칠성님 중에서 2명 정도가 초대받았던 자리에서 일어났다면, 다음을 기약하며 오신 분들 모두를 하늘로 되돌아가시라고 돌려보내 줄 것이라고 말하면서 당장의 이득보다는 당장의 이득으로 파생될 수 있는 미래의 재난도 함께 고려하기 때문이라고 말했다.

따라서 우리 도가(道家)들은 사람들 자신이 영계의 '영적정화소'에서 계획한 사주팔자 안에 설정한 부(富)의 최소에서 최대 범위 내를 파악하고, 부(富)를 모으거나 잃어버리는 시기를 미리 알아 준비하는 자세의 교정을 가르칠 뿐, 직접적인 부(富)를 모으는 방법을 가르치거나 가져다주지는 않는다고 말했다.

내가 물어본 어떻게 잘 사는지, 무엇을 해서 잘 살게 되는지 구체적으로 알려주지 못하는 사유도 마찬가지라고 말해 주면서, 지금의 나의 의식 상태로는 정확한 사실을 알려주어 일시적으로 부(富)를 쌓게 만들어준다고 하여도 쌓았던 부(富)를 유지할 수도 없으며, 더욱이 쌓았던 부(富)를 잃어버린 더 큰 고통으로 미래에는 선생님을 원망하며 살아갈 것이라고 주장하였다.

모든 것을 천천히 배우고 경험을 통하여 자신의 것으로 만든 후에 내가 원하는 부(富)를 쌓으라고 조언하면서, 지금은 알려줄 수 없기 때문에 미안할 뿐이라고 말했다.

여자친구에게 알려줄 내용을 전혀 얻어내지 못한 나는 갑자기 머리에 해머를 맞은 느낌을 받게 되었고, 선생님이 직접 조제하여 주신 보이차의 맛도 음미하지 못한 채 '이 문제를 어떻게 해결할까'라는 생각에만 집중하고 있었다.

일부 사람들은 신께 능력을 부여받은 자신은 모든 사람들의 미래를 알 수 있다고 주장한다.

나는 이런 것이 궁금했다.

신께 능력을 부여받은 사람은 모든 사람들의 미래를 알 수 있을까?

신은 다른 사람들의 미래를 알려줄까?

사후세계와 영계의 여행을 다녀온 후 나는 알게 되었다.

영계에 있는 '영적정화소'에서 우리의 의지로 매번 사주팔자라는 운명을 계획하고 현세계로 환생했지만, 사주팔자를 설정한 흔적의 기운은 영계에도 계속 남아있게 된다.

영계에 오래 머물러 있던 영들 정도라면 영계에 남아 있던 사주팔자를 설정한 흔적의 기운을 읽어낼 수 있기 때문에, 지금 현세계에 살고 있는 사람들의 미래 일부를 알 수 있다. 그러나 지금의 생애가 아닌 다음의 생애인 미래는 사람들의 의지로 영계의 '영적 정화소'에서 다시 새롭게 설정하기 때문에 알 수가 없다.

또한, 현세계에 살고 있는 사람들도 영계의 '영적 정화소'에서 자신이 설정한 사주팔자라는 운명의 흔적인 기운을 영계에 남아 있는 다른 영들에게 숨기려는 경향을 가지고 있어, 영계에서 현세계로 오는 정보의 기운을 방해하는 에너지를 자연스럽게 발산하고 있다.

그러므로 현세계와 함께 공존하는 사후세계가 아닌 차원이 다른 영계에서 현세계로 사주팔자의 정보를 전달하기 위해서는 두 가지 조건 모두가 충족되어야만 한다.

첫째, 영계에 있는 영이 현세계에 살고 있는 사람에게 운명의 정보를 전달하기 위해서는 영계와 현세계 사이에 존재하는 차원을 뚫고 정보를 전달할 수 있을 정도의 강한 기운을 발산할 수 있어야 한다.

대부분 영계에 거주하는 영들은 현세계와 영계 사이에 존재하는 차원을 넘을 기운을 소유하지 못하고 있으며, 신장(神將)이나 강력한 영적 힘을 가지고 있는 종교령 또는 도교령들만이 운명에 관한 정보를 현세계에 정확하게 전달할 수 있다.

둘째, 영계에 있는 영이 발산하는 기운이 현세계에 있는 사람이 방해하는 기운보다 강해야 한다.

현세계에 있는 사람이 방해하는 기운이 영계에서 오는 정보를 전달하는 기운보다 강하면 영계에서 오는 운명의 정보를 왜곡시켜 버리고, 사람들의 영이 허락하지 않는 한 무속인이나 명리학자 또는 영능력자들조차도 사람들의 미래를 정확하게 맞출 수가 없다.

리처드 바크의 『갈매기의 꿈』의 내용을 보면 위대한 갈매기는 눈앞에 먹이 사냥보다 비행을 좋아하며, 자신의 안위보다는 타인에 대한 배려심을 가지고 있었다.

:: 리처드 바크 『갈매기의 꿈』

대부분의 갈매기에게 중요한 것은 해안에서 먹이가 있는 곳으로 갔다가 되돌아오는 방법만 배우는 먹이 사냥이었다. 그러나 갈매기 조나단 리빙스턴에게 먹이 사냥보다 더 중요한 것은 더 넓은 세상을 보며, 높이 날아가면서 자유를 만끽하는 비행이었다.

스승 설리반은 지금 이 세상에서 배운 것을 가지고 다음 세상을 선택하는 것임으로 아무것도 배우지 않으면 다음 세상도 지금과 마찬가지라며 배움의 중요성을 깨우쳐 주었다.

하물며, 조나단이라는 갈매기보다 명석한 신이 다른 사람의 말을 빌려 자신이 영계에 있는 '영적정화소'에서 설정한 사주팔자를 현세계에서 환생한 자신에게 알려주는 배려심 없는 행위는 절대 하지 않는다.

신은 개인의 사주팔자나 미래의 결과를 알려주는 작은 존재가 아닌 온 인류가 미래를 준비하는 과정의 자세를 교정하는데 더 큰 의미를 가지고 보이지 않게 끊임없이 도움을 주고 있는 위대한 존재이다.

★ 신은 지식과 경험의 정보 습득를 위하여 현세계의 삶의 과정을 설정한 본인의 사주팔자를 다른 사람의 입을 통해 유출하지 않으며, 온 인류의 궁금증이 아닌 특정한 개인의 궁금증에 대하여도 결코 답변하지 않는다.

문제를 출제한 시험관이 응시자에게 정답을 알려주지 않듯이, 자유의지로 자신이 설정한 삶을 살아가며 정보를 습득하고 있는 현세계에 살고 있는 사람들에게 신이 사람들의 의사에 반하여 운명을 알려주지는 않는다.

따라서 신께 다른 사람들의 미래를 모두 알 수 있는 능력을 부여받았다는 영능력자의 말은 사실이 아니며, 신도 아니면서 모든 사람들의 일부 미래가 아닌 미래 전부를 알 수 있다고 주장하는 영능력자들은 거짓을 말하는 위선자일 뿐이다. ★

제9장

운명(運命)을 바라보는 관점

　나는 무거운 침묵을 깨고 선생님이 나에게 미리 알려주는 정보로 내가 부(富)를 지켜낼 수 있지 않느냐고 반문하고, 내가 부를 지켜내지 못할 것이라고 속단하는 근거는 무엇이냐며 매우 기분 상한 말투로 반발하였다. 그리고 마치 운명이 결정되어 있는 것처럼 말씀하시는 근거는 무엇이냐고 선생님에게 물었다.

　선생님은 입에 웃음을 머금으며 운명이 결정되어 있다고 보는지, 혹은 자유 의지로 만들어 가는 것이라고 보는지 나의 의견을 물었다. 나는 결정된 운명을 살아간다고 하면 현세계에서 바둥바둥 사는 나의 삶이 비참해지고, 운명을 자유 의지로 사는 것이라면 선생님 같은 명리학자들과 영능력자들은 사기범이지 않느냐고 나의 의견을 제시했다.

　그리고 내 인생에서 내일 비가 올지 안 올지도 모르는 상황인데, 선생님 같은 분들이 나에게 내일 구름이 낀다고 하면서 결과를 암시하듯이 말하고 있지 않느냐며 불만을 표시했다.

　선생님은 나에게 기차 여행을 다녀온 적이 있는지 물었다. 기차를 타고 앉아서 창 밖을 바라보는 나는 창 밖에 서 있는 사람들이 움직이고 있다고 생각할 수 있으며, 창밖에 서 있는 사람들이 기차 안에 앉아 있는 나를 볼 때는 오히려 내가 움직인다고 생각할 수 있다고 말했다. 그러나 진실은 창 밖과 창 안의 사람 모두 움직이지 않고 의자에 앉아 있거나 길에서 서 있었는데도 서로 움직인다고 생각할 수 있다는 것이었다.

'운명결정론(運命決定論)'과 '자유의지론(自由意志論)'도 내가 기차를 타고 앉아 있는 상황인지, 기차 밖 길거리에 서 있는 상황인지 모르기 때문에 선생님의 이야기를 들어보고 내가 판단하라고 말했다.

범아계로부터 온 생기가 생기를 둘러싼 영 안에 지식과 경험을 바탕으로 한 필요한 정보를 축적하고 더 이상 윤회하지 않는 신계로 되돌아가기 전까지는 현세계, 사후세계와 영계를 끊임없이 윤회할 수밖에 없다고 말했다. 일단 윤회라는 측면에서 보면 생기를 감싼 영을 깨뜨리고 정보를 가진 생기인 신이 되어 신계로 되돌아가는 과정은 선택할 수 없다고 했다.

그러나 윤회하는 과정에서 권력자의 집안에서 태어날 것인지 혹은 가난한 집안에서 태어날 것인지 그리고 부와 권력에 도달할 수 있는 최소와 최대 범위는 인생 전반을 통하여 얼마만큼까지 도달할 수 있도록 설정할 것인지, 중대한 사건(변곡점)이 미치는 영향력의 크기는 얼마로 할 것인지를 구성하는 사주팔자라는 운명은 자유롭게 선택할 수 있다고 말했다.

매년 백만 원만 모을 수 있는 삶을 1억 년 정도 살 수 있다고 가정하면 말년에는 누구나 큰 부자가 될 수 있지만, 사람의 육체가 백년 이상 살기 어렵듯이 사주팔자를 구성할 때의 수명은 제한되어 있다고 말했다.

사주팔자를 선택할 수 있다는 사실을 생각하면 운명은 자유 의지라고 할 수 있지만, 범아신으로부터 나온 생기가 영을 깨뜨리고 신이 되어 신계로 되돌아가기 전까지는 윤회를 벗어날 수도 없으며, 사람들이 육신을 가지고 살아가는 현세계의 삶의 기간도 1억 년으로 설정할 수도 없는 제한된 사항으로 보면 결정론이 맞다고도 생각한다고 말했다.

그리고 선생님이 나에게 네 가지 사례를 가지고 사주팔자에 대한 설명을 한 번 이야기할 테니 들어본 후에 '운명결정론'과 '자유의지론' 중 어느 것이 맞는지 내가 판단하라고 하였다.

에피소드 1 : 홍길동[3] 사주팔자 이야기

홍판서의 집에 서자(庶子)로 태어난 홍길동이라는 사람이 선생님에게 사주팔자를 의뢰하게 되면, 선생님은 집안에서 차별 대우를 받아 반드시 부모와 이별하고, 자신의 의지와는 상관없이 사회적 파장을

---

3) 허균의 『홍길동전』 허균이 서얼 출신이라는 이유로 신분제적 차별을 받아 꿈을 펼칠 수 없었던 스승의 모습을 보고, 정부에 대하여 서얼들이 최초로 조직적인 저항을 하였던 '칠서지옥' 사건을 모델로 삼아 신분제의 모순과 적서 차별을 폭로한 소설이다.

일으킬 큰 사건을 도모하고, 잘못되면 도적의 두목이 되거나 잘 되면 왕이 될 운명이라고 알려준다고 말했다.

서자로 태어난 모든 사람들이 가출을 감행하는 것은 아니지만, 홍길동의 경우에는 아무리 홍판서와 정실 부인에게 효성을 다한다고 해도, 홍판서의 집 안에 머물 수 없는 뜻밖의 상황이 발생하여 가출하게 되는 운명이니, 자신이 아무리 노력해도 결국 가출하고 마는 홍길동의 운명은 '운명결정론'인가? '자유의지론'인가?"라고 나에게 물었다.

그리고 홍길동의 사주팔자에 드러난 재산상태를 본 선생님은 요즘 시세로 최소 십억 원에서 최대 십조의 부를 가질 수 있으며, 사회적 파장을 일으키더라도 감옥을 가지 않는 운명이라고 알려 준다고 말했다.

태어난 사람 누구나 최소 십억 원에서 최대 십조의 부(富)를 가질 수 있는 사주팔자를 설정하고 태어날 수는 없다고 말하면서, 요즘에도 죽을 때까지 감옥 가지 않고 생애를 마감하는 조폭 두목들처럼 홍길동도 가출하여 도적의 소굴로 들어가 두목이 되어 생애를 마감하더라도 당연히 감옥에 가지는 않겠지만, 홍길동의 명예는 도적의 두목이고 재산은 십억 원에 머물렀을 것이라고 말해주었다.

그러나 영리한 홍길동은 도적 두목과 힘을 겨루어 두목이 되는 상황, 도적단을 활빈당으로 변화시키는 상황 등 중간중간 사주팔자에 설정되어 있는 중대한 사건(변곡점)을 잘 활용한 큰 도약을 추진하여 도적의 두목에서 율도국의 왕이 되는 것을 보면, 중대한 사건(변곡점)을 활용하여 자신이 설정한 운명의 범위 내에서 자신이 가는 길을 자유롭게 선택할 수 있다는 것은 운명이 '자유선택론'이라고 볼 수도 있지만, 누구나 홍길동처럼 가출한다고 해서 율도국의 왕까지 오르지 못하는 것을 보면 '운명결정론'도 맞는 것 같다고 말해 주었다.

에피소드 2 : 성춘향[4]과 향단의 사주팔자 이야기

사주팔자에 중대한 사건(변곡점)의 영향력이 큰 성춘향이라는 아이의 운명을 살펴보니, 수명은 60세이며, 10년마다 중대한 사건(변곡점)이 발생하고, 중대한 사건(변곡점) 사이의 기간 동안 재산의 변동폭은 10억 원에서 100억 원으로 최소 1억 원에서 최대 1,000억 원을 가지고 생애을 마감한다고 가정할 경우, 최선의 선택만 한 성춘향의 경우는 20세에 부모님의 재산 100억 원을 물려받았고, 30세에 돈 잘 버는 남편을 만나 결혼을 하여 재산이 800억 원이 되었으며, 60세 때에 돈 잘 버는 자식에게 200억 원을 추가로 받아 1,000억 원의 재산을 소유하고 생애를 마감하게 된다고 말했다.

그러나 최악의 선택을 한 성춘향의 경우는 20세에 부모님의 재산 100억 원을 물려받았고, 30세에 백수의 남편을 만나 결혼을 하여 재산이 10억 원으로 줄었고, 60세 때에 자식의 사업 자금으로 9억 원을 빌려주어 1억 원의 재산을 소유하고 생애를 마감한다고 말했다.

---

4) 『춘향전』 양반자제 이몽룡과 기생의 딸 춘향 사이의 신분적 한계를 초월한 남녀 간의 지고지순한 사랑의 이야기를 소재로 한 대표적인 작품으로 성춘향의 몸종은 향단이고 이몽룡의 몸종은 방자이다.

사주팔자에 설정된 중대한 사건(변곡점)인 성춘향이 결혼 전까지 형성된 남편을 선택하는 안목으로 돈 잘 버는 남편 또는 백수 남편을 선택하는 결정, 자녀의 성장 과정을 지도한 성춘향의 능력 여부에 따라 말년에 자녀들에게 금전적 지원을 받게 될지 혹은 지원을 해야 할지가 결정하는 선택은 생애에서 반드시 발생하게 된다.

그러나 사주팔자에 설정된 중대한 사건(변곡점)마다 큰 영향력을 받게 되는 성춘향의 경우에는 어릴 때의 조건을 가지고 미래의 결과를 전혀 예측할 수 없기 때문에 말년에 인생을 회고하는 시점에서 자신의 사주팔자는 '자유의지론'이라고 주장할 것이라고 말했다.

반대로 사주팔자에서 중대한 사건(변곡점)의 영향력이 거의 없도록 설정한 향단이의 운명을 살펴보면 최소 1억에서 최대 2억을 가지고 생애를 마감할 사람으로서, 태어날 때부터도 미래의 결과를 거의 완벽하게 예측할 수 있기 때문에, 말년에 인생을 회고하는 시점에서 자신의 사주팔자는 '운명결정론'이 맞다고 향단이는 주장할 것이라고 말했다.

에피소드 3 : 과정에서 보면 가변적이나, 큰 틀에서 보면 확정적인 사주팔자

선생님은 사주팔자는 사람들이 자주 다니는 여행의 과정과 매우 비슷하다고 말했다.

어떤 사람이 부산에서 출발하여 청주를 거쳐 인천에 도착하는 여행을 계획했다고 가정하고, 처음 부산에서 청주까지 버스로 이동하면서 많은 돈을 벌게 되었다면, 비행장이 있는 청주에서는 타고 가던 버

스를 포기하고 공항을 방문하여 비행기로 갈아탄 후 편안하게 인천에 도착하여 여행을 끝마친다고 말했다.

반대로 이동하는 과정에서 많은 돈을 잃어버리게 되어, 버스표를 구매할 수 없는 상황이 청주에서 발생하게 되었다면, 청주에서부터는 타고 가던 버스 대신 불편한 자전거를 타거나 힘든 도보로 인천까지 도착해야 한다는 점을 생각하면 운명은 자유 의지가 맞는다고 생각할 수 있다고 말했다.

그러나 부산에서 출발하여 충주를 거쳐 인천에 도착하는 여행을 계획한 또 다른 사람은 여행 도중에 돈을 아무리 많이 벌었다 하여도 비행장이 없는 충주에서는 비행기를 타고 편안하게 인천까지 이동할 수가 없으니 운명은 결정되었다 생각할 수 있다고 말했다.

다시 말하면, 부산에서 출발하여 청주를 거쳐 인천으로 간다는 큰 결과(최소와 최대 그리고 변곡의 크기)는 결정되어 있으나, 큰 결과를 채워 가는 버스, 비행기, 자전거, 도보 등 이동수단인 세부적인 과정은 결정되어 있지 않을뿐더러 작은 사항(예로 1억 원에 대한 생각마저도 사람들마다 받아들이는 느낌이 상대적이다)에 따라 사람들이 느끼는 체감 정도도 차이가 크다고 말했다.

또한 부산에서 출발하여 청주를 거쳐 인천으로 가는 여행지를 선택하여 출발한 사람이 갑자기 마음을 바꿔어 여행 도중에 청주가 아닌 강릉으로 여행지를 바꿀 수는 없지만, 이동 수단만은 바꿀 수 있다는 의미란, 낮은 급의 국회 청사 수위로 근무할지 높은 급의 국회의원으로 근무할지는 본인의 작은 선택 과정을 통해 변경할 수 있지만, 국회에서 근무한다는 사실만은 변하지 않는 것을 보면 '운명결정론'과 '자유 의지론'을 바라보는 관점이 마치 기차 안에 타고 있는 사람과 기차 밖 길가에 서 있는 사람과 같아서 운명은 결정된 것인지? 선택하는 것인지? 판단하는 것이 매우 힘들다고 말했다.

에피소드 4 : 40대 사업가의 사주팔자 이야기

현재 자신이 경영하고 있는 사업이 매우 힘든 상황이라고 말하면서, 향후 60세에는 자신이 어떻게 살고 있는지 정확하게 알려달라는 40대 사업가의 의뢰를 받고 그 사람의 사주팔자를 풀어보니, 50세에 반드시 인상을 찡그린 무서운 호랑이를 만나게 되는 인생의 중대한 사건(변곡점)이 설정되어 있었다.

선생님이 자신의 영을 띄어 자신에게 의뢰한 사업가의 운명의 흐름을 확인해 보려고 시도하였으나, 나처럼 사주팔자가 숙명으로 확정된 드문 사람을 제외하고는 중대한 사건(변곡점)이 큰 사람의 운명은《나비효과》처럼 처음에 조금씩 변한 것이 종국에는 큰 변화의 결과로 나타나게 되고, 중대한 사건(변곡점)에 따른 인생의 흐름도 크게 바뀐 여러 갈래로 진행되기 때문에 미래의 모습을 확정하여 사업가에게 말해 줄 수가 없었다는 말을 했다.

:: 나비효과

《나비효과》라는 용어는 1952년 미스터리 작가인 브래드버리가 시간 여행에 관한 단편소설 『천둥소리』에서 처음 사용하였으며, 미국의 기상학자 로렌츠에 의하여 대중에게 널리 전파되었다.

1961년 로렌츠는 컴퓨터 시뮬레이션을 통해 기상 변화를 예측하는 과정에서 정확한 초기값인 0.506127 대신 소수점 이하를 일부 생략한 0.506을 입력한 근소한 차이가 완전히 다른 기후 패턴의 결과로 나타난다는 사실을 알게 되었고, 기상 예측은 시간이 지날수록 오차가 크게 나타나서 장기적인 기상 예보 또한 불가능하다는 결론을 얻게 된다.

'브라질에서 나비가 날갯짓을 하면 텍사스에서 토네이도가 일어날까'라는 주제로 한 강연으로 《나비효과》의 용어는 대중에게 널리 퍼져 나갔다. 미세한 변화나 작은 사건이 추후에는 엄청난 결과로 이어진다는 의미로 확대되어 《나비효과》는 처음에는 과학 이론이었으나 나중에는 사회 현상을 설명하는 광범위한 용어로 확장되었다.

그래서 의뢰인에게는 50세 때에 얼굴을 찡그린 호랑이를 만나게 될 것이며, 호랑이를 만난 중대한 사건(변곡점)으로 파급된 영향력으로 인하여 자신에게 남겨져 있는 인생의 성공과 실패를 결정할 것이니 잘 대처하라고 알려주고 헤어졌다고 말했다.

의뢰인에게 답변할 당시에 선생님은 00 도인이라는 명함을 가지고 있었는데, 의뢰인에게 상세하게 알려주지 못한 자신의 답변이 너무나 창피하여 모시고 있었던 신이라고 주장하는 영혼에게 호랑이의 실체를 보여 달라고 간절하게 기원하게 되었다고 했다.

그리고 많은 기간이 지난 후에야 신이라고 주장하는 영혼의 도움으로 사업가인 의뢰인이 만나게 되는 호랑이의 실체를 선생님의 눈으로 직접 확인하여 알게 되었다고 말했다.

그로부터 1년이 지난 시점에 근육질의 몸짱이 된 의뢰인이 다른 일을 상담하기 위하여 선생님을 찾아왔고, 선생님은 의뢰인의 몸이 보기에 너무 좋아졌다며 칭찬하여 주었지만 의뢰인의 대답은 선생님을 충격에 빠트렸다고 했다.

의뢰인은 50세 때에 얼굴 찡그린 무서운 호랑이를 만난다는 선생님의 말을 굳게 믿고, 만날 때를 대비하여 지난 1년 동안 꾸준하게 격투기를 배우고 있다며, 호랑이를 만나게 되면 한 방에 물리칠 것이라고 자신감 있게 말했다고 한다.

이 말을 들은 선생님은 자신이 모셨던 신이라고 주장하는 영혼이 알려준 호랑이의 모습을 떠올리며 의뢰인에게 회사 직원들과의 관계는 어떠냐고 물어보았다고 한다.

의뢰인은 회사에 무서운 호랑이가 나타나 공포감이 조성되면, 자신의 회사를 잘 다니던 유능한 직원들이 점차 회사를 떠나게 될 것이며, 유능한 직원이 없게 된 자신의 회사는 결국 망하게 될 것이라고 대답했다.

그렇기 때문에 무서운 호랑이를 만나는 시기를 대비하여 단호하게 회사의 기강을 세우고 있어, 예전보다 직원들이 의뢰인을 무서워하고 있다고 대답했다. 선생님은 자신이 모셨던 신이라고 주장하는 영혼이 자신에게 직접 보여준 의뢰인의 미래에 나타난 두 가지 호랑이의 모습을 알려 주었다고 말했다.

첫 번째 호랑이는 표독한 호랑이로 50세 때에 의뢰인과 치열하게 싸워 결국에는 의뢰인을 회사에서 쫓아버린다고 말했다.
두 번째 호랑이는 인상을 찡그린 호랑이로 표정은 무서웠지만 천천히 다가가 보니 눈물도 흘리고 있었다고 말했다.

호랑이의 목에 멧돼지 뼈가 걸려 아팠기 때문에 인상을 찡그리며 눈물을 흘리고 있었던 것이라면서, 의뢰인이 호랑이의 목에 걸려 있던 멧돼지 뼈를 뽑아 주자 호랑이는 고맙다고 인사를 하고 떠났다고 말했다. 그리고 얼마 지나지 않아 커다란 멧돼지를 한 마리 잡아서 의뢰인에게 주었다고 이야기하며 호랑이의 실체는 의뢰인이 경영하는 회사 직원이라고 말했다.

열심히 일한 직원들의 큰 실수를 직접 눈물을 닦아주며 용서한 의뢰인의 마음이 회사의 승패를 결정한 것이라고 말해 주었다고 한다. 의뢰자인 사업가는 선생님의 말을 듣고 당황한 기색으로 곧바로 자신의 집으로 되돌아갔으며, 6개월 뒤에는 자신의 직원들이 자신의 회사와 경쟁 관계에 있는 조그만 업체들을 하나씩 때려잡는 유능한 호랑이들이었다며 직원들에게 최선을 다하여 성심껏 대우하여 주고 있다는 소식도 전해 주었다고 했다.
그리고 50세 때에 다시 선생님을 찾아와서 얼마 전에 가장 치열하게 경쟁하던 경쟁업체를 합병시켜 자신이 중견 기업의 사장이 되었으며, 지금부터는 자신의 회사를 그룹으로 성장시키고 싶다는 포부를 자랑스럽게 말했다고 한다.

그러나 선생님은 의뢰인에게 사주팔자를 살펴보면 더 이상의 재산을 모을 수 없으며 모아도 흩어져 버리니, 지금부터는 재산을 축적하겠다는 생각을 멈추고, 다른 사람들에게 자신의 재물을 베풀어 주면서 즐거운 마음으로 남은 인생을 살아가라고 조언하여 주었다고 말했다.

50세 때에 호랑이를 반드시 만나기 때문에 '운명결정론'이라고 볼 수 있고, 자신이 어떤 상태의 호랑이를 만나는지는 '자유의지론'이라고 볼 수 있지만, 그것보다 더 중요한 사실은 운명이 결정되어 있는 것인지, 선택하는 것인지를 알기보다는 의뢰인처럼 자신과 자신의 주변을 잘 가꾸고 성장시키는 것이라고 말했다.

선생님은 나에게 어떻게 잘 사는지, 무엇을 해서 잘 사는지 구체적인 미래를 알려주는 것보다 어떻게 준비하고 성장하는 방법을 알려주는 것이 더 중요하고 옳은 일이라 생각한다고 말했다.

선생님의 말을 들은 나는 다시 깊은 침묵에 빠졌다.

일부 사람들은 사람들의 운명이 결정되어 있다고, 혹은 선택하는 것이라고 주장한다.

나는 이런 것이 궁금했다.

구분할 수 있는 구체적 기준의 제시 없이 '운명결정론'과 '자유의지론'을 주장할 수 있는 것일까?

'운명결정론'이 맞는다면 어디까지 결정되어 있는 것일까?

사후세계와 영계의 여행을 다녀온 후 나는 알게 되었다.

영계에서 영들은 영 안의 생기 속에 다양한 삶을 살아가면서 습득한 지식과 경험으로 빠르고 많은 정보를 축적하기 위한 방법으로 현세계의 삶의 큰 틀을 결정하는 사주팔자를 영계의 '영적정화소'에서 자유 의지로 계획하기 때문에, 계획의 설정은 '자유의지론'이 맞지만, 한 번 설정된 1회에 한하여는 현세계에서 운명적으로 살 수밖에 없다는 기준으로 본다면 지금 살고 있는 삶의 과정은 '운명결정론'이라고 할 수 있을 것이다.

또한《나비효과》처럼 영계의 '영적정화소'에서 설정한 삶조차 사람들의 영적 성숙도에 의해 사주팔자 내 중대한 사건(변곡점)이 발생할 때마다 엄청나게 큰 차이가 나는 결과를 보여준다.

춘향이의 사주팔자처럼 시작과 끝의 차이가 크게 날 수 있는 사람이 있는 반면 향단이의 사주팔자처럼 시작과 끝의 차이가 거의 없는 사람도 있기 때문에, 영적 성숙에서 파생되는 중대한 사건(변곡점)의 영향력의 크기를 측정할 수 없고 알 수도 없는 평범한 능력을 가진 명리학자들은 사람들의 사주팔자 풀이로는 미래를 정확하게 맞출 수 없다.

영적 성숙도에 따라 사건이 발생할 때마다 크게 결과가 바뀐다는 사실을 알지 못하고 단순하게 사주팔자를 풀이하기 때문에, 의뢰자의 영을 보고 판단할 수 없는 평범한 대부분의 명리학자들은 사람들의 사주팔자 중 이미 지나간 과거는 유추하여 알아맞힐 수 있으나 향후 의식과 행위에 따라 바뀔 수 있는 미래는 알아맞힐 수 없는 것이다.

명리학자들의 역할은 사람들이 가지고 태어난 사주팔자에서 나오는 기운을 정확하게 파악하여, 삶을 살아가는 데 타고난 기운의 장·단점으로 활용할 수 있도록 도움을 주는 것이지 사람들의 미래를 예측하고 단정하는 것이 아니기 때문이다.

일부 어리석은 명리학자들은 사람들의 사주팔자인 운명의 결과를 무시하며, 노력에 의하여 인생은 얼마든지 크게 변화할 수 있다는 발언을 하는 인류 미래의 주역인 인문 철학자들을 맹렬하게 비난한다.

그러나 현재의 삶을 살아가는 사람들의 의식과 행위는 다음 생애에 영계의 '영적정화소'에서 설정하는 사주팔자에 많은 영향을 미치며, 중대한 사건(변곡점)이 미치는 영향력의 크기 등 사주팔자를 설정하는 설계도가 크게 바뀐다는 사실을 전혀 모르기 때문에 인류 미래의 주역인 인문 철학자들을 비난하는 것이다.

인류 미래의 주역인 인문 철학자들은 몇 가지 재료로 음식을 만들기보다는 많은 재료로 다양한 음식을 만들어 맛보는 것이 중요하듯이 단조로운 평범한 삶보다는 다양한 굴곡의 삶의 과정이, 사람들의 영적 성숙을 빠르고 풍요롭게 만들기 때문에 정해진 운명을 벗어난 다양한 시도를 하라고 가르치고 있다.

　또한, 사람들이 현재의 삶을 살아가는 윤회의 진짜 목적은 확정된 삶을 단순히 사는 것이 아니라 불확정된 삶을 다양하게 설계하고 경험하여 살면서 영 안의 생기에 지식과 경험으로 습득한 정보를 축적하기 위한 것이다.

　사람들의 미래를 볼 수 있는 능력을 명리학자에게는 부여하지 않았으며 사람들의 정확한 미래를 알 수 있는 존재는 사주팔자를 공부한 명리학자가 아닌 영적 성숙도를 잘 파악하여 알 수 있는 뛰어난 영능력자들뿐이다. 그렇지만 뛰어난 영능력자들은 권력과 재물에 욕심이 없을뿐더러 평범한 직업의 삶을 성실하게 살고 있어 보통은 세상에 드러나지 않기 때문에, 평범한 일반 사람들은 그들의 존재를 알아볼 수도 없고 만나볼 수도 없다.

　그러나 이것보다 중요한 것은 영 안의 생기 속에 지식과 경험으로 축적한 정보를 가지고 다시 신계로 되돌아가는 시기와 과정은 결정된 것이 아니라 본인 스스로 선택할 수 있는 것이기 때문에, 큰 틀에서는 '자유의지론'이 맞겠지만 '운명결정론'과 '자유의지론'의 논쟁에 빠지기보다는 빠른 영적 성숙을 이루기 위한 정확하고 많은 정보의 축적을 위한 노력이 훨씬 더 중요하다.

★ 현재 사람들이 살고 있는 현세계 삶 동안의 기준으로 본다면 일반 사람들이 논쟁하는 사주팔자라는 운명은 영계의 '영적정화소'에서 본인 스스로가 사주팔자라는 운명을 설정하고 태어났으니 이번 한 번의 생애에는 바꿀 수 없는 '운명결정론'이 맞다고 생각한다.

그러나 영적 성숙도에 따라 《나비효과》처럼 사건이 발생할 때마다 삶이 크게 변화는 결과를 나타내는 사람이 있는 반면, 사건에 영향이 거의 없는 사람도 존재하기 때문에 사주팔자의 풀이만으로 사람들의 미래 결과를 속단하는 것은 매우 어리석은 일이다.

이미 결정된 미래지만 작은 변화나 사건으로 그 끝은 엄청난 결과를 가져올 수 있는 사람들이 존재하며 그 사람들 중 한 명이 바로 당신일 수 있기 때문이다.

따라서 명확한 기준과 자신의 영적 성숙도의 수준도 모르면서 단순한 사주팔자를 풀이한 내용을 보고 자신의 운명이 어디까지 결정되었느냐고 묻는 것에 대한 답은 처음부터 존재할 수 없다. ★

제10장

영(靈)을 사로잡는 방법

 이번에는 선생님이 무거운 침묵을 깨고 여름이라 밖은 매우 덥지만 마술로 나의 서운한 마음을 풀어줄 테니 선생님을 따라오라고 말하고는 합죽선 접이식 부채를 나에게 주셨다. 부채를 받은 나는 선생님을 따라 기도실에서 나와 무거운 발걸음으로 사찰 경내에 연꽃과 잉어가 살고 있는 잘 꾸며진 조그마한 연못에 도착했다.

 그 연못 속에는 연꽃 사이를 천방지축으로 헤엄치면서 놀고 있는 형형색색의 커다란 잉어들이 살고 있었는데, 선생님은 헤엄치는 잉어들의 영을 잡아 보는 마술을 나에게 보여주겠다며 눈을 지그시 감고 명상에 잠기었다.

 5분쯤 흘렀을 때, 연못 속의 잉어들이 일렬로 무리를 지어 우에서 좌로 뱅글뱅글 셀 수 없이 계속 도는 재미있는 현상이 발생하였고, 나는 선생님을 바라보며 잉어들이 줄지어 한쪽 방향으로 뱅글뱅글 돌고 있다며 신기해하였다.

 그러자 선생님이 지그시 감았던 눈을 뜨면서 선생님이 부리는 사후세계에 거주하는 영혼들을 활용하여 잉어들의 영을 붙잡아서 한쪽 방향으로 돌리고 있는 중이라고 말했다.

나는 정말 신기하다며 얼마나 오랫동안 잉어들의 영을 붙잡을 수 있는지 선생님께 물어보았다. 선생님은 물고기는 약한 영이라 한 번 붙잡으면 3분 이내에는 반드시 풀어주어야 한다며, 너무 오랫동안 물고기 영을 붙잡고 있으면 물고기의 정신이 미쳐서 죽는다고 말해주었다.

선생님의 말이 끝나기 무섭게 잉어들은 다시 천방지축으로 연못 속을 이리저리 헤엄치고 있었다. 나는 선생님에게 물고기보다 큰 동물의 영도 붙잡을 수 있는지 재차 물어보았다.

선생님은 나에게 물고기의 종류와 크기에 따라 다른 장비를 사용하는 낚시처럼 영의 크기에 따라 붙잡는 방법이 다를 뿐, 당연히 큰 동물의 영도 붙잡을 수 있다고 하면서 붙잡는 장면을 시범 삼아 한 번 보여주겠다고 말했다.

나는 큰 동물의 영을 붙잡는 장면을 당장 보고 싶다고 선생님께 요청했다. 선생님은 내 손을 잡고 사찰 경내에서 사찰 주변에 있는 마을이 훤하게 보이는 장소로 데리고 가서는, 큰 동물의 영을 붙잡을 때에는 소요되는 시간이 얼마나 필요로 하는지 알 수 없으니 벤치에 앉아 느긋하게 기다리고 있으라고 말하고는 마을 근처에서 풀을 뜯고 있는 소를 바라보면서 생각에 잠기는 것 같았다.

30분의 시간이 흘렀는데도 선생님이 바라보고 있는 소는 풀만 뜯어먹고 있던 상태라, 나는 선생님께 소는 언제 뱅글뱅글 움직이냐고 여쭈어보았다. 선생님은 나에게 큰 동물의 영을 붙잡는 일은 생각처럼 쉬운 것이 아니라고 말해서, 나는 내심(內心)으로 약간 실망스러웠지만 잉어를 뱅글뱅글 돌리는 능력을 본 것만으로도 충분한 경험을 했다고 생각하고 있었을 때 "스승님~~~, 스승님~~~."을 부르며 기도터에서 수련하고 있던 제자 한 명이 선생님과 내가 있는 장소로 헐레벌떡 뛰어오고 있었다.

　선생님은 인상을 약간 찡그리면서 제자에게 손님과 함께 중요한 일을 하고 있는데 무슨 급한 일이라도 발생하였느냐고 물어보았고, 제자는 자신이 기도터에서 기도를 하고 있었는데, 하얗고 긴 수염을 가진 신령님이 백호(白虎)를 데리고 나타나서 내일 저녁 시간에 박순자 신도 집에 화재가 발생할 것이니 신도에게 즉시 알려주라고 하셨다며 심각한 표정으로 자신이 직접 들은 이야기를 선생님께 전해주었다.

　선생님은 제자에게 귀신을 본 것은 아니냐고 되묻자, 자신이 본 것은 하얗고 긴 수염을 가진 신령님 맞으며 귀신이 무슨 연유로 남의 불행을 알려 주겠냐며 제자가 반감을 가진 말투로 선생님께 대답했다.
　그러자 선생님이 다시 제자에게 신도의 불행을 알려준 신령님께 뭐라고 답례하였냐고 물어보자, 제자는 신령님께 감사하다는 절을 즉시 올리고, 신령님의 말씀을 제일 먼저 선생님께 알려드리고자 이렇게 헐레벌떡 달려온 것이라고 답변했다.
　제자의 답변을 들은 선생님은 제자에게 몹시 화난 표정을 지으며, 다음에 신령님을 만나게 되면 신령님이라는 존재가 사람들의 집에 화재가 발생하는 사소한 일도 간섭하냐며, 자신이 맡은 본분이나 잘 수행하라고 전해달라고 하였다. 그리고 제자에게는 지금 바로 욕실로 가서 신령님을 본 눈과 소리를 들은 귀, 그리고 마음까지 깨끗하게 씻으라며 크게 꾸짖었다.

제자는 선생님에게 자신이 본 것은 귀신이 아니라 신령님이 맞다고 하면서 혼잣말로 투덜거리며 욕실로 내려갔고, 선생님은 어리석은 제자 때문에 큰 동물의 영을 붙잡는데 일시적인 방해가 되었다고 하면서 다시 두 눈을 지그시 감았다.

그로부터 10분이 지났을 때, 방금 선생님과 내가 있던 장소로 찾아왔던 제자가 또다시 헐레벌떡거리며 선생님을 찾아와서는 자신이 기도터에서 보았던 존재가 신령님이 맞다고 강력하게 주장하였다.

자신이 욕실에서 세수를 하고 있는데 기도터에서 백호를 데리고 온 신령님이 또다시 자신에게 나타나, 스승님이 신령의 존재를 인정하지 않는다고 너무 서운해하지 말라고 하시면서 자신을 다독거리며 위로해 주셨다고 말했다. 그리고 제자가 선생님에게 인정받지 못해도 제자를 사랑하는 스승님의 마음을 어느 정도 이해한다고 신령님께 말씀드리자, 백호를 데리고 온 신령님은 갑자기 예쁜 남·여 동자의 모습으로 변신한 후에 수행을 정말 잘하고 있다며 칭찬하시고는 사라졌다는 주장이었다. 이러한 존재가 어째서 신령님이 아니고 귀신이라고 주장하느냐며 제자는 매우 흥분된 말투로 선생님께 크게 반발하였다.

선생님은 제자의 얼굴을 똑바로 쳐다보고 크게 웃으면서, 백호를 데리고 온 신령님과 예쁜 남·여 동자들의 인상착의를 기억할 수 있느냐고 제자에게 되물었다. 제자는 자신이 방금 전에도 생생하게 보았기 때문에 뚜렷하게 기억할 수 있다며 선생님께 대답했다.

선생님은 나에게 기도실에서 준 앞면에는 백호를 데리고 있는 하얗고 긴 수염을 가진 신령님과 뒷면에는 예쁜 남·여 동자가 그려져 있는 합죽선 접이식 부채를 펼쳐 달라고 하셨다. 제자에게 선생님은 제자가 지금까지 본 형상이 나에게 준 접이식 부채에 그려진 그림들이 맞는지 확인해 보라고 말했다.

접이식 부채 앞면에 백호를 데리고 있는 신령님과 뒷면에 예쁜 남·여 동자가 그려진 그림을 본 제자는 놀란 표정을 지으며, 자신이 본 형상과 일치한다고 작은 목소리로 선생님에게 대답했다.

선생님은 제자에게 사람에게 형상으로 나타나 세상일을 세부적으로 알려주는 존재는 신령이 아닌 사후세계를 끊임없이 배회하면서 형상을 자유자재로 둔갑하는 영혼일 뿐이니, 앞으로는 결코 보인 형상에 흔들리지 말라고 하면서 피곤할 테니 방으로 되돌아가 쉬라고 말했다. 제자는 선생님에게 깨달음을 주셔서 감사하다고 인사를 드리고, 다리가 풀린 힘없는 모습으로 천천히 사찰 경내로 내려갔다.

선생님은 나에게 영의 성질에 따라 사로잡는 방법을 다음과 같이 이야기해 주었다.

　힘이 약한 잉어들의 영은 사후세계에 거주하는 사람들의 죽은 영혼이 직접 침입하여 강력한 힘으로 잉어의 정신과 육체를 사로잡을 수 있지만, 어느 정도 영적 성장을 이룬 상태인 사람의 영을 사로잡을 때에는 많은 시간이 소비될 수밖에 없다고 말해주었다.

　감성적인 사람들의 영을 사로잡기 위해서는 현세계에서는 죽었으나 영계로 가지 못하고 사후세계에 남아 있는 영혼들을 이용하는 '빙의'라는 기술로 사로잡아야 한다고 말했다.

　제일 먼저 친근한 조상이나 초인적 존재로 둔갑할 수 있는 사후세계에 거주하는 죽은 영혼을 감성적인 사람의 영 주변에 머무르게 하고, 기운을 조금씩 빼앗아 감성적인 사람의 몸과 마음이 매우 지치고 고달픈 상황이 되도록 만든다고 말했다.

　그리고 계속된 지치고 고달픈 상황으로 감성적인 사람의 영이 심리적으로 매우 위축이 되어, 사후세계의 침입을 방어하는 영체의 보호막이 아주 얇아지게 될 때, 비로소 사후세계에 거주하는 죽은 영혼들이 현세계에 살아있는 사람의 정신과 마음, 그리고 육체에 침입한다고 말했다.

　처음에는 사실적인 꿈인 악몽이나 가위눌림 등의 형태로 감성적인 사람들의 정신을 사로잡고, 현세계에 살고 있는 사람들이 죽어 사후세계에 거주하는 영혼들을 받아들일 수 있는 마음의 준비가 되었을 때에는 '귀접'이란 형태로 사람들의 마음을 사로잡으며, 최종적으로는 사람들의 육체를 사후세계에 거주하는 영혼들이 완전하게 잠식한다고 말했다.

어리고 나약한 감성적인 영이 초창기 불완전한 '빙의'가 되었을 때에는 자신이 한 말과 행동을 전혀 기억하지 못하지만, 오랜 기간을 거쳐 완전한 '빙의'가 되었을 때에는 자신이 한 말과 행동을 전부 기억할 수도 있다고 말해 주었다.

그렇지만 불행하게도 이러한 과정으로 인하여 사후세계에 거주하는 죽은 영혼에게 자신이 가지고 있던 많은 기운을 빼앗겨 육체의 수명이 단축되는 부작용이 생긴다고도 말했다.

반면, 영적 성장이 강한 감성적인 영은 '빙의'가 아닌 '접신' 등의 형태로 사후세계에 거주하는 죽은 영혼들과 소통하며, 자신이 가지고 있는 기운도 많이 빼앗기지 않아 육체의 수명이 단축되는 부작용은 없다고 일러주었다.

대표적인 '빙의' 사례로는 《아넬리즈 미셸》을 들었다.

:: 아넬리즈 미셸

1952년 9월 21일 서독 바이에른주에서 가톨릭 집안의 여성으로 태어난 《아넬리즈 미셸》은 새벽 3시경에 갑작스러운 발열을 한 어느 날부터 최초로 이상한 일을 겪었고, 시간이 지날수록 새벽뿐만 아니라 일상생활에서도 이상한 행동을 계속하게 되었으며, 16살 때 신경과 의사로부터 간질을 진단받고 3년간 치료도 받았다.

그러나 병은 호전되지 않았고, 악마의 형상을 볼 뿐만 아니라 악마에게서 지령까지 받게 되는 상황으로 악화되자 《아넬리즈 미셸》의 질병이 영적인 것임을 믿게 되었다.

《아넬리즈 미셸》은 자신의 몸에 악령이 들었다고 판단한 에르스트 알튼 신부와 아르놀트 랜츠 신부에게 1975년 9월부터 1976년 7월까지 퇴마 의식인 엑소시즘을 67회 가혹하게 받은 후 자신의 어머니에게 무섭다는 말을 남기고 사망했다.

사망사건이 발생한 후 《아넬리즈 미셸》에게 엑소시즘의 의식을 행한 가톨릭 신부들과 《아넬리즈 미셸》의 부모는 퇴마 의식을 행할 때 《아넬리즈 미셸》의 몸을 체인으로 고정해 움직이지 못하게 하고, 600회의 기도를 강제로 시켜 무릎을 파열시켰으며, 금식(禁食)을 시켜 영양실조로 사망하게 되었다는 것을 확인한 검찰에 의해 기소되었다.

《아넬리즈 미셸》의 갑작스러운 발열은 사후세계에 거주하는 죽은 영혼이 사후세계의 침입을 방어하는 영체의 보호막을 뚫고 진입하는 과정에서 죽은 영혼과 산 사람의 영의 기운이 충돌하여 발생되는 현상이라고 말했다. 그리고 《아넬리즈 미셸》이 악마의 형상뿐만 아니라, 악마로부터 지령까지 받게 된 상황은 정신과 마음, 그리고 육체까지 완전하게 잠식된 '빙의' 상태로 악화되었다는 뜻이며, 퇴마 의식 중 사망하게 된 것은 《아넬리즈 미셸》의 영이 외부의 영적 환경에 취약한 어리고 나약한 감성적인 영이었다는 것을 알려준다고 말해주었다.

이성적인 사람의 영을 사로잡기 위해서는 환상과 환영이라는 기술로 사로잡아야 한다고 말했다.

공부를 많이 하여 판단력이 뛰어난 이성적인 영들은 꿈, 가위눌림이나 귀접, 접신 등의 경험을 하게 되면, 자신의 주체의식을 상실하는 것에 대한 커다란 반감으로 심리적 위축 현상도 허용하지 않을뿐더러 사후세계에 거주하는 죽은 영혼들의 기운을 자신의 마음속으로 수용하기보다는 정면으로 대결하려는 성향을 강하게 가지고 있다고 말했다.

이성적인 영들에게는 자신이 좋아하는 신령이나 섬기는 종교적 지도자의 형상으로 환상과 환영을 보여주게 되면, 마음속 경계심을 즉시 헐어버리고 사후세계에 거주하는 죽은 영혼들을 적극적으로 수용하여 곧바로 자신의 정신과 마음, 그리고 육체의 잠식을 허용한다고 말했다.

대표적인 환상과 환영의 사례는 '파티마 예언과 멕시코 과달루페 성당'을 들 수 있다고 말했다.

:: 파티마 예언과 멕시코 과달루페 성당

포르투갈의 파티마 성당과 멕시코의 과달루페 성당은 교황청에서 공식적으로 비준한 성모 발현지이다.

1917년 5월 13일 언변이 뛰어난 10살의 루치아, 7살의 사촌 여동생 야신타, 9살의 야신타 오빠 프란시스코는 자신들에게 성모가 발현하여 세 가지 대예언을 알려 주었다고 주장했다.

1917년 10월 13일 성모의 여섯 번째 발현한 날에는 칠만 명 정도의 사람들이 모인 가운데 하늘에서 춤추는 태양이 목격되었다고 한다. 그로부터 2, 3년 뒤 야신타와 야신타 오빠는 각자 독감으로 사망하고, 홀로 남은 루치아가 1929년 고해성사 중 또 다른 큰 전쟁이 일어나고, 소련이 많은 나라를 붕괴시킨다는 성모의 두 번째 예언을 알렸다고 주장하나 두 번째 예언의 내용은 많은 시간이 흐른 뒤인 1941년 회고록에 서술되었다.

1930년 10월 13일 레이리아 주교와 로마 교황청에 의하여 정식으로 성모의 발현을 인정받았고, 1942년 로마교황청은 파티마의 세 가지 예언 중에서 세 번째 예언을 빼고 두 가지 예언을 공표하였다. 첫 번째와 두 번째 예언과는 달리 세 번째 예언은 공개를 미루다 2,000년에 일부를 공개했다.

첫 번째 예언은 생생한 지옥의 모습과 제1차 세계대전의 종말이다.

두 번째 예언은 제2차 세계대전과 소련이 전 세계로 마수를 뻗쳐 전쟁을 일으키고, 교회를 박해한다는 내용이다.

세 번째 예언은 흰옷을 입은 주교가 화살과 총으로 죽는다는 내용 등을 공개하였으나 현재까지도 예언에 대한 반론이 아주 거세다.

1917년 10월 13일 7만 명이 운집한 장소에서 성모가 발현한 모습이라는 하늘에서 태양이 춤추는 광경은 기상학적 현상이며, 첫 번째 예언을 받은 1917년에는 이미 제1차 세계대전(1914.07.28.~1918.11.11.) 중으로 시작한 전쟁은 반드시 종료될 수밖에 없으며, 두 번째 예언이라고 주장하는 제2차 세계대전(1939년 9월 ∼ 1945년 5월)이 발발한다는 회고록은 제2차 세계대전이 시작된 1939년보다 2년 뒤인 1941년에 발간되었기 때문이다.

세 번째 예언은 흰옷을 입은 주교가 여러 화살과 총으로 사망한다는 예언이었으나 1981년 5월 31일에 발생한 교황 암살 사건은 미수로 끝났다.

다시 말하면, 파티마에서 발현한 성모는 중요한 상황이 이미 발생한 1941년에 첫 번째와 두 번째 예언을 세상에 공표하게 함으로써 예언을 듣게 된 세상 사람들에게 전혀 실질적인 도움을 주지 못했으며, 성모가 선택한 루치아 수녀의 세 번째 예언마저도 빗나가 세상 사람들을 어리둥절하게 만들었다.

∷ 멕시코 과달루페 성당

1531년 후안 디에고(1474년∼1548년)는 자신에게 발현한 성모가 언덕 위에 교회를 세우라는 말을 주교에게 전하여 주었으나, 이 사실을 믿지 못한 주교는 믿을 수 있는 증표를 달라고 기도했다. 주교는 자신을 다시 방문한 후안 디에고의 외투에서 성모 마리아의 성화(聖畵)가 뚜렷하게 나타난 것을 보게 된 후 후안 디에고가 전해 들었다는 성모의 말씀을 믿게 되었다.

이후, 후안 디에고의 외투는 성물(聖物)로 지정되었으며, 성물로 지정된 외투를 소장하기 위하여 성당까지 건립하였지만, 최근에 불행하게도 후안 디에고의 외투에서 물감이 떨어진 자리가 발견되었고, 그 자리에 성모의 사진이 부착되었던 사실이 새롭게 알려지게 되었다.

선생님에게 영을 사로잡는 방법을 다 듣자마자 저녁때가 되어 오늘 하루 일과는 모두 끝나버렸다.

일부 사람들은 자신은 어떤 영도 사로잡을 수 있다고 주장한다.

나는 이런 것이 궁금했다.

그렇게 주장하는 사람들은 어째서 권력가나 재벌가 또는 자수성가를 이룬 사람들의 영을 사로잡아 자신의 뜻대로 세상을 지배하지 못하는 것일까?

사후세계와 영계의 여행을 다녀온 후 나는 알게 되었다.

현세계에 살고 있는 사람들의 영을 사로잡는 사후세계의 영혼들은 과거에는 현세계에 살았다가 죽음을 맞이하였으나 영계로 진입하지 못하고 사후세계에 남아 있거나 혹은 영계에서 사후세계로 탈출한 존재들로서 영적 능력과 힘이 매우 약하다.

현세계에 살고 있는 사람들이 사후세계의 침입을 방어하는 영체의 보호막을 완전히 없애는 행위는 본인 스스로가 사후세계에 거주하는 영혼들을 마음으로 인정하고 받아들이게 되는 상태일 때에만 가능하다. 그렇기 때문에, 사람의 마음을 이해할 수 없는 동물들은 사람들의 영에게 '빙의'되지 않지만, 동물들의 마음을 이해하는 사람들은 동물들의 영에게 '빙의'될 수 있기 때문에, 사람 흉내를 내는 동물은 찾아보기 어려워도 동물 흉내를 내는 사람들은 찾아보기가 훨씬 쉽다.

영적 기운의 힘 세기는 자존감과 주체의식에 대한 인식과 밀접한 상관관계가 있다.

그렇기 때문에, 현세계에 살고 있는 사람들을 사로잡고 싶은 영적 기운의 힘의 세기가 낮은 사후세계의 영혼들은 사로잡고 싶은 사람들의 영이 자신보다 훨씬 더 약한 영적 기운의 힘을 가진 상태로 만들기 위해 정신과 생각, 마음뿐만 아니라 심지어 육체까지도 자신의 의지나 주체의식을 끊임없이 비우게 하는 활동을 하도록 유도하고 있으며, 그 결과 마지막에는 주체성을 상실하고 자존감이 낮은 어리고 순한 영들로 만들어 버린다.

그러나 대부분의 권력가나 재벌가 또는 자수성가를 이룬 사람들은 자존감과 주체의식이 높은 영적 기운의 힘의 세기를 항상 유지하고 있어 사후세계의 영혼들에게 사로잡히는 경우는 거의 없다.

★ 결론은 자신에 대한 자존감과 주체의식은 사후세계에 존재하는 어떤 영혼들의 침입도 막아낼 수 있으며, 아무리 뛰어난 영능력자일지라도 자존감과 주체의식이 높은 사람의 영을 사로잡거나 지배할 수 없다는 것이다. ★

제11장

잡귀(雜鬼) 사냥

다음날 새벽 6시경 둔탁한 목탁 소리와 딸랑딸랑거리는 종소리를 듣고 잠에서 깨어보니 대웅전에서 나는 소리였다. 나는 잠자리에서 벌떡 일어나 급하게 세수를 한 뒤 대웅전으로 들어가 보니 선생님은 목탁을 열심히 두드리고 있었고, 제자들은 조그만 종을 세차게 흔들고 있었다.

나는 선생님과 제자들을 향해서 예불을 드리면서 어째서 목탁과 종을 동시에 소리 내냐고 물어보니, 선생님과 제자들이 어이없는 표정으로 예불을 드리는 것이 아니라 사냥 무기를 점검하는 중이라고 대답했다.

나는 선생님과 대화를 나누는 과정에서 인근 지역에 영험한 무속인이 모시고 있다는 잡귀를 사냥한다는 말에 호기심이 발동하여 나도 같이 가고 싶다고 말씀드리자, 선생님은 제자들 대신 나를 대동하여 가겠다며 허락하셨다.

아침 9시에 출발한다는 선생님의 말씀을 듣고 나는 불경과 목탁 그리고 조그만 종을 챙겼지만, 선생님은 조그만 종만 가지고 오라고 말하면서 스포츠 형태의 머리카락에 물을 묻혀 빳빳하게 세우고 계셨다. 나는 선생님께 머리카락을 세우는 이유가 무엇이냐고 물어보니 선생님은 《삼손과 데릴라》의 이야기를 해 주시면서 머리카락은 신계나 영계의 기운을 받는 도인들의 피뢰침이라고 말씀하셨다.

⠿ 삼손과 데릴라

삼손이 태어날 무렵에 이스라엘 민족은 가나안 원주민인 팔레스타인의 지배를 받고 있었으며, 이민족 신을 섬기고 있었다.

이스라엘 신은 이스라엘의 한 여인에게 사자(使者)를 보내 장차 민족을 구하게 될 아기가 태어날 것이라는 계시를 주시면서, 머리카락과 수염은 괴력을 부여하는 원천이므로 평생 동안 절대로 깎아서는 안 된다고 명령하였고, 신의 명령을 받은 여인에게서 태어난 아기가 바로 삼손이었다.

장성한 삼손은 팔레스타인 여자와 결혼한 피로연에서 시작된 불미스러운 사건으로 인하여 1,000여 명의 팔레스타인 사람들을 죽이게 되지만, 삼손의 엄청난 괴력을 본 팔레스타인 사람들은 삼손에게 보복을 할 수가 없었다.

나중에 삼손이 데릴라라는 아름다운 여자와 사랑에 빠진 사실을 알게 된 팔레스타인 사람들이 데릴라를 매수하여 초인적인 힘의 원천인 머리카락을 모두 잘라낸 후에야 비로소 삼손을 잡아서 두 눈을 뽑고 노예로 만들어 보복할 수 있었다.

노예생활 도중에 점차 자라난 머리카락으로 괴력을 되찾은 삼손은 팔레스타인 사람들이 숭배하는 다곤 신의 제삿날에 신전의 지붕을 받치고 있던 두 개의 기둥을 밀어내고 붕괴시키는 과정에서 신전 안에 있던 수천 명의 사람들과 함께 목숨을 잃었다.

또한 무속인들도 사후세계로부터 기운을 받는 피뢰침이 있는데, 무당집 밖에 꽂혀있는 홍백의 깃발과 함께 있는 대나무 깃대와 무속인이 모시는 윗대의 여자 조상이 좌정한 삼신할머니의 고깔모자라고 말해 주었다.

:: 고깔

고깔은 한지를 접어서 만든 위쪽이 뾰족하게 생긴 모자로 조상 단지, 시주 단지, 세존 단지 등에 씌우며, 삼신과 세존의 신체라고 말한다.

가신(家臣)을 모시는 당사자가 직접 만들기도 하지만 무속인이 만드는 경우가 많으며, 어떤 지역에서는 신이 원하기 때문에 무속인이 독경(讀經)을 주관할 때도 머리에 고깔을 쓴다고 한다.

나는 선생님의 자동차를 타고 30분 정도 이동하여 00시 외곽에 도착하여 잘 지어진 무속인의 집으로 선생님과 함께 들어갔다. 방안에는 40대 초반의 여자 무속인이 제자들과 함께 있었는데, 선생님을 보자마자 오늘은 점사(占辭)를 보지 않으니 집으로 되돌아가라고 안내하였다.

그렇지만 선생님은 무속인과 무속인 제자들을 향해 자신도 같은 계통에 종사하고 있는데 신통력이 많이 부족하여 조언을 듣고 싶어서 찾아왔다며 통사정을 하였다.

　그 말을 들은 무속인의 제자들은 신이 나서 여자 무속인에게 자신들이 모신 신의 영험한 신통력을 선생님에게 좀 보여주자고 무속인에게 제안하였다. 여자 무속인은 약간 고민을 하였지만, 한가지 점사만 보고 가겠다는 선생님의 말을 듣고 나서야 선생님과 나를 자신들의 신당으로 안내하였다.

　무속인의 신당 안에 들어선 선생님은 신당을 향해 합장의 예를 올리면서, 삼배의 예는 무속인이 모시고 있는 신의 신통력을 본 후에 드리겠다고 말하였다.

　선생님은 여자 무속인에게 자신의 말년운 점사를 물어보자 무속인이 대답하기를 당신이 더 잘 알고 있지 않느냐면서, 상위에 쌀알을 모으고 그 위에 숟가락을 세워 보였는데 나는 그 광경을 보고 깜짝 놀랐다.

　얕은 쌀알 위에 똑바로 선 신기한 장면을 본 선생님이 갑자기 손가락으로 세워져 있던 숟가락을 가볍게 쳐서 쓰러뜨리자 사방으로 쌀알들이 튕겨져나갔고, 이번에는 그 광경을 본 여자 무속인이 나보다 더 크게 놀랐다.

　선생님은 쌀알 위에 놓인 숟가락을 붙잡고 있는 신이라는 존재가 사람보다 힘이 왜 이렇게 없냐고 호통치고, 영험하다는 신통력은 도대체 어디로 사라졌냐고 타박하면서, 현금이 든 봉투를 여자 무속인에게 던져주고 자리에서 일어나면서 조그만 종을 호주머니에서 꺼내 딸랑딸랑 세차게 흔들면서 신당에서 천천히 걸어 나와 무속인의 집 밖의 정원에 도착하였다.

　여자 무속인과 제자들이 급하게 선생님과 나를 따라 집 밖의 정원으로 나오면서 자기들이 모시는 신들을 제발 데려가지 말라고 무릎을 꿇고 사정을 하자, 선생님이 점사만 볼 수 있도록 할머니와 아동들만 남기고 대장 격인 사귀(蛇鬼)는 데려가겠다고 말하면서, 자신들이 모시는 불가시한 존재가 무엇인지도 모르면서 모시고 있었느냐고 무속인과 제자들을 크게 혼내주었다.

　나와 함께 0000 사찰로 돌아온 선생님은 집무실에서 제자들과 함께 오늘 잡은 불가시한 존재인 사귀에 대한 서로의 의견도 공유하고, 사귀의 기운을 아주 작게 쪼개서 수만 년이 지나야만 영적 기운을 회복할 수 있도록 조치하기로 결정하였다.

　나는 선생님과 제자들에게 불가시한 존재인 사귀에 대하여 물어보자 선생님은 다음과 같이 대답하였다. 뱀들도 현세계에서 죽으면 영계로 되돌아가야 하는데, 사람들의 영처럼 일부는 영계로 되돌아가지 않고 현세계와 영계의 중간지대인 사후세계에 머물러 있는 경우가 있다고 말하였다.

　사후세계에서 수천 년 동안 살다 보면 자연스럽게 현세계에 있는 사람들을 현혹시키는 능력을 조금씩 알게 되고, 처음에는 작은 능력을 가지게 된 뱀이 무속인들의 신당에 좌정하게 되어 무속인들의 도움으로 신으로 대우받아 경배의 대상이 되면, 경배하는 사람들의 기를 받아 뱀과 인간의 형상이 혼합된 상태인 사귀(蛇鬼)로 성장한다며 이 같은 예는 《치악산 꿩의 전설》에도 등장하고 있다고 말해주었다.

:: 치악산 꿩의 전설

과거시험을 보기 위해 한 선비가 적악산(지금의 원주 치악산)을 지나갈 때 새끼를 품고 있던 꿩을 잡아먹으려는 큰 구렁이를 보고 돌을 던졌다.

선비가 던진 돌에 머리를 정통으로 맞은 큰 구렁이는 죽고, 간신히 죽음을 모면하게 된 꿩은 선비 주위를 몇 바퀴 돌고나서야 사라졌다.

그날 밤 선비가 산중에서 날이 저물어 찾아간 인가에서 살고 있던 젊고 예쁜 여자에게 빈방을 얻어 깊은 잠을 자고 있는데, 가슴이 답답하여 눈을 떠보니 큰 구렁이 한 마리가 선비의 몸을 칭칭 감고 있었다.

선비는 자신의 몸을 칭칭 감고 있는 구렁이에게 낮에 선비가 죽인 큰 구렁이는 지금 선비의 몸을 칭칭 감고 있던 구렁이의 남편이었다는 사실을 듣게 되었고, 날이 밝아오기 전까지 빈 절의 종이 세 번 울리면 선비를 살려주겠다는 제안도 받게 되었다.

새벽에 빈 절의 종이 세 번 울리자 기적적으로 살아난 선비는 빈 절을 찾아가 종 밑을 살펴보니 종을 치고 머리가 깨져 죽은 은혜 갚은 꿩이 있었다는 전설이다.

사귀가 계속해서 사람들의 기운을 받게 되면, 이무기(용이 되지 못한 뱀)로 성장하게 되는데, 이때부터는 사람들의 기운을 받는 것에 그치지 않고 사람들을 제물로 삼아 먹기까지 한다고 했다. 사귀가 이무기로 성장하는 것도 어렵지만 이무기로 성장한 존재를 사람들이 제거하는 것도 무척 어렵고 힘든 일이기 때문에, 이무기 전설이 존재하는 것이라고 말했다.

:: 제주 목사 이형상과 이무기의 전설

남제주군 안덕면 화순항 옆에는 사당이 한 채 있었는데 이 사당 앞을 지나갈 때 절을 하지 않으면 발걸음이 떨어지지 않았다고 한다.

제주 목사 이형상도 이 사당을 지나갈 때 말에서 내리지 않자 발걸음이 멈춰졌다. 하는 수 없이 말에서 내린 제주 목사 이형상도 사당을 향해 절을 했지만 노한 당주(堂主)로 인하여 계속 발걸음이 떨어지지 않았다고 한다.

발걸음을 떨어뜨리기 위해 무당을 불러 굿을 하려는 순간 노한 사당 당주의 실체가 이무기임을 알게 된 제주 목사 이형상은 군관들에게 명령하여 이무기의 목을 쳐 죽이고, 사당은 불을 질러 없애버렸다.

이무기가 사람의 기운을 수천 년간 계속 받으면 하늘로 승천하여 용이 된다고 하는데, 선생님은 아직까지 사귀만 보았을 뿐 이무기나 용은 보지 못했다고 말했다.

무속인들이 모시는 신이라는 존재들은 진정한 신이나 조상들이 아닌 대부분 반 뱀, 반 여우, 반 사람들처럼 불가시한 존재들이 너무 많지만, 무속인이나 일반 사람들이 진짜 모습을 모르고 있는 것 같아 매우 안타깝다고 말하면서, 자신들은 불가시한 존재들을 제거하는 사명감을 가지고 음지에서 그 일을 성실히 수행하고 있는 사람들이라고 말해주었다. 또한, 선생님은 나에게 자신들처럼 개를 키우고 있느냐고 물어보면서 선생님이 관여할 바는 아니지만 개를 집안이나 집 밖에서 키운다고 해도 절대로 안아서 키우지는 말라고 말하였다.

사람이 개를 안고 키우게 되면 사람의 기운이 개에 전달되어 개는 자기가 사람인 줄 알게 되지만, 반대로 사람은 개의 기운을 받아 점차 개의 품성을 닮게 되어, 다른 사람의 안위보다는 자신의 가족들과 개만을 사랑하는 편협한 사람으로 점차 변화한다고 주장하였다. 반면에 아기는 많이 안아줄수록 좋다며, 아기가 어른들의 기운을 받아 빠르게 성장할 수 있기 때문이라고 하였다.

나는 선생님의 옆에 있는 조그만 종을 들어 세차게 흔들면서 이 종으로 사귀를 잡는다니 나도 하나 있었으면 좋겠다고 말하자, 선생님과 제자들이 동시에 웃음을 터트렸다.

나이가 가장 어린 제자가 종은 영을 사로잡을 때 쓰는 기구가 아니라고 말해주면서 목탁과 종의 쓰임에 대하여 다음과 같이 설명하여 주었다.

:: 목탁

목탁은 불교가 처음 중국에 들어오기 이전부터 사용되고 있었다. 옛날에는 달력이 귀하여 백성들이 절기(節氣)에 맞춰 농사를 짓기 어려웠으므로 절기에 맞게 해야 할 일들을 알려주기 위하여, 관리들이 백성들을 모이게 하기 위한 방법으로 커다란 목탁을 치면서 마을을 돌아다녔고,

목탁 소리를 듣고 모여든 사람들에게 관리들이 백성들이 지금 해야 할 일들을 알려 주었다.

목탁 안에 있는 방울이 나무일 때에는 교육적인 목적을 알려 주었고, 쇠일 때에는 군령(軍令)을 알려 주었다.

그 후 백성들이 절기에 익숙하게 되자 관리들은 더 이상 목탁을 사용하지 않았고, 불교를 가르치는 스님들이 중생을 계도하기 위해 대신 사용하게 되었다.

사후세계에서 기운을 쓰고 있는 귀신들은 아주 오래전 과거에 살았던 사람들로 종소리를 듣게 되면 무의식적으로 군령인지 착각하고 즉시 모이게 된다고 하면서, 과거 시대 군령은 매우 무서웠기 때문에 귀신들에게도 정신적인 트라우마로 남아있어 종소리를 좋아하면서도 엄청 두려워하고 있다고 말했다.

낮에 여자 무속인 집에서 종을 세차게 흔들어 종소리를 낸 것은 귀신들을 모아서 잡기 위한 행위일 뿐이라고 이야기해주었다. 이야기를 들은 나는 붙잡고 있던 종을 살며시 내려놓고 집으로 돌아가겠다고 선생님과 제자들에게 인사를 드렸다.

일부 사람들은 방울소리를 내어 신을 부른다고 주장한다.

나는 이런 것이 궁금했다.

방울소리로 온 신의 수준이 한결같이 '걱정하지 마라. 우리 자손'이런 단어밖에는 왜 없는 것일까?

오신 분이 진정한 신이라면 도(道)나 인생에 꼭 필요한 철학 정도를 말해주어야 하지 않을까?

사후세계와 영계의 여행을 다녀온 후 나는 알게 되었다.

컴퓨터의 대용량 메모리처럼 영계에서 모든 영들은 자신이 경험한 윤회한 모든 정보를 다 기억할 수 있을 정도의 높은 영적 에너지를 가지고 있다. 하지만 현세계에서는 USB 메모리처럼 낮은 용량의 영적 에너지를 가져야만 영체인 육신의 몸 안으로 영이 들어올 수 있기 때문에, 과거 윤회의 모든 정보를 영 안의 생기 속에 잠재의식으로 압축해서 저장하고 현세계로 환생하게 된다.

그렇기 때문에 보통의 의식 상태로는 잠재의식 안에 저장되어 있는 정보를 전혀 알 수 없지만, 타로(tarot)나 최면 또는 영안(靈眼)으로는 부분적으로 잠재의식 안에 압축하여 저장했던 정보를 알 수 있다.

영적 에너지를 낮춘 상태로 과거에 환생하여 현세계에 살다가 영계로 가지 못하고 사후세계에 머문 영혼들은 과거 현세계에서 자신이 살았던 기억만을 가진 상태다. 또한, 영계에서 에너지를 낮추고 사후세계로 탈출한 영혼들도 사후세계에 머문 영혼들처럼 과거 자신이 가지고 있는 정보를 기억하고 있지 못한 상태로 현재 사후세계에서 배우고 경험한 것만을 바탕으로 한 정보를 영 안의 생기 속에 저장하고 있을 뿐이다.

영계나 현세계에서도 끊임없이 반복하여 많은 정보를 영 안의 생기 속에 축적한 사람이 권력자나 재벌가 또는 전문가가 손쉽게 될 수 있듯이, 현세계와 영계의 중간지대로 미천한 지식과 경험만이 존재하는 사후세계에서는 오랫동안 남아있었던 영혼의 힘이 가장 셀 수밖에 없다.

그러다 보니 3대 혹은 4대 조상보다는 20대 이상 오래된 조상이 큰 힘을 발휘하지만 과거에 자신이 살았던 시대상의 습관에 얽매일 수밖에 없는 피할 수 없는 단점도 가지고 있다.

그래서 그 당시에 살았던 신분 역시 사후세계에 미련이 없는 많이 배운 권력층보다는 한 많고 배우지 못한 하층민들이 많아, 현세계에 살고 있는 사람들이 종소리를 내게 되면 무서운 군령으로 판단하여 과거 살았던 습관처럼 공포심을 가지고 저절로 모이게 되고 초령(招靈)한 사람들에게도 공포심의 에너지가 전이된다.

종소리는 《파블로프의 개》 실험이 좋은 예로 들 수 있다.

:: 파블로프의 개 실험

1. 개에게 먹이를 주면 좋다고 침을 흘리며 먹이를 받아먹는다.
2. 종을 땡땡 치면서 먹이를 주면 좋다고 침을 흘리며 먹이를 받아먹는다.
3. 나중에는 종만 쳐도 그냥 침을 흘린다.

몇십 년을 사는 개도 습관에 의한 즉각적인 반응을 보이는데 수천 년에서 수백 년을 사후세계에서 살았던 영혼들은 어떤 속도로 반응할지는 충분히 알 수 있을 것이다.

사후세계에 너무 오랫동안 있었고 현세계에 살았을 때에도 배우지 못했으며 한도 많은 영적 에너지가 낮은 수준의 영혼들이다 보니 소원을 비는 사람들에게 찾아와 대답하는 수준이 철학적인 내용은 전혀 없고, 신당에서 무속인들이 일반인들에게 자주 쓰는 말인 '걱정 마라, 내 자손' 등의 의미 없는 말뿐이다. 사유는 사람들이 알려주는 단어만 반복할 수 있는 '앵무새의 훈련'과도 비슷하다고 할 수 있다.

★ 결론은 무속인이나 영능력자들이 방울소리를 내어 불러오는 존재는 무엇이든지 해결할 수 있는 신이 아니라 과거에 한 많고 어렵게 살았으며, 영계 또는 현세계 어느 곳에도 가지 못하고 사후세계에 살고 있는 가련한 영혼일 뿐이다 ★

제12장

복(福)과 덕(德) 그리고 수호령(守護靈)

나는 현재 직면한 나의 어려운 환경을 반드시 극복할 수 있는 방법을 찾을 수 있을 것이라는 기대감을 가지고 1주일 뒤에 다시 0000 사찰을 찾아갔다. 집무실에는 평소 기거하고 있던 제자들은 하나도 보이지 않고, 선생님만이 홀로 남아 《신념의 마력》[5]이라는 책을 읽고 있었다.

선생님은 나에게 가르치던 제자들이 모두 수료해서 타지로 이미 떠났고, 몇 년간은 제자들을 더 이상 두지 않고 혼자 사찰을 지킬 것이라고 하면서 나에게 따뜻한 보이차를 내어 주실 때쯤 김00이라는 사람이 선생님을 찾아왔다.

김00은 선생님에게 자신은 복이 없는 여자라고 주장하면서 자신의 주변에 있는 사람들은 자신에게 도움이 되기보다는 방해만 되고 있어 정신적으로 매우 힘든 상태이며, 자신의 지인이 선생님은 복을 받을

---

5) 클로드 브리스톨 『신념의 마력』 전체적인 내용은 능력보다 중요한 것은 바로 할 수 있다는 신념임을 알려주는 책이다.

수 있는 방법을 잘 알고 있을 것이라고 알려주어 이렇게 찾아오게 되었다고 말했다.

선생님은 김00에게 복을 받는 방법 때문에 오셨는지, 덕을 쌓는 방법 때문에 오셨는지를 되물었다. 김00은 선생님에게 복을 받는 방법을 알고 싶어 왔다고 대답하자마자 선생님은 갑자기 자리에서 벌떡 일어나면서 자신을 따라오라고 말하였다.

0000 사찰을 나와 밭을 갈고 있는 농부에게로 가서 갑자기 농부가 들고 있던 괭이를 빼앗아 멀리 던져 버렸고, 황당하게 괭이를 빼앗긴 농부는 어이없는 표정으로 선생님을 바라만 보고 있었다.

함께 따라왔다가 황당한 일을 경험한 김00은 선생님을 대신하여 농부에게 사과하였고, 선생님과 함께 0000 사찰로 되돌아와서는 정신적으로 힘이 들어 복을 받는 방법을 알고자 했더니 오히려 더 정신적으로 힘들어졌다며 대웅전에 모셔진 부처님께 108배로 참회의 인사를 드리고 자신의 집으로 되돌아가겠다고 선생님에게 말했다.

대웅전에서 108배를 마치고 내려오는 김00에게 선생님은 복을 받을 준비는 많이 하였냐며 집무실로 데리고 가서 복과 덕 그리고 수호령에 대하여 다음과 같이 설명하여 주었다.

에피소드 1 : 복(福)이란?

한자어 복(福)은 시(示)와 복(畐)의 회의 문자로 시(示)는 신(神)의 뜻이라는 상형 문자이고 복(畐)은 가운데가 부풀어 오른 단지의 상형 문자로 사람의 힘을 초월한 하늘, 즉 신계 또는 영계에서 오는 운수를 말한다고 했다.

복은 신 또는 신령과 사람 사이의 관계에서 형성되기 때문에, 사람이 아닌 신 또는 신령에게 기원을 해야만 복을 받을 수 있다는 것이다.

복이 현실 세계에서 발현되기 위해서는 엄청난 시간과 노력이 필요하며 현재의 삶에 발현될 수 있는지 여부가 불투명한 단점이 있지만, 한번 발현된 복은 나쁜 일을 하여도 사는 동안에는 천벌을 받지 않고 천수를 누리며 행복하게 죽은 일부 사이비 교주들처럼 복을 기원한 사람에게 큰 이득을 주는 장점이 있다고 말했다.

에피소드 2 : 덕(德)이란?

한자어 덕(德)은 곧을 직(㥀)과 마음 심(心), 실천할 행(行)이 합쳐진 글자로 득(得)으로도 해석되어 외향으로는 다른 사람들에게 바람직한 것이고, 내면으로는 나에게 얻어지는 뜻으로 사람이 자신의 주변과 여러 가지 사회적 관련을 맺음으로 형성되는 기운이라고 말했다.

덕은 사람과 주변과의 관계, 대표적으로 사람과 사람 사이의 관계에서 형성['라포(rapport)[6]'가 대표적]되기 때문에 주변 사람들에게 베풀어야만 덕을 쌓을 수 있다고 말했다.

---

6) '마음의 유대'란 뜻으로 서로의 마음이 연결된 상태를 말하며, 타인의 감정, 사고, 경험을 이해할 수 있는 공감대로 서로 간의 신뢰와 친근감을 쌓은 인간관계로 형성된다.

덕은 현실 세계에서 적은 시간과 노력만으로도 쉽게 발현될 수 있는 장점이 있지만, 쉽게 사라지는 단점도 있어 덕을 많이 쌓은 사람들조차도 주변 사람들에게 쉽게 배신을 당하거나 비참한 삶을 살 수도 있다.

:: 천하주유(天下周遊) 공자

> 덕의 대명사로 알려진 공자는 B.C 496년부터 13년 동안 제·송·위·진·채 등의 여러 나라를 여행하면서 자신의 도덕정치를 채택하여 줄 제후를 찾으려고 노력하였으나, 송나라에서는 생명의 위협을, 진·채나라에서는 7일간 양식이 떨어지는 등 오히려 극심한 고생을 하고 B.C 484년에 노나라로 귀국하였다.

에피소드 3 : 수호령(守護靈:수호천사)이란?

수호령은 일부 사람들이 말하는 것처럼 하늘에서 모든 사람들에게 생명의 천사와 죽음의 천사를 보내주는 것이 아니라, 진 웹스턴의 소설 『키다리 아저씨』[7]처럼 나와 관련된 인과관계에 따라 형성되기 때문에 많은 수호령을 가진 사람도 있고, 처음부터 수호령이 없는 사람도 있다고 말했다.

수호령은 과거 수많은 윤회과정에서 자신과 함께 전쟁에 참가했거

---

7) 고아였던 주인공 주디를 후원하여 주었던 익명의 후원자인 키다리 아저씨가 바로 대학 생활 시절에 방 친구였던 줄리아의 막내 삼촌인 저비스였다는 소설.

나, 공동의 목적으로 사건을 도모했거나, 혹은 불행한 일로 함께 죽음을 당한 후 영계로 가는 것을 원하지 않았거나 가지 못한 사유로 인하여 사후세계에 남아 떠도는 부유령(浮遊靈:떠도는 영)을 말한다.

수호령은 자신과 관련된 사람들에게 미래에 다가올 위험을 느낄 수 있도록 알려줄 수는 있지만, 미래에 다가올 위험을 처음부터 막거나 없앨 수 없는 영적 힘이 매우 미약한 존재이며, 수호령 역시 과거에는 다른 사람의 영혼이기 때문에 현세계에 살고 있는 사람들이 수호령과 계속하여 '라포(rapport)'를 형성할 경우 '빙의'가 되어 주체의식을 상실한 불행한 삶을 살게 될 수도 있다.

수호령이 많다는 것은 높은 영적 에너지를 가진 영계의 영이 아닌 낮은 에너지를 가진 사후세계에 거주하는 영혼들과의 교류이므로 신비주의와 환상, 환영에 쉽게 빠질 수 있어 수호령을 의식하지 않는 것이 바람직하다고 말했다.

선생님은 김00에게 농부에게 사과한 것은 덕을, 108배는 복을 짓는 행위라고 설명하면서, 덕은 현세계에서 쉽게 발현할 수 있지만 복은 여러 생애를 살고 경험해야 겨우 발현될 수 있으니, 영적인 세계에 너무 심취하지 말고 신을 공경하는 마음만 가진 채, 주변 사람들과 좋은 관계를 맺는 덕을 지으며 행복하게 살라고 조언하였다.

일부 사람들은 신이 사람들에게 수호천사를 보내 주셨다고 말한다.

나는 이런 것이 궁금했다.

공평하신 신이 누구에게는 많은 수호천사를 또 다른 누구에게는 수호천사를 보내주지 않은 이유가 뭘까?

수호천사는 왜 사람들에게 역사에 남을만한 큰 도움이 아닌 미약한 도움만 주게 되는 것일까?

사후세계와 영계의 여행을 다녀온 후 나는 알게 되었다.

수호천사는 수많은 윤회 과정의 삶을 살게 되면서, 서로의 마음이 연결된 공감대를 가지고 생사고락을 함께한 사람들 중에서 현세계에서 죽어 영계로 가지 못했거나 가기를 원치 않아 사후세계에 남겨진 떠도는 영혼들을 말하는 것이었다.

전쟁을 좋아하거나 무리를 지어 다니는 것을 좋아하는 외향적인 성향을 가진 사람들에게는 대부분 자신을 따라다니는 수호천사의 숫자가 많으며, 평화를 사랑하거나 홀로 다니는 것을 좋아하는 내향적인 사람들에게는 대부분 자신을 따라다니는 수호천사의 숫자가 매우 적거나 전혀 없다.

사후세계에 살고 있는 수호령의 특성상 영적 에너지가 낮기 때문에 자신이 보호하려는 사람에게 어떤 특별한 능력을 줄 수도 없고, 위험을 방지할 수도 없을 뿐만 아니라 강한 영적 힘을 발휘하는 또 다른 영혼들이 자신이 보호하려는 사람에게 다가올 경우에는 재빨리 도망치기도 한다.

사람들이 성장하는 과정에서 나쁜 일을 하게 되면 사후세계에 있는 나쁜 영혼들과 만날 가능성이 높고, 나쁜 영혼들은 영적 힘이나 능력이 수호천사들보다 월등하게 세기 때문에, 사악한 영혼들을 이길 수 없는 수호천사는 처음에 자신이 보호하려고 결정했던 사람에게서 여러 가지 사유로 떠나가는 경우가 많아 어린 시절에는 자신을 보호하는 수호천사가 있었다고 느꼈던 사람들도 성인이 되어서는 자신을 보호하는 수호천사가 더 이상 자신과 함께하지 않는다고 느끼게 된다.

미약한 영적 에너지를 가지고 있는 수호천사를 많이 보유하고 있다 하더라도 위험의 느낌을 감지할 수 있는 정도의 도움만을 받을 수 있을 뿐 다가오는 위험을 방지하는 등의 큰 도움은 수호천사로부터는 아예 받을 수 없다. 그리고 많이 보유하고 있는 수호천사들로 인하여 사람들과 영적인 교류가 발생하게 되면 사후세계에 존재하는 영혼들의 침입을 방어하는 영체의 보호막을 약하게 하거나 완전하게 무력화시켜 '빙의'로까지 악화될 수 있기 때문에 수호천사는 적게 보유하거나 아예 없는 것이 사람에게는 매우 이롭다.

★ 결론은 자신을 보호하여 주는 수호천사가 많고 적음은 영적 성숙도와는 관계가 없으며, 파괴적·외향적 성향의 사람들은 수호천사가 많고 평화적·내향적 성향의 사람들은 수호천사가 적거나 아예 없다.

또한, 수호천사는 신이 보내 주신 천사가 아니라 자신과 인연 있는 사후세계의 영혼이기 때문에 영적 에너지가 매우 낮고 미약한 도움만 줄 수 있어 자신을 보호하는 수호천사의 많고 적음에 큰 의미를 부여하지 않는 것이 좋다. ★

제13장

화장(火葬)과 분묘(墳墓), 제사(祭祀)

오후 2시경 점심을 먹은 나는 선생님과 함께 화단에 핀 꽃들에게 물을 주고 있었는데, 검은색 승용차에서 좋은 옷을 입고 화려하게 몸 단장을 한 부부가 찾아와 선생님에게 상담을 요청하였다. 부부는 자신의 부모가 어느 정도 연세가 있어 언제 돌아가실지 모르기 때문에 자신이 직접 부모님을 위해 좋은 명당(明堂)자리를 구하고 있는 중이라고 말했다.

그리고 자신의 지인들이 과거에 선생님이 명당을 찾아주는 일도 하셨다고 들었다며 정중하게 자신들을 도와달라고 요청하였지만, 선생님은 과거에 한 일이라며 부부의 요청을 들어줄 수 없다고 계속 거절하고 있었다.

옆에서 이 상황을 듣고 있던 내가 선생님에게 거절하는 명확한 사유를 부부에게 설명해주어야 하지 않느냐며 말참견을 시작하자, 선생님은 부부에게 소개해 줄 사람이 있으니 지금 자신을 따라올 수 있느냐고 물어보았다.

차를 간단하게 마신 후 3시경 부부와 나는 선생님의 차를 타고 인근에 있는 50만 도시의 시내로 들어가서 상가 건물 내 2층에 있는 000 심부름센터를 방문했다.

000 심부름센터를 방문하자마자 선생님을 본 센터 소장이 자리에서 벌떡 일어나 90도로 인사를 드리면서 같이 있던 자신의 부하들에게 잠시 나가 있으라고 말하였다.

000 심부름센터 소장과 부하들의 팔뚝에 새겨진 화려한 문신을 본 부부와 나는 깜짝 놀라면서 서로 걱정스러운 표정으로 선생님을 바라보고 있었다.

000 심부름센터 소장은 선생님의 도움으로 죽기 직전에 살아난 일화를 이야기하며 지금은 남보다 이자도 적게 받고 강압적으로 채권을 회수하지 않는 등 자기 나름대로는 착한 마음으로 사업을 운영하고 있다고 주장하고 있었지만, 처음부터 끝까지 소장의 이야기를 선생님 옆에서 듣고 있던 나와 부부의 표정은 완전히 굳어져 있었다.

선생님은 000 심부름센터 소장에게 채권 사업도 누군가는 반드시 해야 할 중요한 일이라고 말해 주면서, 좀 더 선한 마음으로 성장하고 있는 소장을 보게 되어 안심이 된다는 덕담(德談)을 이야기한 후 자신의 옆에 앉아 있던 부부를 바라보며 소장을 소개받고 싶으면 지금 이 자리에서 알려달라고 말하였다.

부부는 동시에 괜찮다고 선생님에게 말씀드렸고, 부부의 대답을 들은 선생님은 나와 부부를 데리고 000 심부름센터에서 나와 0000 사찰로 되돌아와서는 선생님이 사람들에게 더 이상 명당을 찾아주는 일을 하지 않는 사유를 다음과 같이 설명하여 주었다.

현세계에 환생한 사람이 사망하게 되면 영계로 다시 되돌아가야 하지만, 갑작스러운 사망 또는 자살 등으로 인하여 영계의 '영적정화소'에서 자신이 설정한 사주팔자의 사망일에 도달하지 않은 경우와 현세계에 살아가면서 지은 죄업으로 파생된 죄책감 또는 두려움, 그리고 이루지 못한 한(恨)으로 영계로 되돌아가지 못하거나 가지 않을 때에는 일정 기간 사후세계에서 남아 있어야 한다고 말했다.

영계에서 영은 기(氣) 에너지를 섭취하고 거처하는 장소도 기(氣)로 구성되어 있지만, 현세계에서는 영이 들어 있는 육신인 영체를 운영하기 위하여 물질로 만들어진 음식물을 먹고 물질로 구성된 집에 거처하게 된다고 말했다.

또한 현세계와 영계의 중간 지대인 사후세계에 존재하는 육체가 없는 영혼들은 과거 자신들이 현세계에 살았었던 습관들을 가지고 있기 때문에, 운영할 육체인 영체가 없음에도 불구하고 현세계에 살았던 때처럼 음식물을 섭취하거나 집에 거주하고 싶어 하는 습성을 가지고 있다고 말했다.

현세계에 살고 있는 사람들이 흔히 말하는 좋은 거주지란 집 안은 커다란 평수에 하자(瑕疵)가 없으며, 집 밖의 환경은 산과 물이 있는 경치가 좋은 고층 그리고 필요할 때에는 언제든지 음식물을 쉽게 구할 수 있는 대형마트 또는 슈퍼마켓과 가까운 장소라고 말했다.

사후세계에 거주하는 영혼들도 자신들이 집이라고 생각하는 분묘 안에 물이 새는 등의 하자가 없고, 항상 따뜻한 기운이 들어오며, 주변의 경치가 수려하고 굿이나 각종 축제 등 마을잔치가 자주 있어 후손들의 제사 이외에도 음식물을 자주 얻어먹을 수 있는 장소가 명당이라고 생각한다고 말했다.

특히, 영안(靈眼)으로 보았을 때 간혹 땅 위에서 아지랑이가 피어오르는 장소들이 있는데, 이 장소를 분묘로 쓰게 되면 사후세계에 거주하는 영혼에게는 고층 아파트를 선물한 것이나 마찬가지라고 말했다.

현세계에서 사망하여 죽은 사후세계에 거주하는 영혼들의 행보를 살펴보면, 대부분의 영혼들은 현세계에 대한 미련과 한(恨) 없이 바르게 살다가 사망하여 사후세계에 남아있지 않고 바로 영계로 진입하고 있다고 말했다.

하지만 자살한 영혼이나 현세계에서 한(恨)이 많이 남아있거나, 엄청난 죄업을 지어 바로 영계로 진입할 경우 받게 될 천벌이 두려운 영혼들은 강제로 염라대왕의 사자(使者)들에게 잡히게 될 때까지 사후세계에 계속 머무르게 된다고 하였다.

그리고 사유가 무엇이든지, 사후세계에 남아 있었던 기간이 수천 년이 되었을지라도 결국에는 영계로 끌려가 합당한 처분을 받고 다시 환생하는 과정을 경험하는 것이 사후세계에 거주하는 영혼들이 지켜야 하는 자연의 섭리임을 끝까지 외면하면서, 후손들이 차려준 제사음식물을 받아먹고 마을잔치 등을 배회하면서 사후세계의 삶을 지속적으로 영위하고 있다고 말했다.

　사후세계에 존재하고 있는 영혼들은 유유상종(類類相從)의 격언처럼 대부분이 귀(貴)하고 선(善)하며 맑은 영들이 아닌, 현세계에서 자신이 살았던 삶에 대한 책임의식이 크게 결여된 천(賤)하고 사악하며 더러운 영혼들이 함께 무리 지어 생활하는 세계라고 보면 된다고 말했다.

⁖ 유유상종(類類相從)과 손우곤의 인재 구하기

　『주역』에서는 '삼라만상(森羅萬象)은 그 성질이 유사한 것끼리 모이고, 만물(萬物)은 무리를 지어 나누어 살며 거기서 길흉(吉凶)이 생긴다'라고 했다.

　제나라 선왕이 각 지방에 흩어져 있는 인재를 찾아 등용하도록 손우곤에게 명령한 지 며칠 만에 인재들을 찾아서 데리고 온 사유를 묻자 손우곤이 '같은 종의 새가 무리 지어 살 듯, 인재도 끼리끼리 모여 산다.'고 대답했다.

　자신을 낳아주고 길러주신 고마운 부모님에게 자신이 직접 다른 사람들보다 좋은 명당자리를 구해주고 싶은 후손들의 마음은 충분히 이해하지만, 현세계에서 한(恨) 없고, 악업(惡業) 없이 잘 살다간 부모님이라면 사후세계에 머물지 않고 바로 영계로 진입하기 때문에 후손들이 소중하게 마련하여 준 대부분의 분묘는 자신의 부모님이 사는 것이 아니라 사후세계에 남아 있던 자신과 상관없는 영혼들이 사는 장소가 된다고 말했다.

그리고 자신의 부모님이 바로 영계로 진입하지 못하고 사후세계에 살게 된 경우에도, 자신의 후손들에게 좋은 장소와 음식 등의 대접을 지속적으로 받게 되면, 현세계에 대한 미련이 강하게 생겨 일정 기간이 지나도 영계로 진입하지 못하고 사후세계에 남아 있는 나쁜 영혼들과 어울리며 살아가게 된다고 말했다.

∷ 손자에게 '빙의'한 할아버지

예전에 선생님이 빙의된 아이의 퇴마를 할 때 빙의령의 실체가 아이의 할아버지임을 알게 되었고, 할아버지에게 손자에게 빙의한 사유를 묻자 자신이 손자를 너무 사랑했기 때문이라는 사악(邪惡)한 대답을 하였다고 한다. 사후세계에 남아 있던 할아버지의 영혼이 영의 몸인 영체를 가지고 싶어 하는 욕심과 사랑은 현세계에 살고 있던 손자에게 커다란 독이 되었다. 아무것도 준비되지 않은 상태에서 할아버지 영혼으로 인하여 영적 차크라가 열려버린 손자는 각종 영적 장애를 일으키는 영적장애자로 살아가고 있다.

에피소드 2 : 분묘(墳墓)와 화장(火葬)의 장·단점

분묘는 사후세계에 살고 있는 영혼들에게 집을 지어주는 행위로 영계로 바로 진입하고 있는 대부분의 영들에게는 아무런 의미가 없지만, 여러 가지 사유로 영계로 바로 진입하지 못하고 사후세계에 남아 있어야 하는 일부 영혼들에게는 매우 고마운 행위라고 할 수 있어 분묘를 제공한 자기 후손들에게 처음에는 미약한 도움이라도 주고 싶어

한다고 말했다.

그러나 어느 정도 시간이 흘러 후손들에게 제공받은 분묘에 물이 새는 등 하자(瑕疵)가 발생하게 되면, 사후세계에 살고 있던 영혼들은 꿈 등 여러 가지 영적 작용으로 자기 후손들에게 자신이 현재 처하고 있는 상황을 알려주고자 마음을 먹고, 분묘에 거주하는 영혼과 가장 많이 '라포(rapport)'가 형성되어 있었던 현세계에 사는 사람에게 영적 장애 또는 빙의를 일으킨다고 했다.

다시 말하면 처음 분묘를 제공한 후손은 미약한 도움을 받을 수 있지만, 분묘의 보수를 담당하게 되는 후손들은 커다란 영적 고통을 받을 수 있다는 것이다.

화장(火葬)은 사후세계에 살고 있는 영혼들이 거주할 수 있는 집을 지어주지 않는 것으로, 죽은 자와 산 자의 사실상 인연을 종결시키고자 하는 의미를 가지고 있다고 하였다. 영계로 바로 진입한 대부분의 영들에게는 아무런 의미가 없지만, 여러 가지 사유로 영계로 직접 진입하지 못하고 사후세계에 남아 있어야 하는 일부 영혼들은 자신들이 거처할 장소가 없어 자신의 부모나 후손들에게 크게 분노한다고 하였다.

처음에는 사후세계에 거처할 장소가 없다 보니 사후세계에 살고 있는 사악한 영혼들의 집에서 함께 동거하면서 나쁜 일에도 가담하기도 하지만, 대부분의 경우에는 자신에게는 희망이 없는 사후세계의 삶을 단념하고 스스로 염라대왕의 사자(使者)들을 불러 영계로 되돌아가기를 희망한다고 말했다.

다시 말하면 처음 화장(火葬)을 선택한 후손은 처음에는 아무것도 주지 못했다는 죄책감과 죽음을 맞이하여 사후세계에 거처할 장소가 없이 남아 있게 된 영혼의 분노를 살 수 있지만, 궁극적으로는 죽은 영혼에게 사후세계의 삶을 빨리 단념케 하는 효과뿐만 아니라 후손들이 영적 고통을 받지 않게 하는 좋은 방편이 될 수 있다는 것이다.

에피소드 3 : 제사(祭祀)의 장·단점

현세계에서 행하는 후손들의 제사에 모든 조상들이 참석하지 못하는 이유는 현세계와 차원이 다른 영계로 간 귀(貴)하고 훌륭한 영들은 부를 수가 없고, 현세계와 장벽이 없는 사후세계에 존재하는 천(賤)하고 불쌍한 영들만 부를 수 있기 때문이라고 말했다.

영계의 영들은 영적 에너지를 크게 낮추지 않는 한 차원이 다른 현세계로 올 수가 없고, 육체를 가지고 있었을 때의 습관마저 없어진 상태이기 때문에, 현세계에서 차려놓은 음식도 먹지 않을뿐더러 관심조차 가지고 있지 않다고 말했다.

하지만 사후세계에 살고 있는 영혼들은 자신이 소유하고 있는 육체를 가지고 있지도 않으면서도, 현세계에서 자신이 육체를 가지고 음식을 먹었던 습관은 그대로 유지하고 있어, 후손들이 차려 놓은 제사 음식을 기(氣)의 흡수 형태로 먹고 있다고 말했다.

그렇기 때문에 백중(百中)날에 오는 영혼들 또한 영계에 살고 있는 귀(貴)한 영들이 아닌 사후세계에 거주하는 천(賤)한 영혼들일 뿐이다는 것이다.

∷ 백중(百中)

음력 7월 15일로 옛날에는 이 무렵에 과일과 채소가 많고, 백가지 곡식
의 씨앗이 갖추어진다고 하여 유래된 명칭이다.

일부 종교인들은 '영가천도(靈駕薦度)'가 잘 되는 시기라고 주장하지만,
나는 시간 개념을 가지고 있지 않은 영혼들의 특징은 전혀 고려하지 않
고, 종교인들이 재물을 잘 모을 수 있는 시기를 정하여 주장하는 것이라
고 생각한다.

제사를 많이 지내게 되면 영계에 거주하는 귀(貴)하고 훌륭한 조상
들이 아닌 사후세계에 살고 있는 천(賤)하고, 불쌍한 조상들이 제사를
지내주는 후손들을 찾아오기 때문에, 후손들은 영적으로 일시적인
미약한 도움은 받을 수 있겠지만 대부분의 경우에는 좋지 않은 영향
을 받게 된다고 말했다.

제사를 중시하고 신봉하는 국가 중 세계를 제패하고 있는 국가도,
부강한 국가도 없으며, 심지어는 사상을 지도할 수 있는 국가도 없는
이유가 바로 사후세계에 거주하는 천(賤)한 영혼들과 교류하고, 천(賤)
한 영혼들의 말을 신봉하고 실천했기 때문이라고 말했다.

최종적으로 선생님은 부부에게 자신이 명당을 소개하여 주는 행위
는 금전이 필요하다는 요청을 받은 부부에게 000 심부름센터 소장을
소개하여 주는 것과 같은 행위라고 말했다.

또한, 선생님은 돌아가신 부모님을 명당에 기거하라고 요청하는 것은 영계에 가지 말고 사후세계에 남아 있으라는 후손들의 요청과 비슷하다고 주장하였다.

설령 부모님이 사후세계에 남아 좋은 명당에 기거하는 상황이 되어도, 사악한 영혼들과 어울려 지내게 되어 영계로 진입할 시간이 더욱 길어지게 만들며, 차후에 명당의 보수 공사를 담당해야 할 후손들에게도 좋지 않은 영향을 줄 수 있는 백해무익이라고 자신은 생각하고 있다고 말했다.

더불어, 세 가지 구체적 사유를 들어 명당을 찾아달라는 부부의 요청을 정중하게 거부하면서, 향후에도 지표면에서 아지랑이가 피어오르는 장면을 보는 능력마저 자신이 죽을 때까지 사용하고 싶지 않다고 선생님은 말했다.

다음은 선생님이 부부에게 구체적 예를 들어 명당을 찾는 것을 거부한 세 가지 사유다.

첫째, 훌륭한 부모님이었다면 명당이 필요 없다. 대부분의 영은 사후세계에 남아 있지 않고 바로 영계로 진입하기 때문에 후손들이 명당을 구하여 준다고 하여도 훌륭한 부모님이었다면 후손이 마련하여 준 명당에 조금도 거주하지 못하며, 부모님 대신 사후세계에 살고 있는 사악한 영혼들이 거주하기 때문이다.

둘째, 부모님이 명당을 지켜내기가 어렵다. 사후세계에 존재하는 영혼들은 대부분 사악한 영혼들이며, 무법의 세계인 사후세계에서 거주하기 좋은 집은 힘이 센 영혼들이 아무런 이유 없이 빼앗을 수 있기 때문에, 후손들이 자신의 부모님에게 아무리 좋은 명당자리를 마련하여 준다고 하여도 그 장소에서 부모님이 계속해서 오랫동안 살 수 있다는 보장이 거의 없다. 오히려 사후세계에서는 사악한 영혼들이 선호하는 좋은 명당보다는 빼앗기지 않을만한 적당한 장소를 마련하여 주는 것이 더 현명하다.

셋째, 전문가의 도움 없이도 명당은 누구나 찾을 수 있다. 용 형상 등 주변의 형태는 조경에 불과함으로 다 쓸모가 없으며, 현세계 사람들이 집을 구하는 방법처럼 분묘의 평수가 크고, 습기 등이 없으며, 햇볕이 잘 들고, 산과 물이 있어 경치가 수려하며, 마을 잔치 등이 많아 사후세계에 살고 있는 영혼들에게 먹을 것이 풍부한 장소가 바로 명당이기 때문에 특별한 전문가의 도움은 필요 없다.

마지막으로 《남사고의 구천십장(九遷十葬) 이야기》를 부부에게 말해 주면서 명당을 찾아달라는 요청을 거두고 집으로 되돌아가기를 권유하였다.

∷ 남사고의 구천십장(九遷十葬) 이야기

조선 중기의 도통(道通) 학자 남사고가 자기 아버지의 명당을 구하기 위하여 묘 터를 아홉 번 옮기고 열 번째 장례를 치르는 과정에서 명당이란 제각기 주인이 따로 있어 억지로 차지하기 어려운 것임을 깨닫고, 겨우 피해가 없는 묘 터로 정하여 마지막 장례를 지냈다는 이야기이다.

일부 사람들은 명당에다 부모님을 모시면 후손들이 발복(發福)한다고 주장한다.

나는 이런 것이 궁금했다.

일반적으로 좋은 명당자리를 차지한 재벌가나 권력자들이 왜 삼대를 유지하기 어렵다고 하는 것일까?

사후세계와 영계의 여행을 다녀온 후 나는 알게 되었다.

발복(發福)은 신계의 신이나 영계의 신령과 사람과의 관계로 형성되는 것이기 때문에, 사후세계에 살고 있는 분묘의 주인인 영혼과는 전혀 관련이 없으며, 무법상태인 사후세계에서 영적 힘이 강한 영혼들도 좋아하는 장소가 명당이다.

그러므로 사후세계에 거주하는 강하고 힘센 영혼들에게 영적 힘이 약한 조상 영혼들은 후손들이 마련해 준 명당자리를 지켜내기가 어려워 아무런 이유도 없이 후손들에게 자신들의 분묘를 옮겨 달라고 요청하기도 한다.

조상 영혼들이 사후세계에서 분묘 생활을 처음 할 때는 자신의 후손들에게 잘해 주어야겠다고 굳게 마음을 먹지만, 이웃한 사악한 사후세계에 살고 있는 영혼들과 어울리면서 후손들의 꿈이나 영적으로 영향을 미치는 행위를 점차 자연스럽게 배우게 된다.

또한 현세계에 존재하는 물건들을 가지고 싶은 욕망이 생기게 되면, 후손들의 꿈에 나타나거나 굿이나 마을잔치 등을 찾아가 구경하면서 영능력자들이나 무속인들의 입을 통해 자신의 욕망을 전달하기도 한다.

제사나 굿 등의 행위로 후손이 사후세계에 살고 있는 조상 영혼들의 욕망을 반복적으로 들어주게 되면, 한 번에 멈추지 않고 조상 영혼들은 계속해서 자신의 후손들과 영적 교감을 시도하고 있으며, 그 결과 자신들과 영적 교감을 계속하게 된 후손들에게 점차 영적 장애를 겪게 만들어 버린다.

종교가, 무속인, 영능력자들은 대부분 조상들의 제사를 잘 지내거나 굿이나 행사 등으로 신께 비는 행위를 많이 한 자손들이다. 제사를 통해 각종 혜택을 누린 조상은 영계에 살고 있는 귀(貴)하고 훌륭한 조상이 아니라 사후세계에 거주하는 천(賤)하고 불쌍한 조상이다.

소원을 들어준다는 신이라는 존재도 영계에 거주하는 신령이 아니라 사후세계에 떠돌고 있는 불가시한 존재 또는 영혼들로 굿, 제사, 제천 행사를 끊임없이 현세계에 살고 있는 사람들에게 요구하여 자신들의 욕망을 한없이 채우고 있다.

후손들이 사후세계에 존재하는 영혼들의 욕망을 계속해서 들어 줄수록 후손들의 삶은 나아지는 것이 아니라 더욱 힘들어지게 될 뿐이다. 사후세계에 오래 살면서 사악한 영혼들에게 다양한 방법의 나쁜 행위를 배우게 된 조상들이 종교가나 무속인들 심지어는 자신의 후손들에게 대를 이어서 신을 모시면서 종교 행사나 굿 같은 잔치를 계속하게 만들어 자신의 욕망을 끊임없이 채우고, 자신은 영계로 가지 않고 사후세계에서 계속해서 삶을 이어 가려고 끊임없이 노력한다.

이러한 사실을 아는 도가(道家)들은 부모님께 고마운 마음을 가진 채 분묘보다는 화장을 행하여 조상들이 현세계에 미련을 가지지 않고 보다 빠른 기간 내 영계로 진입하여 후손들의 삶에 긍정적·부정적 영향을 주지 못하도록 조치하고 있으며, 대를 이어 자발적인 아닌 타의적인 영적 자손들이 탄생하는 것을 미연에 방지하고 있다.

★ 결론은 좋은 명당자리는 후손들에게 발복(發福)을 일으키는 것이 아니라, 천(賤)하고 불쌍한 사후세계에 살고 있는 조상 영혼들이 자신의 후손들을 지배할 영적 힘을 강화시켜 주는 토대가 될 뿐이다. ★

제14장

낙태(落胎)와 자살(自殺), 천도재(薦度齋)

나는 다음 날 아침 일찍 일어나 선생님이 차려준 간단한 식사를 한
후에 제자들이 기거했었던 빈방 안으로 들어가 어제 경험했던 일들을
곰곰이 생각하고 있었다.

이른 아침 8시경 검은색 승용차에서 함께 내린 모녀가 아무도 없는
집무실 안으로 들어가 선생님을 급하게 찾는 소리를 듣게 된 나는 제
자들의 방을 나와 집무실 안으로 들어가 보니, 이미 선생님이 집무실
안에 도착해 있었다.

50대 어머니는 20대의 예쁜 딸이 나쁜 남자친구를 만나 임신을 하
여 낙태를 한 후부터 불쌍한 태아를 죽였다는 죄책감 때문에 마음고
생뿐만 아니라 정신도 쇠약해져서 자살까지 시도하게 되었다고 말했
다. 그리고 대학병원 정신과, 스님, 무속인들을 찾아가 상담도 하였
고, 태아령을 위하여 천도재도 지내 주었지만 별다른 차도가 없어, 마
지막 지푸라기라도 잡는 심정으로 지인을 통해 알게 된 선생님을 찾
아왔다고 말했다.

선생님은 모녀에게 얼마 전에 낙태를 했는지, 그리고 죽은 태아는 지금 어디에 안장되어 있는지 물었고, 모녀는 낙태는 1년 전에, 죽은 태아는 00 군의 000 사찰에 잘 안장되어 있으며, 그곳에서 태아령을 위한 천도재도 함께 지내주었다고 대답하였다.

모녀의 대답을 들은 선생님은 굳은 얼굴로 지금 당장 태아령이 안장되어 있는 장소로 자신을 안내하여 달라고 요청하였고, 나는 선생님과 모녀를 따라 3시간 거리에 있는 000 사찰을 찾아가게 되었다.

선생님은 30분 정도 사찰안을 구경하고 다시 되돌아오겠다고 하면서, 나와 모녀는 차 안에서 기다려달라고 부탁하고는 일반복을 입은 채 000 사찰안으로 혼자 들어갔다.

나는 침묵만이 가득한 선생님의 차 안에서 예쁜 모녀를 바라보며, 세상 모든 사람들에게는 누구나 다른 사람들이 알 수 없는 나름대로의 고통을 가지고 있다는 생각을 하게 되었으며, 능력 좋은 선생님이 어떤 방법으로 이번 태아령 문제를 해결하는지 상당히 궁금하다고 생각했다.

30분이 지났을 때 선생님은 000 사찰에서 나와 아무런 말도 하지 않은 채 다시 3시간을 달려 0000 사찰 집무실로 돌아가서는 20대의 예쁜 딸에게 무엇 때문에 죄책감이 있는지 물어보았다. 딸은 모자(어머니와 자녀)의 연을 맺어 온 소중한 아기가 나 같은 나쁜 사람을 만나 이 세상의 빛도 보지 못한 채 죽었다는 사실 때문에 죽은 태아에게 너무 미안하다고 말했다.

선생님은 갑자기 머리를 감싼 후, 내가 태아령의 문제를 해결하여 줄 수 있다고 생각하는지 다시 물어보았고, 모녀는 지인들도 선생님에게 많은 문제들을 해결 받았다며 자신들의 문제를 해결해 주실 것이라고 생각한다고 대답했다.

선생님은 나에게 만 원을 주면서 사찰 입구에 있는 가게에서 맛있는 수박 좀 사다 달라고 부탁을 하여 나는 자리에서 벌떡 일어나 집무실 밖으로 나섰는데. 선생님이 다시 나를 불러 만 원을 추가로 더 주면서 수박 2통을 사 오라고 요청하였다.

나는 알겠다고 대답하고 다시 집무실을 나서 사찰 입구에 도착했을 때쯤 선생님이 나를 다시 집무실로 오라고 하시고는 수박을 살 때 잘 선택하는 방법을 자세하게 설명하여 주셨다. 선생님의 설명을 다 들은 내가 다시 사찰 입구까지 왔을 때 선생님은 또다시 나를 집무실로 불러서 먹기 좋은 작은 수박으로 사 와 달라고 말하는 순간, 참았던 화가 폭발한 나는 2만 원을 집무실 탁자 위에 말없이 놓아두고 분노를 참으며 제자들이 기거했던 빈방으로 가서 누웠다.

30분 뒤 선생님이 방 안에서 누워있는 나를 찾아와 맛있는 수박을 사 놓았으니 화를 풀라고 말하면서 내 손을 잡고 집무실로 데리고 들어갔고, 나를 기다렸던 모녀는 자신들 때문에 곤란한 경우를 당했다며 나에게 많이 미안해했다.

선생님은 모녀에게 낙태 후에 발생하는 상황과 천도재의 의미 및 살인과 자살에 따른 형벌에 대하여 다음과 같이 설명하여 주었다.

대부분의 사람들은 부모가 태어날 자녀를 선택하였다고 생각하지만 사실은 태어날 자녀가 부모를 선택한 것이라고 말했다. 영계의 '영적정화소'에서 사주팔자라는 운명을 설정할 때 20살 전·후 시기에 낙태할 가능성이 높은 위험한 환경을 설정하였고, 불행하게도 20살에 결국 낙태를 스스로 선택하였지만, 영계의 '영적정화소'에서 사주팔자라는 운명을 설정한 처음부터 특정한 영을 낙태할 대상으로 지정한 것은 아니라고 말했다.

후자가 전자를 선택하는 자연의 법칙처럼 언제나 자녀의 영이 영계의 '영적정화소'에서 자신의 사주팔자라는 운명을 설정할 때, 낙태할 가능성이 높은 위험적인 환경을 가진 특정한 부모를 선택한 것이라고 말했다.

∷ 내리사랑이라는 마음의 영적 향기

모든 영들은 힘이 센 영이나 수많은 영들과 친밀한 교감을 형성하여 자신의 세력을 확대하려고 노력하고 있으며, 친밀 관계를 형성한 영들의 보이지 않는 많은 도움을 받아 수많은 윤회 과정에서 자신의 삶을 유리한 방향으로 유도하여 살아가고 싶은 욕망이 강하다. 이러한 욕망을 충족시켜 줄 수 있을 정도로 강력한 친밀 관계를 형성할 수 있는 대표적인 방법이 부모와 자식과의 인연이다.

현세계에 먼저 태어난 부모의 영은 나중에 태어날 훌륭한 자녀의 영에게 선택받기 위하여 유혹의 영적 향기를 풍기는데, 그것이 바로 '부모 이기는 자식은 있어도, 자식 이기는 부모는 없다'는 내리사랑이라는 마음의 영적 향기이다.

현세계에서 자식이 없는 부모가 천지신명(天地神明)께 자신의 자식을 가지고 싶어 하는 간절한 마음의 영적 향기의 유혹을 발산하게 되면, 부모의 영이 보유하고 있는 영적 힘의 세기에 따라 간절히 소망하는 기운이 보통은 사후세계에 머물지만 특이한 경우에는 차원이 다른 영계까지 도달할 수 있다.

영계에서 다시 현세계로 환생을 준비하기 위해서 영계의 '영적정화소'에서 사주팔자라는 운명을 설정하고 있던 자녀로 탄생할 영이 현세계에서 부모가 되고 싶어 하는 사람이 보내는 유혹하는 마음의 영적 향기를 맡게 된다.

그리고 현세계에 태어날 자신을 무척 잘 보살펴 줄 것이라고 기대하고, 자신을 낳을 부모의 물질적·정신적 환경을 모두 살펴본 후 자신의 부모로 최종 선택하여 환생하게 된다.

이러한 부모와 자녀 간의 선택 과정은 현세계의 부모와 자식의 진짜 근원적인 부모인 천지신명(天地神明)은 전혀 관여하지 않는다.

천지신명(天地神明)은 부모가 될 영과 자녀가 될 영이 모두 자신의 소중한 자녀였음을 인식하고 있기 때문에, 특정한 자녀를 가지고 싶어 하는 부모라는 영을 위해 특정한 부모를 원하지 않는 자녀라는 영의 희생을 결코 요구하지 않는다.

역선택이란?

불완전한 정보로 인해 불리한 의사결정을 하는 것을 말한다. 부모는 태어날 자녀가 자신의 인생에서 도움이 되는 자녀인지 혹은 피해를 주는 자녀인지 정도만 알고 있지만, 자녀는 부모에게 스스로 어느 정도의 강도로 도움을 줄 수 있을지, 피해를 줄 수 있을지 사전에 더 잘 알고 있다.

그리고 자신보다 영적 성장한 부모를 또는 영적 성장이 낮은 부모를 결정할 수 있는 선택권을 가지고 있어, 항상 자녀가 부모보다는 유리한 이사결정을 할 수 있다.

이것과 동일하게 가난하고 천(賤)한 신분의 부모가 자신에게 태어난 자녀에게 미안한 마음을 가질 필요가 없는 이유는 먼저 태어난 부모가 특정한 자녀를 선택한 것이 아니라, 나중에 태어난 자녀가 영계의 '영적정화소'에서 사주팔자라는 운명을 설정하고 환생을 준비할 때 이미 가난하고 천(賤)한 신분의 부모인 줄 알고 선택하였기 때문이라는 것이다.

영계에서 현세계로 다시 환생할 때 장착할 생물의 운영에 사용되는 영적 에너지를 효율적으로 사용하기 위해서는, 과거의 모든 윤회 과정에서 습득한 정보를 영 안의 잠재의식으로 압축하여 저장하고 삶에 대처하는 간단한 습관만 간직한 백지상태의 의식만을 가지고 엄마의 몸 안 태아로 들어와야 한다고 말했다.

그러나 갑자기 불행한 사건으로 인하여 태아가 사망할 경우 백지상태의 의식만을 가지고 있는 태아령이 되어 사후세계에 영혼으로 머물게 된다는 것이다.

사후세계에 머물고 있는 백지 상태의 의식을 가진 태아령은 두 가지 방법을 또다시 선택할 수 있는데, 빠른 시일 내에 현세계에 있는 다른 부모의 태아로 잉태되는 방법과 무의식적으로 빛을 따라 영계로 되돌아가는 방법이 있다고 말했다.

그러나 불행하게도 죄책감에 사로잡힌 부모가 백지상태의 의식을 가진 태아령을 반복적으로 부르는 마음의 소리 때문에 태아령은 낙태된 이후에도 영계로 되돌아가지 못하고 사후세계에 남게 된다고 말했다.

사후세계에 남게 된 태아령에게는 어미 칠면조의 《고정행동 유형》의 예처럼 자신을 부른 존재가 나의 부모라는 의식이 생겨 다른 부모의 태아로 잉태되지도 못하고, 영계로 되돌아가지도 못한 상태가 되어 자신을 낙태한 부모의 근처를 계속해서 맴돌게 된다고 말했다.

:: 고정행동 유형

어미 칠면조는 새끼 칠면조의 형상이 아닌 '칩칩'이라는 소리에 의해서만 따뜻한 사랑을 베풀기 때문에 '칩칩'소리를 내는 천적인 족제비에게도 공격하기보다는 품에 안고 잘 돌보아준다. 《고정행동 유형》이라고 불리는 이러한 특이한 행동은 다양한 생물 및 동물들의 구애 의식이나 교미(交尾) 의식에서도 많이 발견된다.

부모의 계속된 죄책감의 마음적 표현은 태아령에게는 영계의 '영적 정화소'에서 자신이 설정했던 사주팔자라는 운명을 모두 잊어버리고 낙태한 부모의 부당한 대우로 자신이 죽었다는 사실만을 자신의 영혼 안 생기 속에 정보로 축적하게 된다고 말했다.

그리고 잘못된 정보로 생성된 반감으로 낙태한 부모에 대한 강한 분노심과 반발심을 가지고 현세계에서 부모의 일상생활에 직·간접적으로 방해하는 악연이 시작된다고 말했다.

부모는 태아령에게 더 좋은 부모를 만나 행복하게 살라고 하던지, 아니면 빛을 따라 영계로 빨리 되돌아가라고 한마디만 하고 마음의 죄책감과 태아령과 맺었던 인연을 끊어 버리면 되는 일이라고 말했다.

그러나 지속적인 죄책감을 마음속에 품은 부모가 낙태한 태아령들을 이용하는 사후세계의 영혼들과 결탁한 종교 집단에 태아령을 안장하게 되면 더 심각한 영적 문제에 직면하게 된다고 말했다.

사후세계는 영계로 가지 않고 때가 많이 묻은 천한 영혼들이 살고 있는 장소라고 말했다.

낙태한 처지로 종교 집단에 안장된 백지상태의 의식을 가진 초보 태아령은 점차 기존 종교 집단에 오랫동안 안장된 채 영계로 되돌아가지 않고 사후세계에 남아 더럽게 변하게 된 같은 처지의 많은 태아령들의 나쁜 습관을 자연스럽게 익히게 되어 점차 악한 영혼이 되어 간다고 말했다.

사후세계에 남아 있는 태아령들은 영계의 저승사자들에게 잡혀가기 전까지 죄를 짓고 살기도 하고 심지어는 종교 집단에 소속되어 있는 능력 있는 영능력자나 무속인들에게 사로잡혀 점사를 보는 영적 노예로 전락하기도 한다고 말했다.

종교 집단에 안장된 태아령을 방문하여 슬퍼하는 부모의 태도는 부모를 그리워하는 초보 태아령이 자신이 안장된 종교 집단을 탈출하는 것을 더욱 어렵게 만든다고 말했다.

태아령의 천도재에서 좋은 곳으로 보내준다는 장소는 종교 집단이 모시고 있는 사후세계의 나쁜 어른 영혼들이 거처하는 장소로 옮긴다는 뜻으로, 백지상태 의식을 가진 태아령은 종교 집단을 적극적으로 활용하고 있는 사악한 어른 영혼들에게 사로잡힌 포로가 되어 사후세계를 빠져나오기가 더욱 어렵게 된다고 말했다.

완벽하게 구분된 차원이 다른 세계인 사후세계에서 영계로 되돌아가는 행위를 할 수 있는 것은 영계에서 온 저승사자들과 본인의 의지뿐으로, 신이 아닌 다른 사람의 영이 자유의지를 소유한 타인의 영을 자신의 마음대로 영계로 보내줄 수 있는 능력을 소유하지 못한다고 말해 주었다.

영계로 간 영과 현세계의 영이 직접 교류할 수 있는 능력을 가진 존재는 신과 신령뿐이며, 현세계에 살고 있는 사람의 영은 사후세계에 존재하는 영혼과 교류할 수 있는 능력만 가질 수 있어, 천도재라는 행위는 천도하는 사람이 사후세계에 남아 있는 더러운 영혼들과 결탁하여 그들이 거주하는 장소로 영혼을 보내주는 그들만의 약속된 행위일 뿐이라고 말했다.

기(氣)로써 모든 것을 만드는 영계의 영들에게는 전혀 필요 없는 물질(옷, 음식 등)과 재물이 천도재에서 사용되는 이유가 천도재의 대상과 천도하여 준다는 존재가 현세계에서 물질의 지배를 받고 살아가다가 죽음을 맞이하여 지금도 사후세계에 거주하고 있는 영혼들이기 때문이라는 것이다.

영혼을 위한 천도재를 반복적으로 지내는 이유도, 물질의 지배를 받고 있는 사후세계에 거주하는 영혼들이 반복적으로 요구하기 때문이라는 것이다.

천도재의 행위로 더러운 영혼들이 거주하는 장소로 끌려 간 태아령은 사후세계에 조성된 그들만의 거주지에서 다른 영혼들과 함께 머물러 있다고 말했다.

그러다가 부모가 태아령이 안장된 종교 집단에서 천도재 행사를 거행할 때마다 더러운 영혼들에게 끌려 나와 부모와 상봉하고 간단하게 차려진 음식을 먹고 다시 되돌아가기를 반복하는 사후세계에 거주하는 영혼들의 포로로 활용되는 비참한 삶을 살고 있다는 것이다.

사후세계에 속박된 태아령을 영계로 보내는 방법은 부모가 마음속으로 태아령을 불러 네가 지금 있는 장소는 사후세계로 남의 도움 없이 너의 의지로 빛을 따라 영계로 가기를 원한다고 말하고, 현세계나 사후세계에 부모라고 말하는 부모는 인연으로 형성된 일시적인 부모일 뿐이고, 빛의 따라 도착한 영계에 있는 신이 진짜 너의 참다운 부모라는 사실을 한 번 알려주고는 더 이상 태아령에게 집착하지 않으면 자연스럽게 해결된다고 말했다.

에피소드 2 : 업장(業障) 소멸(영적정화(靈的淨化)로 가는 구조)

육체는 영들이 들어왔다가 나갔다가 할 수 있는 커다란 굴 같은 통로들인 차크라(chakra)가 많으며, 사람이 사망하게 되면 영은 육체의 커다란 통로를 지나 사후세계나 영계로 진입하게 된다고 말했다.

영이 육체에 열려 있던 차크라(chakra)를 통해 빠져나가는 순간 사후세계에 존재하는 기운과 현세계에 존재하는 기운의 차이로 발생되는 마찰력 에너지가 전달되어 빠져나가는 영이 따스함을 느끼게 된다고 말했다. 또한, 육체를 효율적으로 운영하기 위하여 영계에서 현세계로 환생할 때 낮추었던 영적 에너지는 현세계에 살고 있는 사람들의 영이 기억할 수 있는 용량만으로 크게 낮춘 상태라고 말했다.

따라서 사람들의 영은 현세계에 살아가면서 삶의 전 과정이 아닌 일부만을 완전하게 기억하고, 당장 필요 없는 남은 기억은 잠재의식 속에 압축으로 저장하여 영적 에너지의 사용을 최소화한다고 말했다.

죽음을 맞이하여 영이 육체에 열려 있던 차크라(chakra)를 통해 빠져나갈 때에는 영적 에너지를 높이는 과정에서 발생되는 밝은 빛을 보게 되고, 기억할 수 있는 용량이 점차 커지게 되면서 잠재의식 속에 압축하여 저장했던 모든 기억들을 풀어서 모두 영 안의 생기 속에 저장하게 된다고 말했다.

임사체험을 한 사람들이 본 현세계에서 살았던 전 인생의 과정이 파노라마처럼 인식되면서 자동으로 모든 기억이 생생하게 떠올랐다는 주장이 바로 잠재의식 속에 압축되어 저장된 기억들이 영 안의 생기 속에 저장되는 과정인 것이라고 말했다.

그러나 영계의 '영적정화소'로 되돌아가기 전까지는 지금 현세계에 살았던 삶의 과정만 기억할 뿐, 과거 윤회의 전 과정의 기억은 아직도 잠재의식 속에 저장되어 남아 있는 상태라고 말했다.

영계의 '영적정화소'에서 본인이 사주팔자라는 운명을 설정할 때 계획하였던 현세계의 삶의 기간이 아직 도래하지 않은 영혼은 사후세계에 홀로 남아 있다가 빛을 불러 영계로 갈 수 있다고 말했다.

그렇지 않으면 사주팔자라는 운명을 설정할 때 계획한 삶의 기간을 모두 채운 후에 영계로 인도하는 인도령의 세 가지 방법 중 한 가지 방법을 선택하여 따라갈 수 있다고 말했다.

세 가지 종류의 인도령을 접하여 영계로 진입하게 만들어진 이유는 자유의지가 부여된 영이 최대한 편안하게 영계로 진입할 수 있도록 도와주려는 신들의 배려와 인연의 법칙 때문이라고 말해 주었다.

첫째, 현세계에서 자신이 믿고 있는 특정한 종교가 있는 사람의 경우이다. 종교령의 안내를 받아 영계에서 순종과 복종이 강요되는 종교 집단 거주지에 도착하게 된다고 말했다.

이 장소에서 일정 기간을 종교령들의 부하들에게 철저한 교육을 받은 후 자신들이 모시는 신에 대한 믿음의 강도에 따라 종교령들이 만든 천사가 지키는 천국과 악마가 지키는 지옥에서 앞으로 살게 될 거주지가 배정된다고 말했다.

그들이 만든 규율로 행복하거나 고통스러운 삶을 살지만, 철저한 종교적 세뇌 교육과 종교 집단 거주지를 지키고 있는 천사와 악마의 통제 때문에 광활한 영계의 존재도 알지 못하고 돌아다닐 생각도 갖고 있지 않는다고 말했다.

영계에서 이 장소는 정화되지 않은 장소이므로 영적 에너지는 높은 상태이나 모든 윤회 과정에서 잠재의식 안에 저장된 정보는 아직 인지하지 못한 상태이기 때문에 바로 앞 생애인 현세계에서 살았던 정보만을 저장하고 있다고 말했다.

둘째, 현세계에서 가족, 친지, 지인들과 돈독한 인연을 맺은 사람의 경우이다.

본인과 인연이 있는 인연자의 안내를 받아 영계에 도착한 후 본인의 인연자들이 만든 거주지에 모여 살거나 홀로 거주지를 마련하여 살게 된다고 말했다. 광활한 영계를 마음대로 여행할 수 있지만, 종교령들이 지배하는 종교 집단 거주지와 신장(神將)들이 관할하는 '영적정화소'에는 방문할 수가 없다고 말했다.

영계에서는 이곳도 정화되지 않은 장소이므로 영적 에너지는 높은 상태나 모든 윤회 과정에서 잠재의식 안에 저장된 정보는 아직 인지하지 못한 상태이기 때문에 바로 앞 생애인 현세계에서 살았던 정보만 가지고 있는 상태라고 말했다.

셋째, 영계의 신장(神將)들이 찾아온 경우이다. 빛(저승사자)이나 괴이한 형태의 안내자의 안내를 받아 영계에 도착하면 신장(神將)이 관할하는 영을 정화시키는 장소로 바로 이동하는 것을 요구받지만 마음의 준비가 되어 있지 않으면 거절하고 정화되지 않은 장소에 머무를 수 있다. 그러나 안내자를 따라 정화시키는 장소인 '영적정화소'로 진입하여 영을 정화시키는 작업을 거치면, 잠재의식 안에 숨겨져 있던 지금까지 살아왔던 윤회의 전과정도 완전하게 기억할 수 있고, 영적 성숙도 및 자신의 소중한 가치도 자연스럽게 알게 된다고 말했다.

에피소드 3 : '영적정화소'에서 영(靈)적 정화(淨化) 과정

첫째, 영(靈)과 영(靈)의 정산(精算)

현세계에서 사후세계로 진입할 때 자신이 바라본 삶의 입장에서 본인이 현세계에서 살아왔던 삶의 전 과정을 파노라마처럼 회고하면서 느꼈다면, 영계의 '영적정화소'에서는 상대방이 나를 바라본 입장에서 자신이 살아왔던 현세계의 전 과정의 삶을 파노라마처럼 회고하면서 느끼게 된다고 말했다.

영계의 '영적정화소'에서 영을 정화시키는 상황은 현세계에서 역할 바꾸기 상황극처럼 상대방이 자신을 바라보는 입장이 되어 본다는 것과 매우 비슷하다고 말했다.

그렇지만 상대방의 입장에서 자신의 몸과 인식을 그대로 가진 완충지대가 있는 보호된 상태로 느끼는 것이 아니라 자신의 몸과 인식의 완충지대 없이 직접 자신의 영으로 느끼고 이해하기 때문에 행복과 고통의 강도는 현세계와는 비교할 수 없을 정도로 세다고 말했다.

정화될 때 영이 느끼는 강도는 상대의 영적 성숙도에 따라 다르게 느끼게 되는데 미생물처럼 영적 성장이 낮은 영을 살인한 것과 사람처럼 영적 성장이 높은 영을 살인한 것과의 차이점으로 설명하여 주었다.

우리가 숨을 쉬면서 많은 미생물을 죽었을 때, 미생물은 죽음의 고통을 느끼지 못했으므로 나의 영이 '영적정화소'에서 미생물이 죽는 과정을 회상할 때에도 어떤 느낌도 거의 받지 못한다고 말했다.

그러나 사람은 살인할 수 있는 다양한 도구와 동물들이 행하지 못하는 고문이라는 무기를 소지하고 있어, 상대방을 잔인하게 살인하였거나 고문할 경우에는 같은 강도와 시간으로 정화 받을 나의 영이 자신이 행한 행위와 똑같은 직접적인 고통을 느끼게 된다고 말했다.

현세계에서 살아왔던 삶의 전과정을 회고하면서 상대방의 입장으로 고통받기 때문에 낙태에 대한 영과 영의 정산은 낙태를 원한 임신한 부모보다는 직접 살인을 집행한 의사가 강한 고통을 받게 되며, 죽음의 순간을 알지 못하는 동물들보다는 죽음을 두려워하면서 공포에 떨고 있던 커다란 동물들과 사람들의 영과 영의 정산을 할 때 같은 강도와 시간으로 인하여 더욱 고통을 받는다고 말했다.

이 말은 2차대전 당시에 아우슈비츠 수용소에서 유대인을 가스로 살해하라고 명령한 히틀러가 사망한 후에 영계의 '영적정화소'에서 받는 고통보다 직접 유대인을 가스로 살해한 사람이 사망한 후에 '영적정화소'에서 받는 고통이 훨씬 심하다는 뜻이라고 말했다. 이러한 사실은 독재자나 미치광이의 잘못된 명령을 부하들이 절대로 수행해서는 안 되는 이유를 말해주고 있다고 말했다.

영과 영의 정산으로 고통받는 것을 피하기 위하여 이 같은 사실을 이미 알고 있는 영계와 사후세계에 존재하는 사악한 영들과 영혼들은 자신이 직접 사람을 해치지 않고, 빙의 상태로 만든 자신의 노예인 사람에게 살인이나 자살을 유도한다고 말했다.

그러나 '영적정화소'에서 영과 영의 정산 때 받게 되는 고통의 강도에도 예외가 있는데, 부득이한 전쟁에 참여하여 살인한 경우, 세상 사람들을 위해 동물들을 도축한 경우, 사형 집행인들, 할 수 없이 살인을 한 경우 등 다양하다고 말했다.

이유는 영계의 '영적정화소'에서는 상대방의 입장이 된 상태로 영을 정화시키기 때문에, 정당하고 이유 있는 살인에 대한 상대방의 영적 이해도로 인하여 받게 되는 고통이 크게 상쇄되기 때문이라는 것이다.

영과 영의 정산은 영적 성숙도가 비슷하거나 낮은 존재들과의 행복과 고통의 교류이기 때문에, 이 글을 읽는 사람들은 이해하기 어렵겠지만 우리가 견디지 못할 만큼의 엄청난 고통은 하나도 없다.

현세계의 삶을 살아온 과정은 상대방 영의 입장이 되어 마치 행복하거나 공포스러운 영화를 파노라마처럼 보고 느끼면서 영의 정화가 진행됨과 동시에 영 안에 추가로 저장된 정보의 용량과 가치만큼 더 큰 영적 성장을 이루게 된다고 하였다.

둘째, 신(神)과 영(靈)의 정산(精算)

신과 영이 정산해야 되는 대상은 신과의 약속과 관련된 것으로 크게 세 가지로 구분할 수 있는데, 신을 이용하여 자신의 욕심을 채우는 종교 행위자와 신과 약속한 현세계의 삶의 기간을 어긴 자살자 그리고 신에게서 사명을 가지고 태어난 신가(神家)들을 살해한 자이며, 영과 영의 정산 과정과는 크게 차이가 있다고 말했다.

영이 없는 신이 영과의 정산을 할 때는 상대방의 입장에서 행복과 고통을 주는 것이 아니라 영적 에너지를 크게 낮추는 여러 가지 천벌의 형태인 영을 찢거나 축소시키는 행위를 하여 현세계에서 사람으로 살아갈 때에는 도저히 느낄 수 없었던 엄청난 고통을 준다고 하였다.

에피소드 4 : 업장(業障) 소멸[영(靈)적 정화(淨化)] 후의 과정

영과 영의 정산후에는 영적 에너지가 높은 상태인 영 안의 생기 속에 모든 윤회 과정에서 습득한 정보가 완전하게 되살아난다고 하였다.

처음 범아신에게서 올 때 필요로 했던 정보를 모두 습득했다고 생각하는 생기는 영을 깨뜨리고 신계로 되돌아가 신이 되지만 필요했던 정보가 부족하다고 느끼는 생기는 다시 영계의 '영적정화소'에서 사주팔자라는 운명을 설정하고 염라대왕의 승인을 받아 사람으로 환생하게 된다고 말했다.

신과 영의 정산 후에는 영화 〈터미네이터2〉의 T-1000 로봇[8]이 치유하는 형태처럼 찢겨나간 영을 복구하면 작은 영이 되거나 축소된 영이 되며 필요한 정보를 완전히 저장할 수 없을 정도로 영적 에너지가 낮아지게 된다고 하였다.

따라서 신계로 되돌아갈 수 있는 영은 전혀 없고 현세계로 다시 환생해야 하는데, 축소된 영은 사람을 운영할 수 없는 상태가 되기 때문에 더 작은 영이 운영할 수 있는 동물이나 그 이하의 생물로 영체를 선택한 후 사주팔자라는 운명을 설정하고 염라대왕의 승인을 받아 현세계로 환생하게 된다고 말했다.

---

8) 기존에 강철로 만들어진 로봇과는 다르게 변형 액체금속 로봇으로서 공격을 당하여 팔이 없어져도 가지고 있던 변형 액체금속을 활용하여 잃어버린 팔을 원래의 형태로 복원할 수 있지만 전체 크기는 작아질 수밖에 없다.

영적 정화를 하여 얻는 효과는 현세계에서 겪었던 지식과 경험을 타인의 입장으로 관찰하게 되어서 삶에 대한 풍부한 이해와 함께 잘 못된 인식과 습관을 바르게 교정한 후 영 안의 생기에 저장할 수 있다는 것이라고 말했다.

영적 성장은 영 안의 생기에 저장된 정보의 가치와 영 에너지의 세기로 볼 수 있는데, 현세계에 환생할 경우 영에 저장된 정보의 가치는 인격으로, 영 에너지의 세기는 미생물부터 사람에 이르기까지 영체에 장착하여 운영할 수 있는 주체로 인식하면 된다고 말했다.

가치를 부여한 삶을 의미 있게 살지 않고 아무런 생각 없이 무한한 윤회를 반복하여 미생물에서부터 사람에 이르기까지 영의 영적 에너지의 세기만 키우게 되면, 가치 있는 정보가 없는 영이 되어 인면수심 (人面獸心)의 사람으로 태어날 수도 있다고 말했다.

:: 빠른 환생자(還生者)

빠른 환생으로 인하여 유명한 사람이 되거나 세상 사람들의 관심을 받는 사람들이 있지만 그들의 영적 능력 및 가르침은 너무나 빈약하다.

다른 사람들을 바른길로 인도할 수 있는 현자(賢者)는 지식과 경험을 모두 겸비하여야 하기 때문에 아무리 뛰어난 지식을 소유하였더라도 경험이 부족한 젊은 사람은 결코 현자가 될 수 없다.

마찬가지로, 영계의 충분한 경험 없이 현세계의 경험만 반복한 빠른 환생자는 영계의 해박한 지식이 없어 결코 훌륭한 영적 지도자가 될 수 없으며, 보통 사람들이 깨우치고 따를 수 있는 영적 가르침도 줄 수 없다.

태아령을 영계로 보낼 때는 태아령이 빨리 영계로 되돌아가 영적 정화를 거쳐 다시 환생하는 것이 얼마나 중요한 일인지 마음속으로 전달하여 준 후 애착을 끊어주는 것이 중요하다고 말했다.

선생님은 나에게 수박 심부름을 시킨 후 계속해서 나를 다시 부른 행위는 부모가 낙태 행위를 한 후 죄책감으로 계속 태아령을 다시 부르는 행위와 같아서 낙태된 태아령이 영계로 가지 못하고 계속해서 부모 곁에 머물게 하는 행위이니, 지금부터는 태아령에 대한 애착을 끊어 버리고, 편안한 마음으로 태아령을 영계로 보내주라고 모녀에게 말했다.

그리고 사람으로 태어난 영은 아무리 신의 능력을 부여받았다고 주장하여도 다른 영을 영계로 보내줄 수 있는 능력이 없으니, 태아령이 안장된 000 사찰을 앞으로 찾아가지 말라고 당부하면서, 특히 태아령을 영계로 가지 못하고 사후세계에 남도록 만드는 천도재는 절대로 거행하지 말라고 요청하였다.

000 사찰에 안장되었던 낙태된 태아령에게는 부모가 너를 선택한 것이 아니라 네가 부모를 선택하여 태어난 것이니 원망하지 말라고 알려 주었으며, 이 장소에 있는 영혼들은 대부분이 사악한 영혼들이니 함께 어울려 다니지 말라고 이야기해 주었다고 한다.

그리고 태아령의 진짜 부모인 신에게 되돌아가기 위해서는 본인의 의지로 빛을 불러서 본인에게 찾아온 빛을 따라 영계로 되돌아가라고 일러 주었다고 말했다.

낙태에 대한 죄책감은 영계의 정화하는 장소인 '영적정화소'에서 영과 영의 정산으로 자연스럽게 약간의 고통을 받고 해소될 일이지만, 자살은 신과 영의 정산으로 현세계에서는 상상할 수 없는 엄청난 고통과 함께 영적 에너지가 크게 낮아져 동물 이하로 환생할 수 있기 때문에, 나중에 낙태된 태아령과 다시 만날 수 있는 기회조차 사라진다며 절대로 생각하지 말라고 하였다.

앞으로 사후세계나 영계와 관련된 일이나 행위는 절대 하지 말고, 이런 장소도 찾아다니지 말며, 향후 죽음을 맞이하여 영계로 되돌아갔을 때 현세계에서 행복하게 살면서 익힌 정보를 잘 습득하고 저장해서 영계에 정화되지 않는 장소에 있는 수많은 태아령들에게 나누어 주는 만인의 부모가 되는 뜻깊은 일을 계획하라고 주문하면서 모녀를 되돌려 보냈다.

일부 사람들은 자신들이 낙태한 영을 영계로 천도시켜 줄 수 있으며, 천도된 태아령은 한(恨)이 풀린다고 주장한다.

나는 이런 것이 궁금했다.

비물질 세계인 영계로 태아령을 천도하는데 왜 물질(음식과 옷 등)과 재물이 필요할까?

영계로 보내는 태아령의 천도재로 태아령의 한(恨)이 풀린다고 하는데 왜 한 번으로 끝나지 않는 것일까?

사후세계와 영계의 여행을 다녀온 후 나는 알게 되었다.

현세계와 영계는 명확하게 구분된 차원이 다른 세계로 영계에 자신의 명호(冥護)를 걸고 있는 사람 이외에는 살아있는 일반 사람이 절대로 영계를 구경할 수 없으며, 하늘에 명호(冥護)를 걸고 있는 사람이라도 다른 사람을 영계로 데려가는 방법은 없다. 태아령은 영임으로 영계로 갔다면 다른 사람이 보내준 것이 아닌 자기 스스로 간 것이며, 낙태된 태아령의 대부분은 윤회의 횟수가 적은 나약한 영이다.

그래서 혹독한 지구의 삶을 견딜 수 있는 면역력을 갖추지 못하여 영계에서 사주팔자라는 운명을 설정할 때 대부분은 아주 짧은 삶을 계획하여 현세계에 태어난다.

낙태된 태아령의 대부분은 낙태한 부모가 애착을 가지지 않는 한 스스로의 의지로 빛을 따라 영계로 되돌아갔으며, 삶을 길게 설정한 일부 불행한 낙태령들만이 남의 부모를 찾아가 잉태되거나 혹은 사후세계에 남아 있게 된다.

어떠한 영능력자도 태아령을 영계로 보낼 수 있는 능력은 없으며, 사후세계에 존재하는 나쁜 영혼들과 결탁하여 태아령을 사악한 영혼들이 집단으로 거주하는 장소로 잡아가서 가두고 있다가 태아령의 천도재를 지낼 때마다 데리고 와서 함께 음식과 옷을 나눠 갖는 것이다.

천도재를 지낼 때 물질(옷, 음식 등)과 재물이 필요한 이유는 태아령이 비물질 세계인 영계에 가지 못하고 물질세계인 사후세계에 남아 있다는 명백한 증거가 된다.

현세계에서 죽어 사후세계에 남아 있는 영혼들은 과거 자신들이 현세계에서 살았을 때의 의식만을 가지고 있기 때문에 비물질 세계보다 물질세계에 익숙한 상태로 현세계에 살고 있는 사람들처럼 재물과 물질에 관심과 욕심이 많다.

현세계에 살고 있는 사람들처럼 먹고 입고 맛있는 음식과 새로운 옷을 가지고 싶어 하기 때문에, 사람들이 천도재를 지낼 때마다 음식과 옷, 그리고 재물을 준비하게 하고, 계속해서 반복적으로 천도재를 지내게 유도한다.

천도재로 나쁜 영혼들에게 사로잡혀 앵벌이로 전락한 태아령은 수시로 낙태한 부모를 찾아가 죄책감을 주고 반복적으로 천도재를 지내게 유도하여 자신의 부모를 괴롭히게 된다.

천도재는 태아령에게는 한(恨)을 풀어주는 행위가 아니라 나쁜 정보와 습관을 배우게 만드는 행위이며, 부모에게는 재물과 계속되는 마음의 상처(낙태)에 대한 인식을 재확인시켜주어 종국에는 부모와 태아령의 삶을 파국으로 몰고 가는 행위인 것이다.

영계에서의 고통은 살인을 명령한 자보다 살인을 행한 자가 받기 때문에 낙태를 의뢰한 부모보다는 실질적인 낙태를 행한 의사가 훨씬 심한 고통을 받게 된다. 마지막으로 내가 영계에서 경험한 자살자가 받는 신의 천벌의 느낌인데 절대 자살만은 하지 말아야 하는 행위다.

자살자에게 내리는 천벌의 느낌

나는 신에게 영계에서 자살자가 받는 천벌을 경험하게 하여 달라고 기도했는데 벌의 강도는 가장 약하게, 그리고 나의 의지로 언제든지 벌을 멈출 수 있게 해 달라고 요청하였다.

과거에 나는 신의 벌을 맞고 싶다고 요청하여 맞아 본 경험이 있었는데, 5분 동안 맞았던 신벌은 나의 영을 혼비백산(魂飛魄散)하게 만들 정도로 현세계에서는 도저히 느껴보지 못한 엄청난 고통의 경험이었기 때문에 강도와 시간에 대한 옵션을 미리 선택한 것이다.

새벽 3시에 내가 잠이 든 순간 깜깜한 암흑 속에서 알 수 없는 존재가 가느다란 바늘을 가지고 엄청나게 빠른 속도로 나의 영을 쿡쿡 찌르면서 끝이 없는 장소로 계속 데려가고 있었다.

바늘이 나의 영을 찌르는 속도는 미싱이 바느질을 하는 속도를 연상하면 되고, 알 수 없는 존재가 엄청나게 빠른 속도로 나를 데려가는 장면은 일본에 있는 유니버설 재팬 장소에서 《해리포터의 익스프레스》 경험 때 해리 포터가 빠른 속도로 이동하는 것과 비슷한 느낌이지만 더 빠르고 훨씬 무섭다.

나는 그만을 외치고 침대에서 벌떡 일어났는데, 시간은 겨우 1분밖에 안 지났지만, 온몸에서는 많은 식은땀이 흘렀고, 고통받았다고 느낀 시간은 5분 정도로 길었다.

★ 결론은 낙태한 영을 영계로 보내줄 수 있는 어떤 영능력자도 존재하지 않으며, 천도재는 태아령을 영계로 보내주는 행위가 아니라 사후세계에 남아있는 사악한 영혼들에게 보내주는 행위로 태아령의 한(恨)은 풀어지지도 않으며, 오히려 태아령과 부모 모두에게 좋지 않은 결과를 남긴다.

낙태한 영에 대한 죄책감은 살고 있는 현세계가 아닌 죽은 후의 영계의 '영적정화소'라는 장소에서 풀어야 하며, 아무리 힘들어도 자살만은 하지 말아야 한다. ★

다음은 낙태된 태아령과 현세계에서 오래 살지 못하는 영들에 대한 나의 목격담을 바탕으로 한 생각이다.

불행하게도 우리나라에서 연간 100만 명으로 추정되는 낙태는 부모에 의해 자녀에게 저질러지는 살인 행위이기 때문에 어떤 이유로도 정당화될 수 없는 나쁜 행위임은 확실하다. 그러나 낙태된 태아령의 99.9% 이상은 편안한 영계로 바로 되돌아가고 0.1% 미만만이 혹독한 사후세계에 남게 되어 태아령에 의하여 고통받는 부모의 수는 극히 일부분이다.

사유는 나약하고 어린 영에게 현세계는 사후세계보다는 덜 혹독하지만, 영계보다는 훨씬 혹독한 세계임으로 영계의 '영적정화소'에서 현세계의 삶을 짧은 생애로 설정하게 되는데 이는 담금질의 원리와 비슷하다.

금속을 열처리하여 강한 안정 상태를 만드는 행위처럼 편안한 영계에서 살고 있던 나약하고 어린 영은 처음부터 오랫동안 혹독한 현세계에서 살고 있기는 어렵기 때문에, 짧은 생으로 조금씩 적응하는 과정을 설정하고 경험하는 담금질로 조금씩 튼튼한 영으로 성장한다.

현세계에서 오랫동안 살지 못하는 영은 극히 일부 영을 제외하고는 대부분은 짧은 생(生)을 살도록 설정하고 있으며, 현세계에 태어난 나약하고 어린 영이기 때문에 이러한 상황을 알지 못하고 무조건 목숨을 연장시키려는 부모의 노력은 결국 허사가 되고, 어린 영에게는 더 심한 고통만 주게 된다.

제15장

부적(符籍)과 기적(奇蹟), 사이비 종교 구별법

또다시 1주일이 지난 토요일 나는 차라리 영적 능력을 내가 직접 배워 돈을 벌어 보자는 생각을 가지고 선생님이 거주하는 0000 사찰로 아침 일찍 찾아갔다. 선생님 집무실에는 이른 아침임에도 불구하고 외부에서 손님으로 온 개량 한복을 입은 도사(道士)라고 자칭하는 1명과 그를 따르는 남·여 10명의 손님이 함께 모여 있었다.

개량 한복을 입은 자칭 도사라고 주장하는 사람이 말하기를 자신은 계룡산에서 도(道)를 10년 정도 닦다가 신을 만나 부적을 만들고 사용하고 있는데 자신의 실력이 우리나라에서 제일 좋다고 자랑하고 있었다.

계룡산의 속설

우리나라 산에는 산을 주관하는 산신(山神)이 있고, 산신마다 등급이 있는데, 우리나라에서 가장 높은 산신이 계룡산을 주관하고 있다는 속설이 있다.

도사의 말을 듣고 기분이 나빠진 선생님이 당신이 '최배달[9]'이냐고 물었고, 도사는 전국에서 부적을 잘 내린다는 사람들을 만나 망신을 주면서, 현재 자신의 능력을 검증하는 중이며 이번에는 선생님과 겨뤄 볼 차례라고 대답했다.

선생님이 젊은 도사와 부적을 내리는 대결을 승낙한다고 하시고, 대결에서 지는 사람은 이후에는 절대 부적을 쓰지 않겠다는 서약을 하자고 제안하자 도사는 선생님의 말에 동의로 화답했다.

일시적으로 상대방의 심장을 마비시키는 부적을 만들어 실력을 겨루기로 결정하자마자, 도사는 경면주사와 황색 종이를 사용하여 알 수 없는 모양으로 글씨를 써 내려간 후 두 눈을 감고 두 손을 모아 기도를 하고 있었다.

:: 경면주사

부적은 악귀들이 가장 싫어하는 빛의 상징인 황색 바탕에 정화(淨化)의 상징인 불을 뜻하는 붉은 글씨로 쓰는데 효과와는 전혀 관련이 없다(욕심 많은 사후세계의 영혼들은 현세계에 살고 있을 때처럼 다른 색보다는 황금색을 더 좋아한다).

---

9) 《바람의 파이터 최배달》 대한민국 출생으로 일본으로 건너가 세계 최고의 파이터가 된 사람이다. 자신이 창시한 극진 가라데를 가지고 도장 깨기라는 방식으로 일본 가라데 열 개의 문파를 모두 격파하였으며, 세계 무술인과 백여 차례 대결에서도 모두 승리했다.

부적의 글씨는 사람들에게 공포심을 주기 위하여 처음에는 제사로 희생된 사람의 피로 쓰다가 인신공희(人身供犧)가 사라진 시대에는 닭의 피로 대체되었고, 나중에는 닭의 피에서 나는 냄새가 싫었던 왕족과 귀족들이 비슷한 효과를 나타내는 경면주사를 사용하게 되었다.

반면에, 선생님은 흰 종이에 볼펜으로 어떤 글을 적은 후 편지 봉투 속에 넣어두고는 먼 산을 바라보며 생각에 잠기어 있었다. 나와 도사를 따라서 같이 온 10명의 손님들도 숨을 죽이고 30분쯤 기다렸을 때, 젊은 도사는 감았던 두 눈을 뜨고 선생님에게 자신은 대결할 준비가 다 되었다고 먼저 말했다.

선생님은 젊은 도사의 노란 부적을 먼저 받고 나서 자신이 만든 흰 봉투를 젊은 도사에게 건네주면서 조그만 소리로 "이 봉투를 들고 10분이 지나면 당신의 심장이 멈춰서 죽어."라고 말했다.

5분쯤 지나자 갑자기 젊은 도사의 얼굴은 식은땀으로 범벅이 되었고, 부적을 들고 있던 손도 크게 떨고 있었다. 선생님은 젊은 도사에게 봉투를 열어 부적에 쓰인 내용을 크게 읽어 보라고 말하였고, 봉투를 열어 본 젊은 도사는 갑자기 선생님에게 무릎을 꿇고 살려달라고 애원했다.

선생님은 젊은 도사에게 부적을 손에서 내려놓고 지금 당장 사람들을 데리고 0000 사찰을 떠나야만 살 수 있다고 말하자, 젊은 도사는 자신과 같이 온 6명과 함께 정신없이 밖으로 나가 0000 사찰을 즉시 떠났지만 도사와 함께 방문했던 4명은 집무실에 그대로 남아 있었다.

선생님이 젊은 도사에게 주었던 흰 종이에 볼펜으로 적은 부적의 내용은 '이 부적을 손에 들고 10분이 지나면 당신은 심장마비로 죽는다'라는 단순한 글이었다. 함께 방문했던 4명이 선생님에게 부적에 대하여 자세하게 알고 싶다고 애원하자 선생님은 부적에 대한 전반적인 이야기를 다음과 같이 알려주었다.

에피소드 1 : 부적(符籍)의 기원(紀元)

과거 사람들이 진화라는 형식을 빌려 탄생되고 영(靈)이 장착된 영체(靈體)가 되어 현세계에서 살아가다가 죽음을 맞이하였지만, 현세계에서 이루지 못한 한(恨)과 미련 때문에 영계로 바로 가지 않고 사후세계에 남게 된 영혼들이 조금씩 생겨나게 되었다고 말했다.

사후세계에 남아있던 일부 영혼들 중에는 비록 지금은 영체인 육신이 없지만 과거 현세계에서 자신들이 영체인 육신을 가지고 누렸던 모든 행위를 똑같이 누리고 싶어 하는 욕망이 강한 존재들이 있었다고 말했다.

이러한 욕망이 강한 영혼들이 현세계에서 사후세계에 있는 영혼들과 교감할 수 있는 영매(靈媒)들을 찾아 서로 요구하는 내용이 이루어지도록 도와주면서 욕망을 채우기로 약속하는 계약을 체결하게 되는데, 이 계약이 부적의 기원이라는 것이다.

처음에는 사람으로서의 윤회가 시작된 지 얼마 되지 않았던 시대여서 현세계에서 사후세계에 존재하는 영혼들과 교감할 수 있는 영매

(巫媒)들의 숫자도 적었으며, 이와 마찬가지로 사후세계에도 현세계에서 영체를 가지고 싶어 하는 욕망이 아주 강한 사악한 영혼들의 숫자도 매우 적었다고 말했다.

현세계에서 적은 숫자의 영매들은 무지했던 보통 사람들에게 자신들이 사후세계에 존재하는 영혼들과 교감하는 상황들을 수시로 보여주어 신비함과 공포심을 조금씩 심어주었고, 일정 기간이 지난 후에는 제사장이라는 특별한 최고의 권력자로 성장하고 보통 사람들을 지배하게 되었다고 말했다.

초창기 시대 제사장들이 사용했던 부적 내용은 아주 단순한 형태와 방법이라고 말하면서, 글자가 없었던 고대 시절에는 현세계에 살고 있는 영매들이 자신이 거주하고 있던 동굴에 자신이 사냥하고 싶은 동물이나 바라는 희망을 그린 벽화로 사후세계에 살고 있는 영혼들과 의사소통을 하였다고 말했다.

알타미라 동굴 벽화

알타미라 동굴 안에는 기원전 3만 ~ 2만5천 년 사이에 다양한 동물들의 그림과 주술적 의미가 포함된 손바닥 그리고 기형학적 기호들이 그려진 벽화가 있다. 벽화에 그려진 다양한 동물은 다양한 종류의 동물을 잡고 싶다는 바람이고, 셀 수 있는 손가락을 다 표현한 손바닥은 많이 잡기를 바라는 희망을 나타내며, 기형학적 기호는 동물을 잡는 행위와 깊은 관련이 있다. 현대의 부적도 알타미라 동굴 벽화처럼 자신이 원하는 것이 이루어지기를 바라는 내용을 적는다.

사후세계에 존재하는 영혼들은 평상시에는 현세계에 살고 있는 제사장인 영매들이 동굴 벽화에 그려놓은 그림들 속에 거주하고 있다가, 사냥 시에는 제사장인 영매들이 이끄는 부족을 따라 동물들의 사냥에 참가하였으며 사냥한 음식을 제사라는 형식으로 함께 나누어 먹게 되었다고 말했다.

어느덧 시간이 점점 흘러 사후세계에서는 현세계의 영체를 갈망하며 소망을 이루고 싶어 하는 욕망이 강한 영혼들의 숫자가 증가하였지만, 제사장의 권력을 가진 영매들의 숫자는 한정되었고, 이러한 문제들을 해결하고자 사후세계에서 살고 있는 힘이 약한 영혼들은 자신들의 욕망을 채울 새로운 해결 방법들을 모색하게 되었다고 말했다.

사후세계에서 살고 있는 힘이 약한 영혼들은 현세계에서 권력자인 제사장이 아닌 일반인의 영매와 서로의 욕망을 충족하기 위하여 개인적인 계약을 체결하고 약속한 장소에서 거주하며 살아가게 되는데, 서로 약속했던 장소가 바로 부적이라고 말했다.

에피소드 2 : 부적(符籍)의 작동원리

일부 무속인들은 부적이 효과를 발휘하기 위하여는 세 가지가 충족되어야 한다고 말하는데, 부적을 쓰는 사람의 바른 마음, 부적에 쓰인 소망을 이루어주게 하는 신의 승낙과 부적을 사용하는 사람의 바른 마음이라고 주장한다고 말했다.

그러나 부적에 적는 내용 자체가 세상에 있는 모든 사람들이 행복하기를 바라는 것이 아닌 자신들의 욕망을 이루려는 내용인 것처럼 부적이 작동하는 원리는 바른 마음가짐과는 전혀 관련이 없다고 말했다.

사후세계에 존재하는 힘이 센 영혼을 신으로 착각하여 모시고 있는 영매나 무속인에게 고객이 방문하여 상담하게 되면, 사후세계에 살고 있는 영혼도 영매 또는 무속인과 함께 고객의 상담 내용을 같이 듣는다고 말했다.

사후세계의 영혼이 고객 상담 내용을 다 듣고 자신이 영향을 미칠 수 있다는 판단이 서게 되는 상황이면 영매 또는 무속인에게 부적을 쓰라는 지시를 한 후, 나중에 영매 또는 무속인이 쓴 부적 안으로 들어가 자신이 활약할 때를 기다리는 것이며, 자신이 영향을 미칠 수 없다는 판단이 서게 되는 상황이면 부적을 쓰지 못하게 한다고 말했다.

부적을 쓰게 된 영매 또는 무속인은 고객에게 부적의 유효기간을 알려주고, 유효기간이 끝나면 반드시 부적을 불에 태우거나 자신에게 가져오라고 요청한다고 말했다.

사후세계에 존재하는 영혼이 활동할 때가 되면, 부적에서 나와 일시적으로 상담한 고객을 도와 자신의 역할을 수행한 후, 고객에게 부적을 태우게 하여 거주한 장소의 흔적을 없애고 영매에게 다시 되돌아온다고 말했다.

　사후세계에 거주하는 영혼들은 우리가 알고 있는 두 가지 큰 능력이 있는데, 첫째는 사람들의 미래를 보는 것과, 둘째는 사람들의 몸에 들어가 일시적으로 마음의 혼동을 일으키는 것이라고 말했다.

　영혼의 세계를 모르는 현세계에 살고 있는 일반 사람들은 사후세계에 존재하는 영혼들의 두 가지 능력을 대단히 큰 것이라고 착각하지만 실질적인 내용을 살펴보면 결코 대단한 능력이 아니라고 말했다. 현세계에서 사망한 후 영체인 육신을 벗어난 영혼은 사후세계에서 물질세계를 통제하는 힘인 백(魄)의 영향을 받지 않고, 정신세계를 통제하는 힘인 혼(魂)과 비물질 세계의 힘인 정(精)의 일부 작용인 기(氣)를 자연스럽게 익히게 된다고 말했다. [중편 41장 임사체험(臨死體驗) 참조]

　기(氣)의 능력은 상대방 의식의 방해 작용이 전혀 없다면, 영혼과 영혼 사이에 일어나는 생각을 여과 없이 공유할 수 있으며, 심지어는 자기보다 영적 에너지가 낮은 영혼이 영계의 '영적정화소'에서 설정한 사주팔자라는 운명의 일부 내용까지도 알 수 있다고 말했다.

　사주명리학자에게 문의한 사주팔자라는 운명이 거의 맞지 않거나, 무속인에게 의뢰한 점사가 잘 맞지 않는 사람들의 대부분은 사후세계에서 자신이 신이라고 주장하며 영매 또는 무속인들을 속여 모셔지고 있던 영혼들보다 영적 에너지가 높은 사람들이라고 말했다.

　사후세계에 존재하는 영혼이 영적 에너지가 높은 상담자의 미래를 보려고 하면, 무의식적으로 영적 에너지가 높은 상담자의 영은 자신의 미래를 보지 못하도록 방해하는 기운을 자신의 주변에 발산하여 영계의 '영적정화소'에서 자신이 설정한 사주팔자라는 운명을 설정한 내용을 전혀 알 수 없게 만든다고 말했다.

그러나 사후세계에 존재하는 영혼보다 더 낮은 영적 에너지를 가지고 있는 영은 자신의 미래를 보지 못하도록 방해하는 기운을 자신의 주변에 발산하여도 영계의 '영적정화소'에서 자신이 설정한 사주팔자라는 운명의 일부 계획을 보여주게 되어 대체적으로 점사가 잘 맞는다고 말해 주었다.

대부분 영적 에너지가 매우 높은 권력자나 재벌가들은 영능력자나 무속인들에게 점사를 의뢰하여도 자신과 관련된 미래 예언이 잘 맞지 않아 향후에는 점사에 빠지거나 단골이 되는 경우가 거의 없지만, 영적 에너지가 낮은 천한 신분의 사람들이 영능력자와 무속인들에게 점사를 의뢰하면 자신과 관련된 미래 예언이 잘 맞아 쉽게 단골이 된다고 말했다.

또한, 영적 에너지가 현세계에 살고 있는 영보다 높은 사후세계에 존재하는 영혼은 사람의 몸 안으로 들어가 몸을 운영하고 있던 영을 일시적으로 사로잡아 어떤 특정한 상황에서 사람들에게 긍정 또는 부정적 생각이 들게 만들기도 하고 마음속 혼란을 발생시키기도 한다고 말했다. 그러나 사후세계에 존재하는 영혼의 능력은 우리가 영계의 '영적정화소'에서 설정한 사주팔자라는 운명의 계획을 바꿀 수 있는 능력을 가진 것이 아니라 훔쳐보고 확인시켜 줄 수 있는 수준이며, 우리의 마음을 일시적으로 혼동시키는 정도의 능력이므로 결코 대단한 것이 아니라고 말했다.

다시 말하면, 부적의 효과는 상담자가 영계의 '영적정화소'에서 설정한 사주팔자라는 운명의 계획과는 전혀 관련 없는 로또 당첨번호를 알려 주거나, 대통령이나 재벌이 될 수 있도록 만들 수는 없지만, 계약을 체결하려는 상대방의 마음을 일시적으로 흔들어 상담자에게 유리한 상황이 되도록 만들 수는 있다고 말해주었다.

부적은 영매와 사후세계의 영혼과의 집단 계약에서 개인 계약으로, 새기는 형태에서 몸에 지니는 형태로 발전하여 왔다고 말했다.

① 집단 계약에서 개인 계약으로 발전하는 과정

부적의 집단 계약은 부족을 대표하는 제사장인 영매와 사후세계의 영혼과 체결한 것으로, 사후세계에 존재하는 영혼의 거주지가 부족민이 거주하는 동굴 속 벽화의 그림이나 도형의 고정된 형태에서 부족민의 몸에 문신(타투)을 새겨 사후세계의 영의 거주지를 이동할 수 있도록 조치한 형태로 발전하였다고 말했다.

부적의 개인 계약은 개인 영매와 사후세계에 존재하는 영과 체결한 것으로, 서양의 부적 애뮬릿[10](목걸이 형태)처럼 자연물을 이용하는 형

---

10) 돌, 뼈, 금속 등의 작은 조각을 목에 걸거나 팔, 모자, 의복 등에 지니는 소형의 수호신(守護神)을 말하며, 현재의 마스코트나 액세서리 발전에 커다란 영향을 주었다.

태에서 동양의 종이에 바라는 소망을 적는 것처럼 사람이 직접 만드는 형태로 발전하였다고 말했다.

② 새기는 형태에서 지니는 형태로 발전하는 과정

현세계에 살고 있는 영매가 사후세계에 존재하는 영혼들에 대한 정보를 잘 알고 있지 못하여 일방적으로 지배를 받던 시절에는 동굴 벽화의 그림이나 도형 또는 부족민의 몸에 사후세계에 거주하는 영혼들이 원하는 것을 직접 새기는 형태였기 때문에 체결한 계약을 바꾸거나 변형시킬 수 없었다고 말했다.

그러나 현세계에 살고 있는 영매가 사후세계에 존재하는 영혼들에 대하여 많은 정보를 파악한 현재에는 상호 간 체결된 계약 내용이 현세계에 살고 있는 영매에게 유리한 상황이 되도록 하기 위하여, 신가림이라는 의식도 만들고 부적의 형태도 사후세계에 존재하는 영혼들과 언제든지 계약을 파기하고 바꿀 수 있도록 하기 위한 조치로 몸에 새기는 형태가 아닌 몸에 지니는 형태인 서양의 애뮬릿이나 동양의 부적으로 바꾸었다고 말했다.

신(神)가림

신(神)가림은 두 가지 다른 뜻을 가지고 있는데, 낮은 영적 에너지를 가진 영매에게는 자신이 모시는 신보다 더 높은 등급의 신을 모신다는 뜻과 높은 영적 에너지를 가진 영매에게는 자신이 정신을 바르게 하여 현재 자신이 모시고 있는 신을 자신이 하고 싶은 뜻과 맞는 신으로 교체하는 뜻이 있다.

무속인을 포함한 일부 영능력자들이 말하는 신은 진짜 신이 아니라 사후세계에 존재하는 영혼이기 때문에 신가림의 의식이 가능한 것이다.

에피소드 5 : 영혼(靈魂)을 이용한 외형으로 만들어진 부적(符籍)의 병폐

로또 1등 당첨의 소망을 즉시 이루어 주거나 재벌가가 될 수 있도록 만들어주는 부적이 세상에 존재하지 않는 것처럼, 자신이 영계의 '영적정화소'에서 설정한 사주팔자라는 운명에 없는 내용을 사후세계에 살고 있는 영혼이 만들어 줄 수 있는 방법은 없다고 말했다. 자신의 소망을 이루는 것은 부적이 아니라 본인의 의지뿐이라는 것이다.

부적을 구매하여 효과를 보았다고 주장하는 사람은 부적에 숨어 들어가 있던 사후세계에 거주하는 영혼에게 사로잡혀 향후에는 자신의 인생 전반을 지배받아 살게 되며, 부적의 효과를 보지 못했다고 주장하는 사람은 재물만 상실한 결과만 남게 된다. 외형으로 만들어진 부적은 우리에게 병폐만 준다고 말했다.

에피소드 6 : 내형으로 만든 병폐없는 진짜 부적(符籍)

모든 사람의 행복을 바라는 기원(祈願)이 아닌 자신들의 욕망을 이루려는 내용인 외형적인 부적으로는 현세계에서 자신이 이루려는 꿈을 결코 행복하게 이룰 수 없다고 말했다.

모든 사람들이 행복하기를 바라는 마음속 기원(祈願)으로부터 발생하는 깊은 심상(心想)의 기(氣)는 형태가 있는 부적과 형태가 없는 부적을 우리에게 만들어 낸다고 말했다.

심상(心想)의 기(氣)로 발생하는 형태가 있는 부적은 사람의 몸에 형태를 새겨 넣는데 얼굴에 나타난 관상과 손에 나타난 손금이며, 형태가 없는 부적은 사람이 표현할 때 사용하는 말과 행동이다.

어떤 외형적 부적도 자신의 마음속 기(氣)인 내형으로 만들어낸 관상과 손금, 말과 행동의 효과에는 미치지 못하기 때문에, 많은 재물을 외형적인 부적에 쓰는 것보다는 자신의 마음을 가꿀 수 있는 내형적인 부적에 써야 한다고 말했다.

에피소드 7 : 부적(符籍) 만드는 법

부적은 누구나 만들 수 있으며 만드는 방법 또한 단순하다고 말했다. 자신이 원하는 것을 끊임없이 생각하고, 빈 종이에 시간나는 대로 적으면서 마음속에 원하는 것을 새기면 된다고 하였다.

이 글을 쓰면서 나는 2007년도에 발간된 론다 번이 지은 『시크릿』[11]이 생각났고 이 책의 내용이 바로 현대적 형태의 부적이라고 생각한다.

---

11) 권력자와 재벌가들이 자신의 후손들에게만 알려주는 비밀이란 꿈꾸고, 믿고, 바라는 긍정적인 삶을 살며, 우주로 나의 꿈을 방출하면 끌림의 법칙으로 우주가 나에게 부와 성공으로 응답한다는 내용이었다.

선생님은 노란색 종이에 경면주사를 이용하여 쓴 외형의 부적 효과 보다는 마음의 기(氣)로부터 나오는 내형의 부적 효과가 훨씬 크다고 말하면서 젊은 도사를 물리친 과정을 다음과 같이 설명하여 주었다.

젊은 도사가 아무리 값비싼 부적을 나에게 주었더라도 외형의 부적 효과를 전혀 믿지 않는 나에게는 어떤 효과도 발휘할 수 없다고 말했다. 반면에, 부적의 효과를 마음속으로 굳게 믿고 있는 젊은 도사는 마음 상태가 이미 영적 기운(氣運)에 취약한 구조를 가지고 있었기 때문에, "이 봉투를 들고 10분이 지나면 당신의 심장이 멈춰 죽어."라고 말한 조그만 소리에도 자신에게 있는 모든 감각을 총동원하여 주변에 일어나는 사소한 일에도 상당한 신경을 쓰게 된다고 말했다.

선생님이 부리는 영혼을 젊은 도사의 육체 안으로 보내 심장을 오그라들게 만지면서 더욱 걱정스러운 마음 상태를 만들어 주고, 봉투 속 흰 종이에 쓰인 내용인 '이 부적을 손에 들고 10분이 지나면 당신은 심장마비로 죽는다'라는 단순한 글을 확인하게 해 주면 자신이 정말 죽게 된다는 강력한 공포심에 사로잡히게 된다고 말했다.

사후세계의 영혼이 결코 현세계에 살고 있는 사람을 죽일 수 있는 능력이 없음에도, 죽일 수 있는 능력이 있다고 착각한 젊은 도사의 공포심 때문에 선생님이 시합에 이긴 것이라고 말했다.

사후세계에 거주하는 영혼이 현세계에 살고 있는 사람을 마음대로 죽일 수 있는 능력이 존재한다면, 아무 때나 혹은 아무 장소에서 사람들을 죽이는 모습을 보여주는 영혼은 이미 공포의 신으로 세상 모든 사람들에게 숭배받고 있는 상태가 되어 있을 것이라고 말했다.

선생님은 나와 남아있던 4명에게 마음의 부적을 잘 사용하기 위해서는 인간관계가 중요하다고 하면서 데일 카네기가 지은『카네기 처세술』[12]을 한 권씩 선물로 주었다.

남아있었던 한 명이 세상에는 마음에서 일어나는 일보다 훨씬 크게 보여주는 온갖 기적(奇蹟)들이 존재하는데, 선생님은 기적에 대하여 어떤 생각을 가지고 있는냐고 물어보았다.

선생님은 기적이라는 예가 무엇인지 자신에게 이야기해달라며 질문한 사람에게 되물어보았고, 질문한 사람은 기적의 예를 다음과 같이 선생님에게 이야기하였다.

000 종교에서 00라는 분은 물로 포도주를 만들고, 물 위를 걷고, 장님의 눈을 고쳐 주었으며, 5,000명을 먹여 살릴 수 있는 많은 음식을 만들어 준 일들을 구체적으로 언급하며, 00 교회 목사도 암을 고치고, 장님의 눈을 뜨게 하고, 귀머거리를 듣게 하는 기적을 행하였다고 주장하였다.

선생님은 지금 현재 전세계에서 기아 인구가 8억 명이나 되는 심각한 비상 상황인데 현재의 상황보다 심각하지 않았던 과거에는 자주 사람들을 만나고, 천사도 보내 주는 등 기적을 행하던 00 하나님과

---

12) 교육자인 데일 카네기의 저서로 "할 수 없다와 불가능을 할 수 있다와 가능으로 바꾸라"라는 현실적인 인생철학을 알기 쉽게 풀어준 책이다. 다양한 사례로 들어 책을 읽은 사람들이 게으름뱅이나 비평가가 아닌 삶에서 적극적인 행동가가 되기를 바랐다.

그 아들이라는 분이 통신이 발달한 최근에는 하늘에서 빵과 우유 등 음식도 내려주지 않고, 심지어는 소식마저 끊긴 잠적한 상태로 직무유기를 하고 있어 탄핵 대상자가 아니냐고 되물었다.

또한, 어떻게 기적이라는 것이 암을 고치고, 장님이 눈 뜨고, 귀머거리가 듣게 되는 등 일반 사람들의 판단력으로는 기적이라고 판단할 수 없는 것들만 있냐고 되물으면서, 사고로 잃어버린 팔이나 다리가 새롭게 생기게 하는 기적을 보여주면 자신이 그 00 교회 목사를 선생님으로 모시겠다고 하였다.

증명할 수 없는 힘을 믿으면 안 되며, 국가 혹은 개인이 초자연 현상을 믿는 것은 대단히 위험한 일이라는 '제임스 랜디'의 격언을 진심으로 마음속에 새겨 두라고 말했다.

:: 제임스 랜디

> 캐나다 출신의 마술사이며 저술가. 유리겔라와의 결전과 피터 파포프 목사의 사기 행위 폭로 등으로 유명하며, 과학적으로 실증하는 초능력을 가진 자에게 백만 달러를 증정한다는 '백만 달러 초능력 챌린지'를 주최하여 강신술(降神術)의 허구성과 가짜 초능력자들을 폭로하였는데 행사 기간 중 1,000명의 사람들이 도전했지만 백만 달러를 가져간 사람은 없었다.

0000 사찰의 존재 목적도 '제임스 랜디'처럼 세상 사람들이 영적 세계에 대하여 바로 알게 함으로써 잘못된 오해와 막연한 동경을 없애

고, 현실세계에 충실한 삶을 살도록 제도(濟度)하는 것이라고 말했다.

증명할 수 없는 힘을 강조하여 사람들을 모으는 종교 집단은 대부분이 사이비(似而非)라고 말하면서 사이비 종교를 구별하는 방법을 다음과 같이 말해 주었다.

초등학교 산수 시간에 선생님에게 처음 곱하기를 배운 학생은 2×4 = 8이라는 식이 2+2+2+2라는 덧셈에서 나온 곱하기의 개념을 금방 이해하게 되지만, 집에 돌아가서 복습을 하지 않는 한 다시 금방 잊어버리고 만다고 하였다.

곱하기의 개념을 모순 없이 정확하게 알고 있는 선생님은 처음 접한 학생에게도 정확한 개념을 전달하여 줄 수 있기 때문에, 처음 들었던 학생이지만 바로 이해할 수 있었다고 말했다. 반면, 사이비 종교가들은 자신들의 교리 자체에 필연적 모순을 가지고 있기 때문에, 처음 사이비 종교를 접한 신도들을 금방 이해시킬 수 없다고 말했다. 그러므로 자신들의 교리를 합리적으로 설명하지 않고 무조건 신의 뜻이라고 주장하면서 반복적으로 가르쳐 이해가 아닌 세뇌를 시켜버린다고 했다.

정통의 교리란 처음 들었을 때 바로 이해가 가는 교리이지만, 사이비 교리는 처음 들었을 때는 바로 이해하지 못하고, 무한 반복적으로 듣게 하여 세뇌하는 교리를 말하며, 사이비 교리가 있는 종교 집단이 사이비 종교라고 말해 주었다.

일부 사람들은 자신들이 모신 신이 내려준 부적을 사용하면 바라는 모든 소망을 이룰 수 있다고 주장한다.

나는 이런 것이 궁금했다.

자신 스스로에게 부적을 내려 천(賤)한 직업이 아닌 권력자의 직업을 갖고, 부적을 파는 행위로 푼 돈들을 모으지 말고 남들에게 인정받는 행위를 하여 왜 큰 돈을 모으지 못할까?

사후세계와 영계의 여행을 다녀온 후 나는 알게 되었다.

부적에 거주하는 존재는 신이 아닌 영계로 가지 않고 사후세계에 거주하는 영혼으로서 현세계에서 살아가는 동안 이루지 못한 꿈을 간직하여 한(限)이 많았던 즉 자신들의 문제도 해결하지 못한 불쌍한 존재일 뿐이다. 현세계에 살고 있는 사람들의 영에서 나오는 기(氣)를 통해 일부 운명의 흐름을 자연스럽게 알게 되지만, 바꿔줄 수 있는 능력은 가지고 있지 않다. 그래서 현세계에 살고 있는 사람들이 상담한 의뢰건 중에서 시간이 되면 자연스럽게 이루어지는 의뢰 건만 확인하여 소원을 들어준다고 말하지만, 로또 당첨번호 등 시간이 지나도 상담자에게 이루어질 수 없는 건은 소원을 들어준다고 말할 수 없는 것이다.

또한 현세계에 살고 있는 사람들이 오랫동안 부적을 지니게 되면, 사후세계에 거주하는 영혼과 기(氣)를 지속적으로 교류하게 되어, 사후세계에 존재하는 영혼들의 침입을 방어하는 영체의 보호막이 허물어지게 되어 몸과 마음을 뺏기는 빙의자가 되기 쉽다.

영계에서 지켜봤을 때 부적의 역할은 과거에는 현세계에 살고 있는 사람들과 사후세계에 존재하는 영혼들이 계약을 체결하여 서로 도와주는 품앗이로 시작되었으나, 지금은 사후세계에 존재하는 영혼이 현세계에 살고 있는 사람들을 빙의자로 만들어 자신들의 욕망을 이루기 위한 일종의 도구로서 주로 사용하고 있다.

★ 결론은 외형으로 만들어진 부적으로는 바라는 소망을 결코 이룰 수 없으며, 오히려 사후세계에 존재하는 영혼들에게 사로잡혀 사는 빙의자가 될 수 있다.

내면인 심상(心想)으로 만들어진 부적인 관상, 손금, 말, 행동은 현세계에 사는 사람들의 삶을 풍요롭게 만들어주기 때문에 개인적인 재물을 외형에서 만들어진 부적에 사용하기보다는 내면에서 만들어진 부적에 사용하는 것이 바람직하다. ★

다음은 사후세계와 영계를 경험한 후 부적에 대한 추가적인 나의 생각이다.

에피소드 1 : 고대 부적(符籍)에 쓰인 소멸한 글씨인 고대문자를 쓰면 신성(神聖)하다고 믿는 서양의 미신(迷信)에 대한 생각

현세계에 살다가 영계로 가지 않고 사후세계에 남아있던 영혼들은 마지막으로 현세계와 사후세계에서 살았던 지식과 경험으로 형성된 정보만을 가지고 있다. 소멸한 고대 문자를 인식할 수 있는 사후세계에 거주하는 영혼이라면 마지막 현세계의 삶을 살

고 난 이후 아주 오랫동안 사후세계에 남아 있었던 존재이며, 아주 오랫동안 사후세계에서 살아가면서 축적한 많은 지식과 경험을 활용하여 현세계에 살고 있는 사람들의 강점과 약점을 아주 잘 알고 있다.

고대 문자를 인식할 수 있는 영혼들은 현세계에서 살고 있는 사람들이 대부분 비슷한 내용의 소망을 이루기 바란다는 사실을 아주 잘 알고 있으며, 사람들이 허황된 생각을 가질 수 있도록 속일 수 있는 방법도 잘 알고 있어 이러한 방법을 적극 활용한다.

그러한 존재를 만난 현세계에 살고 있는 사람들은 자신이 대단한 신을 만나 소망을 이루게 되었다고 착각하며 살아가게 되지만, 인생의 마지막 결과인 죽음을 맞이한 후에야 비로소 자신이 사후세계에 살고 있는 영혼들의 노예로 살았던 사실을 알게 된다.

에피소드 2 : 외형적 부적(符籍)을 가지고 싶은 사람들에게

현세계에서 살고 있는 사람들은 영계의 '영적정화소'에서 설정한 사주팔자라는 운명의 계획에 따라 초기의 심상(心想)이 결정되고 관상, 손금, 지문 등을 가지고 태어난다. 현세계의 삶을 살아가면서 주변 사람들과의 갈등과 인생의 문제를 해결하면서 심상에 변화가 일어나고 이로 인하여 타고난 성향도 점차 바뀌게 된다.

변화되는 심상은 다시 나의 성향과 관상, 손금, 지문을 변화시켜 외부인이 나의 성향과 운명을 예측할 수 있는 단서를 제공하여 주며, 평생 동안 자신을 조금씩 변화시켜 삶의 결과물로 완성하여 가는 것이다. 내부에서 변화되는 부적인 심상을 바꾸기 어

렵다면 외부의 부적인 도장(圖章)을 사용하면 된다.

내가 소망하는 내용을 새기는 것으로 문어를 많이 잡고 싶은 어부는 문어라고 새기고, 돈을 많이 벌고 싶은 장사꾼은 돈이라는 글자를 도장에 새긴 후 매일 아침 부적 글씨처럼 빨간색 인주를 묻혀 노란색 종이에 찍어 마음속에 새기면 자신의 영 속 생기에서 의지가 발현되어 자신이 바라는 소망을 좀 더 빨리 이룰 수 있다.

도장은 다른 사람의 영혼에 자신의 삶을 의지하는 부적이 아닌 자신의 주체성을 바로 세우는 또 하나의 진짜 나를 바르게 만들 수 있는 부적이다.

제16장

악몽(惡夢)과 우리가 말하는 신(神)의 실체

0000 사찰에서 선생님과 나름대로 재미있게 지내고 있던 중 내가 근무하는 장소로 친척 형이 승복(僧服)을 입은 채 방문하였다. 반갑게 맞이한 나에게 친척 형은 인근 커피숍으로 데리고 가서 꼭 이야기해 주고 싶은 말이 있다며 이번 주 금요일 저녁에 내가 살고 있는 집에서 하룻밤 재워 달라고 요청하였다.

나는 오랜만에 만난 형이 무척 반갑기도 했지만, 갑작스럽게 승복을 입은 상태로 나타난 점과 나에게 무슨 이야기를 알려줄지도 몹시 궁금하여 내 집에서 하룻밤 재워달라는 형의 요청을 즉시 승낙하게 되었는데, 이날의 선택으로 인하여 앞으로의 나의 인생 여정은 확실하게 바뀌게 되었다.

금요일 저녁 내 방에 들어온 친척 형은 나의 생년월일과 태어난 시를 묻고는 한 시간 동안 내 사주 풀이를 한 후에야 비로소 내가 친척 형이 그토록 찾고 싶었던 사람이라고 말하면서 당분간 자신과 같이 생활하자고 나에게 제안하였다.

나는 형과 지내게 되면 주변에서 재미있는 경험을 할 수 있을 것이란 생각에 형의 제안을 승낙하였고, 그날 밤 형과 함께 잠자리에 들었다. 새벽 1시쯤 내 머리에서 '똑똑' 노크하는 소리가 들려 나는 눈을 크게 뜨고 방 안을 자세하게 살펴보았지만 아무것도 찾을 수 없었다.

> 에피소드 1 : 머리에서 '똑똑' 노크하는 소리의 정체
>
> 감각이 예민한 사람은 같은 공간 안에서 사후세계의 영혼들과 함께 있게 되면 누군가 같이 있다는 느낌을 가지게 된다. 사후세계에 존재하는 영혼들이 현세계에 살고 있는 사람에게 자신의 존재를 알리거나 혹은 육체 안을 침입하고자 시도할 때 영혼의 침입을 막고 있는 영체의 보호막과 부딪치게 되는데 그 소리가 '똑똑' 노크하는 소리다.
>
> 이 소리를 듣고 공포심에 떨고 있는 사람들이 있는데, 무서워할 필요는 전혀 없다. '똑똑' 노크하는 소리는 나에게 영혼의 침입을 막고 있는 튼튼한 영체의 보호막이 존재한다는 증거가 되지만, 노크 소리를 잘 듣지 못하는 사람은 영체의 침입을 막을 수 있는 영체의 보호막이 약해졌다는 의미가 되기 때문이다.

다음 날 아침 나는 친척 형에게 나의 운명인 사주팔자에 대하여 물어보았고, 형은 내가 나중에 훌륭한 사상가 또는 종교가로 성장할 것이라고 말하면서 우리 편인 종교가가 되기를 바란다고 말했다. 그리고 친척 형은 너의 탄생을 싫어하는 신들이 있는데, 너를 죽이거나 사로

잡기 위하여 틈틈이 기회를 엿보고 있어 너를 보호하라는 신의 특별한 사명을 받고 나를 찾아오게 되었다고 말했다.

진지한 모습의 친척 형의 표정에서 믿기 어려운 말이 나오자 나는 어처구니가 없었지만 친척 형에게 신이 세상에 존재함을 증명해 달라고 말할 수밖에는 없었다. 갖은 어려움과 시련에 봉착하겠지만 6개월만 친척 형과 함께 지내게 되면 내가 사람들을 많이 거느리는 완벽한 종교가로 성장할 것이라고 말하면서, 당장 여자 친구와 헤어져야 한다는 조건도 함께 제시하였다. 훌륭한 종교 활동으로 많은 사람들에게 복을 나눠 줄 수 있는 삶을 달성하기 위해서는 지금 사귀고 있는 여자 친구로는 불가능하다는 주장이었다.

여러 가지 일로 지금의 여자 친구와의 사랑은 정말 이루어지기 어렵다는 탄식을 하면서 일단 친척 형의 말을 믿어 보겠다고 하자 형은 너의 소원을 이루고 싶으면 자신이 믿고 있는 신에게 인사를 드리라고 나에게 권유하였다.

나는 친척 형이 모시는 신에게 나의 모든 것을 허락한다고 맹세하면서 삼배(三拜)의 예를 올렸고, 그날도 형과 함께 잠자리에 들었다.

그날 밤 꿈에서 나는 까만 복장의 종교 예복을 입고 끝이 보이지 않는 수없이 많은 계단을 밟으며 위로 올라가고 있었다. 마지막 계단을 밟는 순간 나를 바라보고 있던 새까만 부처님을 보게 되었고, 어디선가 알 수 없는 검은색 물체가 나의 영을 순식간에 붙잡고 끝이 보이지 않는 나락으로 데려가고 있었다.

　나락으로 떨어지면서 극한 공포심을 느끼는 나의 영과 몹시 두려움에 떨고 있던 나의 심장은 콩알만 하게 작아지면서 마음이 무너져 내리는 강력한 느낌을 전달받고 있었다.

　마음이 무너져 내리는 느낌이란 냉탕과 온탕을 옮겨 다닐 때 갑작스럽게 심장이 오그라지는 현상인 심장마비와 비슷한 것이다.

　엄청난 공포와 마음이 무너져 내리는 상황에서 나는 0000 사찰에서 믿고 있는 관세음보살이 생각나 관세음보살을 수없이 외치자 갑자기 끝없는 나락으로 떨어지고 있던 나의 영이 다시 하늘 위로 엄청나게 빠른 속도로 솟구쳐 오르고 있었다.

　내 인생에서 공포스러운 꿈의 체험이 이제 막 시작되고 있었다.

에피소드 2 : 공포스런 꿈의 영(靈)적 체험

　꿈이란 잠재의식이 만들어낸 생각이 아니라 우리의 영이 사람의 육신에서 나와 사후세계를 여행하면서 직접 체험하는 경험을 저장하는 과정이다.

　매일 우리의 영은 예정된 시간을 정하여 사후세계에 존재하는 여러 장소들을 경험하면서 영 안에 필요한 정보를 축적하는데, 생각하지 못한 급박한 위기의 상황에 직면할 경우에는 다른 영혼들의 침입을 막는 영체의 보호막이 있는 우리의 육체로 빠른 속도로 귀환하는 과정에서 우리의 의식을 일깨워 잠에서 깨어나게 된다. 사람들은 이런 꿈을 악몽(惡夢)이라고 말한다.

내가 자주 악몽을 꾼다는 것은 나의 주변에는 사후세계에 거주하는 사악한 영혼들이 많이 존재하고 있는 상황임을 알려주는 것이다.

나의 주변을 둘러싼 사후세계에 살고 있는 사악한 영혼들과의 교류를 없애기 위해서는 내가 거주하는 방 안에 영적인 물건들이 있는지 살펴본 후 발견하는 즉시 밖으로 가져다 버리고, 내 주변 사람들 중에서 신을 모시거나 종교에 맹목적으로 빠져 있는 사람들이 있다면 일단 멀리하는 것이 방책이다.

공포스러운 꿈의 영적 체험은 나의 삶 주변에 사후세계에 존재하는 힘이 센 영혼들이 있다는 표식이다.

내가 악몽으로 인한 무거운 몸 상태로 잠에서 깨어났을 때 나의 옆에는 친척 형이 얼굴을 감싼 채 앉아 있었다.

친척 형이 모시는 신이 불만을 가지고 자신의 얼굴을 때려 몹시 아프다고 주장했지만 내가 겉으로 보기에는 친척 형의 얼굴에는 어떠한 흔적도 남아 있지 않았다.

나는 신이라 할지라도 폭력은 절대 정당화될 수 없다고 친척 형에게 말하고는, 내가 반드시 친척 형이 모시는 신이라는 존재를 징벌하여 주겠다고 맹세를 하고 또다시 누워서 잠을 청했다.

내가 죽음을 맞이하면 친척 형이 모시는 신이라는 존재를 반드시 사로잡아 영생(永生) 동안 찢어 죽이는 일로 나의 영생(永生)을 보내리라는 다짐을 잠을 청한 상태에서 계속해서 생각하고 있을 때, 친척 형이 잠을 자고 있는 나를 깨워 자신이 모시는 신이라는 존재가 나와 화해하고 싶다는 의사를 전했다고 했다.

나는 화해의 조건으로 친척 형이 모시는 신의 능력을 나에게 보여달라고 하였고 친척 형은 자신이 모시는 신이 승낙하였다고 말했다.

나는 그렇게 신과 화해하고 같이 동거하는 사이가 되었다.

에피소드 3 : 현세계의 사람들이 말하는 신의 실체

물질세계의 영향을 받고 있는 장소는 두 곳인데 우리가 삶을 살아가고 있는 현세계와 잠을 잘 때 우리의 영이 경험하고 있는 사후세계이다. 우리가 말하는 신이라는 존재는 물질세계의 영향을 받는 사후세계에 거주하는 영혼으로 과거 현세계에서 우리들처럼 살았었기 때문에 우리와 비슷한 생각과 행동을 한다.

비물질 세계인 영계에서는 전혀 필요 없는 재물을 바치는 헌금 행위나 희생 등을 요구하고, 자기의 뜻에 순종하면 복을 주고 거부하면 벌을 주는 등 현세계에서 살고 있는 사람들의 일상생활과 너무 흡사하다.

현세계에서 살고 있는 사람들의 일상생활과 너무 흡사한 행위를 하는 종교에서 모시고 있는 신들도 사후세계에 거주하는 영혼들의 특징을 가진 영적 에너지의 힘이 센 또 다른 영혼 또는 영이라고 생각하면 된다.

제17장

최면(催眠)과 분신사바

이날 이후부터 친척 형은 내가 여러 가지 영적인 신비롭고 공포스러운 경험을 체험할 수 있도록 도와주었는데, 처음 체험한 것은 전생(前生)의 기억이었다.

최면을 통해 전생 기억을 보는 방법처럼 친척 형은 나의 온몸에 들어 있는 힘을 빼고 천천히 숨을 들이쉬면서 편안한 마음 상태에서 자신에게만 집중하라고 말하였다. 잠깐의 시간이 흘렀을 때 나의 눈이 저절로 감기면서 빠른 영화 필름 장면으로 전생의 세 가지 꿈을 순서 없이 꾸고 있었다.

첫 번째 기억은 중국에서 태어난 나는 장군이 되어 커다란 성을 점령하기 위하여 수많은 병사들을 독려하였으며, 점령한 후에는 단 한 명의 사람도 남기지 않고 모두 처단하였다.

두 번째 기억은 조선에서 태어난 나는 00대사(大師)에게 발탁되어 첩

192

자의 훈련을 받은 후 일본으로 건너가 반란을 도모하는 활동을 하다가 불행한 일로 발각되어 처형되었다.

세 번째 기억은 일본에서 태어난 나는 수많은 무사들을 거느리고 성을 점령하는 장군으로 점령지 대부분의 사람들을 이유 없이 처단하였다.

꿈에서 깨어난 나에게 형은 "너는 전생마다 전쟁을 무척 좋아하여 그 분야에 특화된 전쟁의 신이었다."라고 말하고 요즘 이 세상 종교가들은 자신들이 모시고 있는 신의 영광(榮光)에는 관심이 없고 오직 신은 없는 신앙(信仰)만을 가지고 자신의 탐욕을 채우고 있다고 하였다.

그래서 또다시 신앙이 아닌 신이 중심이 되는 세상으로 변화시키기 위하여 영계에서 거주하는 신들이 전쟁의 신인 너를 선택하였으며, 앞으로 발생할 엄청나게 큰 전쟁은 총과 칼로 싸우는 전쟁이 아니라 논리와 말로 싸우는 새로운 형태인 사상(思想)의 전쟁이 될 것이라고 나에게 말해 주었다.

처음에는 내가 사람들에게 나약한 모습을 보이겠지만 큰 위기를 맞을 때마다 전생의 경험으로 습득한 정보를 가지고 모든 어려움을 슬기롭게 극복하여 마침내 최후의 승리자가 될 것이며, 이것이 하늘에서 내려준 나의 천직(天職)이라고 말하였다.

천직이란 과거 경험으로 이루어진 습관의 현재 직업이라는 덕담(德

談)도 함께해 주며 내가 끝까지 우리 편이 되어 줄 것이라고 확신한다고 말했다.

친척 형의 말을 듣고 곰곰이 생각해보니 평소에 나는 게임 중에는 삼국지를 제일 좋아했으며, 왕을 선택하여 다른 나라를 점령할 때에는 잡은 포로를 모두 죽였고, 신하를 선택할 경우에는 얼마 가지 않아 반란을 일으켜 왕이 되거나 반란에 실패하여 죽음을 맞이하였다.

에피소드 1 : 전생(前生)의 기억을 알려주는 최면(催眠)

전생을 기억하는 방법으로는 최면이라는 방법이 주로 사용되고 있지만 자신에게 나쁜 영향을 준다는 사실을 아는 사람은 많지 않다.

영계의 '영적정화소'에서 내가 사주팔자라는 운명을 설정한 후 현세계로 환생할 때, 염라대왕은 현세계에서 나의 영이 장착하여 나의 영적 에너지를 가장 잘 운영할 수 있도록 알맞은 영체인 육체를 알려준다.

우리 몸을 제어할 수 있는 권한을 넘기는 행위가 빙의라고 하면, 우리 정신을 제어할 수 있는 권한을 넘기는 행위는 최면으로 빙의되는 시간이 오래되거나 최면을 자주 사용하게 되면, 잦은 빙의와 최면으로 인하여 몸과 정신의 제어 권한을 궁극적으로 남에게 상실하게 되는 위험한 상황에 처해진다.

우리의 영은 육체와 정신에 사용되는 영적 에너지를 효과적으로 사용하기 위하여 윤회라는 과정을 통해 전생애(全生涯) 동안 삶을 살아가면서 알게 된 정보를 잠재의식 안에 저장하고, 현세계의 지식과 경험의 기억도 대부분 가상기억으로 저장한 후, 현재 일상생활에 꼭 필요한 내용만 기억한다.

최면으로 우리의 잠재의식 안에 있는 전생의 기억을 되살리고자 할 경우에는 영적 에너지의 사용을 최소화하여야 하며, 이를 위해서는 신체에 들어가는 힘을 빼고 숨을 천천히 들이쉬며 편안한 상태를 유지함과 동시에 아무런 생각도 하지 않아야 한다.

잠재의식 안에 저장된 전생의 기억을 떠올리는 과정 동안은 기존에 우리의 영적 에너지가 장착했던 영체인 육체에게 최적화되어 설정된 영적 에너지보다 필요 이상으로 더 세지게 되었다가, 전생 기억 과정이 완전히 끝난 후에는 영적 에너지의 세기가 정상으로 되돌아오지만, 사후세계나 영계에 존재하는 다른 영적 에너지가 침입할 수 있는 공간이 우리 몸에 생성되어 남게 된다.

이것은 빙의된 사람의 몸에서 거주하던 귀신을 퇴마하여도 일정 기간 동안은 퇴마된 귀신이 살았던 공간이 몸에 남아 있어 다른 영혼의 침입을 쉽게 받을 수 있는 환경을 만들어 놓은 것과 같은 이치다.

최면은 잠재의식 안에 남아 있던 전생의 나쁜 습관을 제거하는 탁월한 효과가 있어 마음 치료의 도구로 많이 사용되고 있지만, 치료 목적이 아닌 다른 사유로 사용할 경우 엄청난 부작용에 직면할 수 있다.

최면으로 보는 전생의 기억이 진짜 자신이 경험한 전생이 아닌 책이나 주변 사람들의 암시로 일어난 경우와 사후세계에 존재하는 영혼이 현세계에 살고 있는 사람들을 지배할 목적으로 잘못된 정보를 주는 경우가 있기 때문이다.

최면이라는 도구는 사후세계에 살고 있는 영혼이 현세계에 살고 있는 사람을 대상으로 육체 안에 영적 기운을 담을 수 있는 공간을 확보하기 위한 영적 침입을 시도할 때에도 이용할 수 있는 널리 알려지지 않은 고급기술이다.

다음날 친척 형은 내가 친척 형의 말을 믿고 실천한다면, 미래에 결혼할 아내의 얼굴을 보여줄 수 있다고 제안하였고, 나는 참을 수 없는 궁금증이 발생하여 친척 형의 제안을 즉시 수락하였다.

귀신을 이용하여 미래를 보는 것이므로 엄청난 용기와 마음의 준비가 필요하다는 친척 형의 말을 듣고, 나는 일주일 동안 심신(心身)을 단련하는 준비를 나름대로 열심히 한 후에야 친척 형에게 미래의 아내를 만나 볼 의식을 행할 준비가 되었음을 알렸다.

귀신을 가장 효과적으로 이용하기 위하여 보름달이 뜨는 음기(陰氣)가 강한 시기인 음력 15일과 자정(子正)으로 의식을 행하는 날과 시간을 결정한 후 내가 행할 내용들을 자세하게 알려 주었다.

:: 보름달과 늑대 인간

보름달이란 지구에서 달이 원형으로 보이는 상태를 말하지만, 달의 기운인 음기가 가장 왕성한 때이기도 하다.

196

사람들도 인생의 3/4인 18시간은 태양의 기운인 양의 기운으로 육체와 영을 함께 사용하는 활동을 하고, 인생의 1/4인 6시간은 달의 기운인 음의 기운으로 영만을 사용하는 활동을 하는데, 사후세계를 활동한 모습은 꿈으로 저장된다.

사람의 영은 육체와 영이 함께 활동하는 현세계와 영만이 활동하는 사후세계의 모든 정보를 습득하여 영계로 가는 것이다.

육체가 없는 사후세계의 영혼은 양의 기운이 필요 없어 하루의 1/4인 6시간(음기가 강한 밤 11시부터 ~ 새벽 5시까지)만 활발하게 활동하고, 3/4인 18시간은 휴식을 취하면서 편안하게 지내게 된다.

양과 음의 기운이 서로 맞지 않는 현세계에 살고 있는 사람의 영과 사후세계에 존재하는 영혼이 건강하고 바른 정신으로 살아가려면, 양과 음의 기운이 잘 적용되는 시간에 맞춰 각자 활동하며 살아가야 한다.

양의 기운을 받는 시간대인 오전 5시부터 밤 11시까지 현세계에 사는 사람이 사후세계에 존재하는 영혼과 교류하게 되면 방대한 영적 에너지의 방출로 건강한 육체와 온전한 정신을 유지하기 어려워진다.

현세계에서 활동을 갈망하는 사후세계에 존재하는 영혼도 현세계에 살고 있는 사람의 육체 안에 들어오지 않고, 양의 기운을 받는 시간대인 오전 5시부터 밤 11시까지 활발한 활동을 하게 되면 방대한 영적 에너지의 방출로 온전한 정신을 유지하기 어렵기 때문에 신내림이나 빙의의 형태로 자신이 거주할 장소를 확보하려고 엄청난 노력을 한다.

알카데아의 왕 루카온이 인신공희(人身供犧)의 제물로 제우스를 시험한 벌을 받아 50명의 아들들과 함께 늑대로 변했다고 전해지는 늑대 인간은 음의 기운이 강한 보름달이 뜨거나 달빛을 받으면 늑대로 변하고 옷을 찢거나 벗는다는 속설이 있으며 이 같은 행위는 남과 여 모두 적용된다고 한다.

늑대 인간은 육체가 늑대로 변하는 것이 아니라 음의 기운이 활발하게 작용하는 시기인 보름달이 뜨는 밤에 강력한 힘을 쓸 수 있는 사후세계에 거주하는 영혼이 현세계에 살고 있는 사람들의 육체와 영을 사로잡았을 때의 모습일 뿐이다.
사후세계에 거주하는 영혼은 강력한 영적 힘으로 사람의 영에게서 육체와 정신을 제어하는 기능을 완전하게 장악하여, 사람이 신체를 사용하거나 기억하지 못하게 만들고, 자신이 좋아하는 옷으로 육체를 갈아 입히려는 경향이 있어 옷을 벗게 하거나 찢어버리는 행위를 하게 만드는데, 무속인처럼 갈아입을 옷을 준비하지 못한 일반 사람들은 나체가 될 수밖에 없으며, 일반적으로 대낮에 정신이 미친 사람들이 옷을 찢거나 나체로 있으려고 하는 경향도 이와 마찬가지이다.

음의 기운이 약해지고 양의 기운이 세지는 새벽 5시가 되면 사후세계에 거주하는 영혼은 자신이 소지하고 있는 영적 에너지의 힘이 약해져 사람의 육체와 정신을 장악했던 통제권을 다시 상실하게 된다.

친척 형은 나에게 의식을 행하는 날인 새벽 1시에 나체로 화장실에 들어가 불이 켜진 초 두 개를 양손으로 각각 붙들고 입안에는 부엌칼을 문 채로 불타는 초의 불빛을 통해 거울을 바라보면서 미래의 아내가 보일 때까지 분신사바를 외치라고 하였다.

일정 시간이 지나면 거울 속에서 엄청 무서운 존재가 잠시 나타난 후 사라지면서 미래에 나와 함께 살 아내의 모습이 보일 것이라고 알려 주었고, 엄청 무서운 존재를 보는 순간 내가 놀라서 입에 문 칼을 떨어뜨리면 순식간에 귀신들에게 빙의가 될 수 있다며 용기가 없으면 이쯤에서 그만두라고 말했다.

나는 거울 속의 무서운 존재가 무엇인지에 대한 두려움 때문에 잠시 고민을 했었지만, 용기를 다시 내어 도전하겠다고 친척 형에게 말했고, 친척 형은 자신도 무서운 존재가 두렵기 때문에 화장실 안에서 나와 같이 있지 못하지만, 집 안에는 머물러 있겠다고 말했다.

의식이 거행된 새벽 1시 나는 옷을 벗어 나체가 된 후 입에 커다란 부엌칼을 입에 꽉 물고, 불타는 초 두 개를 각각 양손으로 붙잡고, 화장실 안으로 들어가 촛불 끝을 바라보면서 거울 앞에 서서 분신사바를 열심히 외치고 있었다.

30분이 지났을 때 나는 아무리 외쳐도 거울 속에는 무서운 존재가 나타나기는커녕 미래에 나와 함께 살 아내의 모습도 나타나지 않아 내가 행하던 의식을 접으려는 순간, 나의 귀에는 엄청 많은 귀신들이 나의 집 방문을 여닫는 소리, 서로 잡담하는 소리 등 환청이 들리기 시작했다.

나는 친척 형에게 수많은 환청이 들린다고 말하면서 이제 의식의 효과가 나타나고 있다고 말하면서 분신사바를 더 크게 외쳤다. 친척 형은 나에게 당장 분신사바를 외치는 것을 멈추라고 말하면서 자신도 예상하지 못한 귀신들의 엄청난 숫자에 무척 놀랐다고 말하면서, 이

동네에 있는 귀신들은 물론 일본에서도 나와 인연이 있는 무서운 형태의 귀신들이 바다를 건너 계속 이곳을 향해 오고 있다고 말해 주었다.

친척 형의 급박하고 화난 목소리를 듣고서 나는 비로소 분신사바를 외치던 것을 멈추었지만, 나의 귀에는 수백 명의 귀신들의 잡담을 하는 것을 듣게 되는 환청은 멈추지 않고 계속되고 있었다.

형은 부적을 써서 부적 안에 나에게 온 귀신들을 하나씩 잡아서 담아 가두겠다고 하면서, 다른 사람의 도움이 더 필요하다고 판단되면 같이 영적 수행을 한 사람들에게 도움을 받아 이 일을 마무리하겠다고 말했지만, 나는 의식을 거행한 날로부터 일주일 동안 귀신들의 말하는 것을 듣게 되는 환청으로 인하여 사회생활이 불가능할 정도로 육체와 정신 모두 무척 고생을 하였다.

에피소드 2 : 나를 버리는 주술(呪術) 분신사바(분신삽아)

주술은 특정한 글이나 형식이 필요 없으며, 소원을 비는 자신의 의지와 소원의 내용을 알 수 있는 사후세계에 존재하는 영혼이 있으면 된다.

일명 분신사바라고 불리는 분신삽아(分身揷我)라는 뜻은 자신의 몸을 나누어줄 테니 내 몸의 일부를 가져가라는 뜻으로 육체와 정신의 통제권의 일부를 나의 주변에 있는 사후세계에 존재하는 영혼들에게 넘기겠다는 선언이다.

자신이 소유하는 집의 소유권을 타인에게 이전한다고 해도 경찰이 관여할 수 없는 것처럼 나의 육체를 사후세계에 존재하는 영혼들에게 나누어 주는 행위는 자유의지를 존중하는 신도 관여하지 않는다.

분신사바의 행위로 육체를 사후세계에 거주하는 영혼들과 나누어 갖게 된 현세계에 살고 있는 사람의 육체와 정신은 양의 기운이 활동해야 하는 새벽 5시부터 밤 11시까지는 음의 기운에 의해 제어를 받고 활동하게 되어 쉽게 고장이 나서(휘발유를 사용하는 자동차에 등유를 사용하는 것과 같다) 육체의 수명이 급격하게 단축하게 되고, 반대로 육체가 없던 사후세계에 거주하는 영혼에게는 현세계에서 활동할 수 있는 시간을 크게 확장시켜 주는 효과를 준다.
분신사바의 행위는 자신이 부여받은 생명과 몸을 사후세계에 거주하는 영혼들에게 나눠주어 자신의 생명과 몸의 사용 기간을 단축시키는 행위로 자살자와 같이 신과의 약속을 어긴 천벌을 받게 되는 행위이다.

하지만 자신의 잘못을 깨닫고 뉘우쳐서 사후세계에 존재하는 영혼들에게서 몸과 정신의 통제권을 회복한 후 사망한다면 사후세계에서 받게 될 신의 천벌은 더 이상 일어나지 않는다.

제18장

기(氣)와 벽조목(霹棗木)

나는 친척 형에게 귀신도 기(氣)의 형태로 힘을 발휘한다면 기(氣)에 대하여 알고 싶다고 요청하자, 친척 형은 아무 말 없이 나의 한쪽 팔을 조용히 쓰다듬기만 하였는데, 갑자기 내 팔에 있던 힘이 모두 빠져나가면서 한쪽 팔이 축 늘어져 버렸다.

이러한 현상은 부분 마취나 팔 저림의 상태와 마찬가지로 내가 내 팔을 보고 있으면서도 움직이려고 시도해도 전혀 움직일 수 없는 상태로 1분 정도의 시간 동안 지속되었다.

나는 친척 형에게 매우 신기한 일이 발생했다며 어떤 원리인지 설명하여 달라고 부탁하자, 친척 형은 웃으면서 나의 팔을 움직일 수 있게 하는 힘인 기(氣) 에너지를 친척 형의 팔로 흡수하여 잠시 동안 내 팔을 사용할 수 없게 만든 것이라고 말하면서 기(氣)에 대한 나름대로 자신의 생각을 나에게 말해 주었다.

사람의 정신과 몸, 그리고 자연을 움직이는 에너지가 기(氣)라고 생각하며, 우리 몸의 오장 육부를 움직이는 근본적인 에너지 또한 기(氣)라고 생각하기 때문에 사람이 기(氣)를 가지고 있지 않다면 한순간도 살 수 없다고 말했다.

자신의 내부에서 생성하여 방출하는 기(氣)의 작용과 외부에서 생성된 기(氣)를 흡수하는 작용이 있는데 우리의 정신과 몸이 방출 및 흡수할 수 있는 능력은 개인마다 크게 차이가 있을 뿐만 아니라 수련에 의해서도 향상시킬 수 있다고 하였다.

정신과 몸 등 내부에서 생기는 사람들의 기(氣)는 신체의 크기와 몸무게에 따라 저장할 수 있는 양이 정해져 있으며, 저장되고 남은 양은 자연스럽게 외부로 방출된다고 말했다.

제일 먼저 내부에서 생기는 기(氣)로 자신의 정신과 몸을 건강하게 유지하는 데 사용하고, 남은 기(氣)로는 훈련에 의하여 순간적으로 외부로 방출할 수도 있지만, 방출할 수 있는 에너지의 양은 한계가 있다고 말해 주었다.

한계가 있다는 말은 사람의 몸은 물이 70%로 구성되어 있지만, 1~2%의 물을 잃어도 심한 갈증이 일어나고, 5%의 물을 잃으면 혼수상태가 되며, 12%의 물을 잃으면 죽는다는 것처럼 우리의 정신과 신체활동을 하기 위해서는 한순간이라도 기(氣) 에너지가 꼭 필요하며, 기(氣)를 저장할 수 있는 양도 우리 신체의 크기와 몸무게로 결정되며, 저장된 기(氣)의 극히 일부분만을 외부로 사용할 수 있다고 생각하면 된다고 하였다.

결국 사람이 순간적으로 발산할 수 있는 적은 양의 기(氣)로는 무협

지에서 나오는 멀리 있는 사람이나 물건을 움직이게 하는 장풍(掌風)
이나, 이 산과 저 산을 빠르게 이동할 수 있는 축지법(縮地法) 등을 사
용할 수 없다는 의미로 장풍과 축지법이 존재한다고 가르쳐주고 수련
시켜는 단체는 기(氣)의 속성도 모르면서 기(氣)를 가르쳐 주겠다고 하
는 거짓말 단체임이 확실하다고 주장하였다.

우리나라 국민들 중에는 1984년에 출간된 김정빈 작가의 소설
『단』[13]을 읽고 단학 수련 열풍에 사로잡혀 축지법 수련을 한 수행자들
중 일부가 1988년 서울 올림픽 육상 종목에 참가하여 많은 메달을 획
득할 것이라고 기대하였으나 실패한 결과를 지금까지 기억하고 있는
사람들이 있다고 말했다.

1992년 바르셀로나 올림픽 마라톤 종목에서 금메달을 딴 황영조 선
수나 1996년 애틀랜타 올림픽 마라톤 종목에서 은메달을 딴 이봉주
선수는 엄청한 노력을 하여 메달을 획득한 것이지 축지법을 사용하여
메달을 획득하지 않았다고 말했다.

무협지에서 나오는 이야기처럼 장풍과 축지법을 사용하려면 상당량
의 기(氣) 에너지가 순간적으로 방출할 수 있는 기술이 필요하며, 순간
적으로 방출될 기(氣)의 양을 고려하여 계산하면 63빌딩 정도의 신체
와 몸무게를 가진 사람이라야 가능할 것 같다고 말했다.

---

13) 도가(道家)의 용어 단을 소재로 삼은 소설로 국운(國運)에 대한 예언이 수록되어 있는
책이다.

또한 사람들의 신체와 정신이 자연의 시원스러운 바람에서 나온 기(氣)를 흡수하여 상쾌함을 느끼는 이유는 사람들의 몸 내부에 형성된 기(氣)를 먼저 외부로 방출하고, 방출되어 빈 몸의 내부 공간을 외부에 존재하는 시원한 기(氣)로 채웠기 때문에 가능한 것이며, 일반 사람들도 지속적인 반복 훈련을 실시하여 이와 같은 기(氣)의 방출과 흡수 과정을 빠르게 진행시킬 수 있다고 하였다.

먼저 친척 형의 몸 안에 채워져 있던 기(氣)를 빠르게 방출한 후 비어있던 기(氣)의 공백을 내 팔에 있던 기(氣)로 빠르게 흡수하는 과정으로 내 팔의 움직임을 완전하게 마비시킨 사실이 매우 신비하게 느끼겠지만, 상대방이 움직이지 않고 방해도 하지 않아야만 진행할 수 있는 등 여러 가지 제약 사항들이 있어 상당한 훈련과 노력에 비하여 효과성이 크지 않기 때문에 영과의 전쟁을 수시로 하는 영능력자들은 깊이 배우려고 하지도 않고 실전에도 거의 사용하지 않는다고 말했다.

에피소드 1 : 세상을 움직이는 힘 기(氣)

생명을 가지고 있는 동물이나 식물, 미생물에게도 운영하는 에너지인 기(氣)가 있으며, 기(氣)의 발산처는 신에게서 온 생기(生氣)이다.

하루도 쉬지 않고 수소폭탄을 터트려 불타는 태양이 스스로 불탄다고 생각하겠지만, 우리들에게 아직까지 알려지지 않은 생명의 근원인 수많은 생기에서 발산된 기(氣) 에너지로 태양이 불타고 있다는 사실은 모르고 있다.

지구에서도 거대한 태풍이나 지진이 발생하는 원인인 마중물의 에너지 또한 우리 눈에는 보이지 않겠지만 공간에 가득 차 있는 보이지 않는 미생물들의 생기에서 나온 기(氣) 에너지가 소멸되지 않고 뭉치면서 발생하고 있다.

생기에서 끊임없이 생성된 활기찬 기(氣)라는 형태의 에너지는 우리의 정신과 육체를 움직일 수 있도록 계속 생성하여 공급되고 있지만 우리의 정신과 육체가 직면한 현재의 상태에 따라 매우 쉽게 변형되기도 한다.

맑고 깨끗한 물이 더럽게 오염된 양동이에 담기면, 담겼던 깨끗한 물이 금방 오염이 되듯이, 우리의 정신이 오염되어 정상적으로 작동되지 않는 상태에서는 정신을 작동하는 에너지인 생기에서 공급된 기(氣) 에너지도 금방 오염이 되어 정신을 정상적으로 작동시키지 못한다.

몸이 아픈 신체 또한 마찬가지로 생기에서 보낸 활기찬 기(氣)는 몸이 아픈 신체에 도달한 순간 오염되어 나쁜 기(氣)로 변형된 상태가 된다.

기(氣) 치료사들은 자신들의 좋은 기(氣)로 정신적·육체적 병 등을 고쳐 줄 수 있다고 주장하지만, 병든 정신과 육체속에 기(氣)를 투입하는 행위로는 정신적·육체적 병을 일시적으로 개선하는 효과만 있을 뿐이다.

깨끗한 물을 가지고 싶으면 깨끗한 물을 담을 수 있도록 오염된 양동이를 세척해야 하듯이, 좋은 기(氣)를 담고 있기 위해서는 기(氣) 치료가 아닌 오염된 정신과 육체를 고치는 의료 행위를 통해 오염된 정신과 육체를 먼저 치료받아야만 지속적인 효과를 볼 수 있다.

기(氣) 치료만으로는 결코 정신적·육체적 병을 고칠 수 없으며, 치료를 받는 동안에는 일시적으로 호전되었다는 느낌을 받게 될 수도 있지만, 시간이 지나갈수록 정신적·육체적 병은 더욱 악화될 것이며, 끝내 환자가 의료 행위로 정신적·육체적 병을 고치지 않고 방치할 경우에는 치료할 수 있었던 결정적 시기를 놓치게 되어, 가지고 있던 병은 돌이킬 수 없을 정도로 악화되어 죽음에 이를 수 있다.

에밀리 로사 실험

1988년 초등학교 3학년 학생으로 세계 최고 권위 있는 의학 학술지인 '미국 의학협회 학술지'에 논문을 게재하여 기네스북에 올랐다.

기(氣) 치료는 세계적으로 백여 개의 간호대에서 정규과목으로 가르치고 있으며, 북미에서도 최소 팔십 개 병원에서 정식으로 치료에 사용되고 있었지만, 진짜 효과가 있는지에 대한 의문을 가지고 실험을 시작하였다.

기(氣) 치료사가 치료와 직접 관련성이 있는 기(氣)를 느낄 수 있는지를 알기 위하여, 기(氣) 치료사들의 양손 위에 놓여 있는 로사 손의 위치를 알아맞히는 실험으로 이십일 명의 기(氣) 치료사를 대상으로 이백팔십 회 실험을 한 결과 정확하게 맞춘 사람은 전체의 44%로 자격이 전혀 없는 사람들이 우연히 맞춘 비율에 지나지 않았다.

　시한부 환자의 병을 완벽하게 고친다는 기(氣) 치료는 정답을 모르는 사람에게 정답을 알려 달라는 행위처럼, 정신적·육체적 병에 대한 일시적이고 보조적인 도움은 받을 수 있지만, 정신적·육체적 병에 대한 근본적인 치료를 할 수 없는 사람에게 근본적인 치료 행위를 부탁하는 것이기 때문에 잘못된 것이며, 살 수 있는 날이 얼마 남지 않은 사람에게 꼭 필요한 것은 정상적인 의료 행위뿐이다.

　의심하게 되면 없던 귀신도 생긴다는 말인 의심암귀(疑心暗鬼)처럼 기(氣) 치료를 받을 때 병이 일시적으로 호전되는 느낌을 가진 후에, 자신의 병도 완치될 수 있다는 생각은 잊어버려라.

　친척 형은 나에게 조그만 나무를 보여주면서, 이것은 신의 기운을 담을 수 있는 소중한 보물이며, 친척 형이 나를 찾아온 진짜 목적도 조그만 나무를 나에게 전달하기 위해서라고 말했다. 또한, 이 나무에 담길 수 있는 기운의 효과는 무궁무진하여, 소망하는 사람의 마음가짐에 따라 천하까지 변화시킬 수 있는 엄청난 힘을 가지고 있다고 말해주었다.

　그러나 불행하게도 내가 친척 형이 준 소중한 나무를 반드시 버릴 것이라는 사실을 알고 있어, 친척 형이 처음 마음을 먹은 뜻대로 나에게 주어야 할지 아니면 새로운 사람을 찾아 이 나무를 주어야 할지 엄청난 고민이 된다고 말했다.

나는 조그만 나무가 무엇인지 당장은 알 수 없었지만, 신이라는 단어와 천하까지 변화시킬 수 있는 엄청난 힘이 있다는 친척 형의 말을 듣고 내가 제어할 수 없는 욕망이 생겨났다.

욕망으로 인하여 다급해진 나는 친척 형에게 대답하기를 미래에 어떠한 상황이 발생하더라도 내가 절대로 이 나무를 버리지 않을 것을 맹세하니 너무 고민하지 말고 나에게 달라고 요구했다.

친척 형은 이 나무를 사람들은 벽조목(霹棗木)이라고 부르는데, 일반 사람들이 알고 있는 벽조목과는 차원이 다르다고 말하면서 오늘 밤은 벽조목에서 나오는 기운만 느껴 보라고 나의 손에 조그만 나무를 꼭 쥐여 주었다.

:: **벽조목(霹棗木)**

벼락을 맞았다는 대추나무로 양의 성질을 가진 대추나무 기운에 양의 성질을 가진 벼락이 더해지면서 극한 양의 성질이 되어 음의 성질을 가진 기운인 귀신을 물리치고, 재난이나 불행을 예방할 수 있다고 전해진다.

대추나무는 본래 밀도가 높은 단단한 나무이기 때문에 벼락을 맞게 되면 숯과 유사한 강화된 성질처럼 더 단단하게 변화하여, 작은 조각이라도 톱으로 쉽게 잘리지 않으며, 물에 가라앉는 특성을 가지게 된다.

그날 밤 조그만 나무인 벽조목을 손에 꼭 쥐고 잠을 잔 나는 강렬하게 불타오르고 있는 나무를 두 눈으로 목격하는 꿈을 꾸게 되었고, 공포심과 두려운 마음이 생겨 다시 친척 형에게 벽조목을 되돌려 주었다.

에피소드 2 : 잠재적 신기(神氣)를 가진 벽조목(霹棗木)

사람들이 벽조목을 간직하여 얻게 되는 효과에 대하여는 잘 알고 있지만 심각한 부작용에 대하여는 거의 알지 못하는 것 같아 매우 아쉽다.

대부분의 사람들이 시중(市中)에서 만나볼 수 있는 벽조목은 자연적으로 벼락 맞은 대추나무가 아닌 인위적으로 벼락을 맞추었거나 전기를 이용하여 만든 벽조목이다. 또한 자연적으로 벼락을 맞은 대추나무라고 할지라도 신의 기운이 들어간 대추나무를 직접 보거나 만져 본 사람도 드물다.

신의 기운이 들어간 벽조목을 간직했던 사람들 중에는 벽조목이 놓여 있던 장소에서 큰 화재가 난 꿈을 꾸고 실제로 화재가 발생한 줄 착각하여 잠에서 깨어나자마자 물동이에 물을 담는 사건을 경험한 사람도 있었으며, 대부분의 사람들은 나처럼 벽조목 자체가 활활 불타오르는 꿈을 꾸게 되는데, 불의 기운이 벽조목에 내재되어 있다는 사실을 소유하고 있는 사람들에게 꿈을 통하여 알려주기 때문이다.

사람들이 알고 있는 대로 신의 기운이 들어 있지 않아 귀신을 물리칠 수 없거나 재난이나 불행을 예방할 수 없는 가짜 벽조목들은 소유자와는 관계없이 영적 효과가 전혀 없다.

반면 신의 기운이 들어 있는 진짜 벽조목은 소유자와 관계없이 영적 효과가 탁월하지만, 영능력자가 아닌 일반인이 소유했을 경우에는 큰 고통과 불행한 상황에 직면할 수 있다.

진짜 벽조목에 담을 수 있는 기운은 사후세계에 존재하는 음기운이 강한 귀신과 영계 영이나 신계 신의 기운이다.[14]

처음 진짜 벽조목에 담겨 있는 기운은 벽조목 스스로 주변에 있는 영적 기운을 흡수하여 귀신의 기운과 신의 기운이 혼재된 상태이기 때문에, 일반 사람들이 아무런 의식 없이 목에 걸고 다니거나 몸에 지니고 있으면 제일 먼저 욕심 많은 귀신의 기운으로 빙의만 되어 귀신을 물리치기는커녕 귀신과 함께 살아가게 되는 불행한 경험을 하게 된다.

귀신은 사람을 지배하려는 강한 욕구가 있지만 신에게는 사람을 지배하려는 욕구가 전혀 없어 영능력자들이 관여하지 않는다면 사람에게 빙의되는 존재는 귀신들의 기운뿐이다.

귀신과 신의 기운이 혼재하여 있는 진짜 벽조목도 어떤 의식을

---

14) 퇴마사 또는 무속인들은 사후세계에 존재하는 강한 귀신들을 신이라고 부르고, 약한 귀신들을 잡신 또는 허주라고 부르고 있지만, 도가(道家)의 영능력자들이 볼 때는 둘 다 모두 사후세계에 존재하는 귀신일 뿐이다.

행하지 않으면 물 위에 올려놓았을 때는 일반 벽조목처럼 물속으로 가라앉게 된다.

영능력자들은 기도와 각종 영적 방법을 총동원하여 벽조목에 들어있던 귀신과 신의 혼재된 모든 기를 뽑아버린 후 물 위에 놓게 되면 처음에는 물에 가라앉았었던 벽조목도 물 위로 뜨게 된다.

이때 물 위에 떠 있는 벽조목에게 원하는 소원을 빌게 되면 비는 소원을 관장하는 신이 벽조목 속으로 들어가면서 다시 나무가 무거워져 물속으로 가라앉게 되고, 신의 기운만이 들어간 벽조목은 소원을 빈 사람의 일생(一生) 동안 함께 동행하여 돕기 때문에, 현세계에 사는 어떤 영능력자들도 벽조목에 한 번 들어간 신의 기운을 뺄 수 없는 상태가 된다.

진짜 벽조목은 겨울에도 소유한 사람의 몸에 가벼운 화상이 생길 정도로 나무에서 수시로 스스로의 힘으로 열을 발생하며, 제 3의 눈의 위치인 이마 가운데와 머리띠를 두르는 곳에 맞닿은 머리 부분에 기(氣) 에너지를 모이게 하고, 머리 외부는 열이 나지만 내부는 에어컨을 작동한 것처럼 시원한 상태로 만들며, 기도를 시작하면 소유자의 육체에 있는 모든 피부를 곤두서게도 한다.

이런 현상이 나타나는 벽조목만이 귀신을 물리치고 재난이나 불행을 예방할 수 있는 것이다.

제19장

정감록(鄭鑑錄)과 부정타는 개고기

친척 형은 매일 3회씩 아침 점심 저녁때 자신이 모시는 보이지 않는 신에게 삼배(三拜)를 하는 의식을 행하였으나 나에게는 강요하지 않았다.

그러던 어느 날 형이 나를 물끄러미 바라보면서 자신의 생각으로는 세상 사람들의 마음속 품은 뜻도 잘 알 수 없지만, 신들이 품고 있는 뜻도 도저히 모르겠다고 한탄하였다.

친척 형은 나의 미래를 보았을 때 분명히 내가 친척 형이 모시는 신뿐만 아니라 세상에 존재하는 모든 종교들의 영적 행위들을 파괴하는 신장(神將)들의 선봉에서 최고의 활약을 하는 선봉장 역할을 수행하고 있는데도 불구하고 친척 형이 모시고 있는 신이 나를 왜 도와주라고 하는지 도저히 알 수가 없다고 말했다. 또한, 세상에 존재하는 종교가들의 반대편에 서 있는 나를 영능력자들은《장관(將官)》이라고 호칭하는 것도 지금은 도저히 이해가 되지 않는다고 말하면서 그 해답을 찾기 위해서 당분간 나의 사주팔자 풀이와 기도에 전념하겠다고

213

말했다.

나는 내가 어느 부처의 《장관(長官)》이 되느냐고 친척 형에게 되물어 보았고 친척 형은 국토부 《장관(將官)》이 될 것이라고 대답해 주었다. 친척 형의 대답을 들은 나는 우리나라에는 국토부가 없는데, 내가 어떻게 《장관(長官)》이 될 수 있느냐고 반문하자 형은 나에게 영능력자들이 말하는 《장관(將官)》이란 자신들을 이끌어 주는 사상의 지도자를 말하며, 국토부라는 뜻은 새로운 사상(思想)과 새로운 사상으로 세상을 새롭게 변화시키는 장소를 만든다는 것이라고 말해주었다.

일주일이 지난 뒤 친척 형은 나에 대하여 많은 것을 알게 되었다고 말하고는, 정다운 스님이 지은 소설 『정감록』을 나에게 선물로 주면서 정독(精讀)으로 읽어보라고 권유하였다.

:: 정다운 스님의 소설 『정감록(鄭鑑錄)』

승려(僧侶)이며 시인인 정다운 스님이 쓴 장편 소설로 총 3권으로 구성되어 있다. 우리 민족사의 예언서인 정감록을 판독한 해설 전집으로 천기(天氣)를 전수받은 도선국사(道詵國師)가 천기(天氣)를 비기(秘記)로 바꾸어 전한 것이 정감록(鄭鑑錄)이며, 책 내용에는 정감록의 3대 예언과 혼탁한 세상을 구할 정도령에 대한 이야기 등이 수록되어 있다.

일주일 만에 나는 『정감록』 3권을 재미있게 완독하였고, 친척 형과 정감록의 3대 예언 중 아직 발생하지 않은 후천개벽(後天開闢) 예언과 세상을 구할 정도령(正道靈)에 대하여 서로의 생각을 나누게 되었다.

친척 형은 후천개벽이란 급속도로 발전하는 물질문명에 발맞추어 비약적인 정신문명의 발전을 가져오는 어떤 현상일 것이라고 말하고, 정도령(正道靈)이란 자만과 교만에 빠진 종교인들과 영능력자들의 종교 교리와 의식에서 벗어나게 할 수 있는 바른 생각을 세상에 발표하는 사람들이 아닐까 생각한다고 말했다.

나 역시 『정감록』에 기술된 내용에 대하여는 많은 부분이 사실과 다를 수 있다고 생각하였지만, 조만간 사상혁명이 일어나게 될 것이라는 사실과 정도령(正道靈)의 출현에 대하여는 공감도 하고 기대감도 갖게 되었다고 말했다.

다음은 내가 사후세계와 영계의 여행을 다녀온 후에 정립한 견해로 정감록에 나오는 후천개벽 예언과 정도령(正道靈)의 실체에 대한 나의 해석이며, 기존에 발행된 서적이나 포털사이트에서 주장하는 내용과는 많이 다르다.

에피소드 1 : 정감록(鄭鑑錄)에 수록된 후천개벽(後天開闢) 예언(豫言)에 대한 나만의 해석
　살아자수(殺我者誰)오,
　소두무족(小頭無足)이 신부지(神不知)라.

활아자수(活我者誰)오,

사답칠두락(寺畓七斗落)에 부금(浮金)은 냉금(冷金)이니,

종금(從金)하라.

엄택곡부(奄宅曲阜)라.

삼인일석(三人一夕)은 이재전전(利在田田)하니

도하지(道下止)하라.

• 해석

나를 죽이는 존재가 무엇인가?

사후세계(死後世界)에 존재하는 영혼(靈魂)이나 영계(靈界)에 살고
있는 영(靈)으로서 무속(巫俗) 또는 종교(宗教)에서 섬기고 있는 신
(神)이었다는 사실을 알지 못한다.

나를 살리는 존재는 무엇인가?

칠성의 기운(氣運)이 서린 자립하여 운영되는 장소로 하늘에 있
는 최고 신(神)의 가르침이 내려왔으니 가르침을 따르라

영(靈)적으로 편안하고 안정적인 삶을 살게 될 것이다.

수행하는 방법은 마음의 밭과 삶의 터전인 밭을 잘 닦기만 하면
누구나 신(神)이 될 수 있다.

• 풀이

세상 사람들에게 예언(豫言)서는 진짜 자신을 죽이는 존재가 무

엇이었는지 물어보면서, 그 존재의 실체가 바로 소두무족(小頭無足)이라고 알려준다.

소두무족(小頭無足)이란 발이 없는 의식(意識)만을 가진 존재로 종교(宗敎)가 없는 사람들은 귀신(鬼神)이라고 부르고, 무속인(巫俗人)들은 자신들이 모시는 사후세계(死後世界)에 존재하는 영혼(靈魂)인 신(神)이라고 주장하는 존재이며, 종교가(宗敎家)들은 자신들이 모시는 영계(靈界)에 살고 있는 신(神)이라고 주장하는 영(靈)적 존재를 말한다.

소두무족(小頭無足)이 지금 이 순간에도 세상 사람들에게 신(神)으로 숭배받고 있다는 사실을 알지 못한다고 말해준다.

《살아자수(殺我者誰)오,

소두무족(小頭無足)이 신부지(神不知)라.》

첫 문장의 전체 뜻은 세상 사람들의 영(靈)을 죽이는 진짜 실체는 우리와 같은 타인의 영(靈)인 영(靈)적 존재였으며, 영(靈)적 존재의 실체가 바로 무속인(巫俗人)이나 종교인(宗敎人)들이 모시는 신(神)이라는 존재이지만 세상 사람들은 그러한 사실을 전혀 모르고 있다고 말한다.

자신을 살리는 존재가 칠성(七星) 기운(氣運)이 있는 자립되어 운영되는 영(靈)적 가르침의 장소에 있는데, 신계(神界)에 있는 신(神)의 기운(氣運)이 알려주어 내려온 것이니, 신(神)의 말씀을 따르면, 바른길인 영(靈)적으로 안정된 삶을 살 수 있다는 뜻이다.

사답(寺畓)이란 사찰(寺刹)이 소유한 논을 뜻하며, 신도(信徒)들의 헌금이나 보시가 아닌 자립하여 운영되는 장소를 말한다. 칠두(七斗)란 북두칠성만을 뜻하는 것이 아니라 모든 사람들의 생활을 관장하는 신(神)의 기운(氣運)을 뜻하는 것이다.

금(金)이란 신(神)중의 신(神)인 최고의 신(神)을 말하며, 부금(浮金)이란 신계(神界)에 거주하는 신(神)의 기운(氣運)을, 냉금(冷金)이란 현세계로 온 신(神)의 기운(氣運)을 말하고, 종금(從金)이란 신(神)의 기운(氣運)을 따르라는 뜻이다.

엄택곡부(奄宅曲阜) 즉 안정이 보장된 곡부 땅에 오랫동안 집을 짓고 살아간다는 뜻으로 안정되고 평화롭게 오랫동안 살 수 있다는 뜻이다.

영(靈)적 가르침을 주는 장소에서 알려주는 수행하는 방법은 무속인(巫俗人)들이 신(神)으로 숭배하는 사후세계(死後世界)에 살고 있는 신(神)이라고 주장하는 영혼(靈魂)이나 종교인(宗敎人)들이 숭배하는 영계(靈界)에 거주하는 신(神)이라고 주장하는 영(靈)적 존재들에 의존하는 것이 아니라 자신 안에 있는 마음의 밭과 자신이 살아가고 삶의 터전인 밭을 잘 갈고 닦는 행위만이 모든 영(靈)적 문제를 해결하는 방법이며 그 수행법으로 신(神)이 될 수 있다는 뜻이다.

삼인일석(三人一夕)은 닦을 수(修)의 파자이며, 전전(田田)이란 사람들이 삶을 살아갈 때 필요한 정신 또는 마음의 밭과 먹고 사는 삶의 터전인 밭을 뜻하며, 도하지(道下止)란 도(道)에 머물다 즉 스스로 깨닫고 신(神)이 된다는 뜻이다. 도(道)의 뜻이 바로 신(神)이기 때문이다.

나는 사후세계(死後世界)와 영계(靈界)를 여행하면서 현세계에서 열심히 신(神)을 섬기던 무속인(巫俗人)과 종교(宗敎) 신도(信徒)들의 영혼(靈魂) 또는 영(靈)들을 만나보게 되었다.

사후세계(死後世界)에 존재하는 영혼(靈魂)들을 신(神)이라고 믿던 무속인(巫俗人)들은 죽음을 맞이한 후 영계(靈界)로 가지 못하고 사후세계(死後世界)에 남아 자신이 모시고 있던 가짜 신(神)인 영혼(靈魂)들의 노예로 살고 있었다.

영계(靈界)에 존재하는 영(靈)들을 신(神)이라고 믿고 있던 종교가(宗敎家) 또는 신도(信徒)들은 죽음을 맞이하여 영계(靈界)로 진입하면 자신이 모시고 있던 진짜 신(神)이라고 주장하는 영(靈)들을 모시는 종교(宗敎) 집단 거주지인 천국(天國) 또는 지옥(地獄)에 남아 윤회(輪廻)를 거부한 영생(靈生)을 추구하며 영(靈)들의 노예로 살고 있었다.

이렇게 무속인(巫俗人)들과 종교인(宗敎人)들이 영(靈)적 노예로 살아가게 된 원인은 진짜 신(神)들이 준 주체의식(主體意識)을 버리고, 신(神)내림 또는 영접(迎接)이라는 듣기 좋은 말로 사후세계(死後世界)의 영혼(靈魂)들, 영계(靈界)의 영(靈)들과 노예 계약을 체결하였기 때문이었다.

무속인(巫俗人)과 종교인(宗敎人)들은 자신들이 생각할 수 능력마저도 모두 자신들이 신(神)이라고 주장하며 모시고 있는 타인의 영혼(靈魂) 또는 영(靈)들에게 팔았기 때문에 차원이 다른 세계인 신계(神界)에 살고 있는 진짜 신(神)들의 영감(靈感)을 받을 수 없어 끊임없이 고통을 받고 있었던 것이었다.

정감록(鄭鑑錄)에 수록된 후천개벽(後天開闢) 예언(豫言)의 진짜 뜻은 세상 사람들이 죽음을 맞이하여 자신의 영(靈)을 구원하여 줄 수 있다고 믿었던 자신이 숭배하던 신(神)이라는 존재가 사실은 그러한 사람들의 욕망을 이용하여 사람들이 원래 가지고 있던 주체의식(主體意識)을 빼앗고 영(靈)적 노예로 만들어 자기 스스로는 아무것도 할 수 없는 존재로 만들어 사람들의 영(靈)을 죽이고 있었다는 사실을 말해주는 것이다.

이를 크게 걱정한 신계(神界)에 거주하는 신(神)들이 세상 모든 일에 관여하는 칠성(七星) 기운(氣運)이 깃든 장소에서 영(靈)적 가르침을 보내주니, 가르침을 잘 이해하는 사람들은 영(靈)적으로 매우 안정적인 삶을 살게 될 것이라고 말한다.

신(神)이 보내주는 가르침의 근본 내용은 무속인(巫俗人)들이나 종교인(宗敎人)들처럼 과거에 살았다 죽음을 맞이한 다른 사람들의 영혼(靈魂)이나 영(靈)들을 신(神)으로 섬기는 행위가 아니라 세상에 존재하는 모든 사람들과 함께 살면서 자신의 마음을 스스로 닦고, 자신이 살고 있는 터전(삶의 근거지)을 닦아야 죽음을 맞이하여도 영(靈)적 고통에 빠지지 않고 신(神)이 되어 신계(神界)로 갈 수 있다는 뜻이다. 도(道)는 신(神)의 다른 표현이다.

다시 말하면, 사람들의 영(靈)을 구원하는 진짜 실체는 신(神)을 섬기고 숭배하는 것이 아니라 스스로 깨닫는 것이다.

칠성(七星)의 기운(氣運)이 있는 자립되어 운영되는 영(靈)적 가르침의 장소가 있다고 하여도, 그 장소에 자신의 삶을 맡겨서는 안된다.

진짜 칠성(七星)의 기운(氣運)이 있는 자립되어 운영되는 영(靈)적 가르침을 주는 장소에서는 신(神)의 가르침을 주겠다며 사람들을 모으려는 홍보행위를 절대 하지 않는다.

신(神)의 가르침은 자기 스스로 주체의식(主體意識)을 가지고 현세계(現世界)의 삶을 즐겁게 살면서 다양한 정보를 축적하고 되돌아오라는 것이기 때문에, 자신을 둘러싼 모든 정보와 환경은 자신 스스로의 힘으로 성장하기 위한 원동력으로 활용되는 보조 자료일 뿐이다.

노장사상은 《도(道)》라 말하고 나는 《신(神)》이라 부른다.

사람들이 아무리 눈으로 보려고 노력해도 볼 수 없는 이(夷), 사람들이 아무리 귀로 들으려고 하여도 들을 수 없는 희(希), 사람들이 아무리 손으로 만지려고 하여도 만질 수 없는 미(微)라는 세 가지가 있는데 이것들은 어우러진 하나라는 것이다.

-현세계(現世界)와 차원이 다른 신계(神界)는 눈으로 보지 않아도, 귀로 듣지 않아도, 손으로 만지지 않아도 동시에 어우러진 하나로 인식(認識)되는 세계다.

처음과 끝을 볼 수 없을 정도로 무한대로 이어진 물질 아닌 형상(形象)으로 홀로 존립하지만 변하지도 않고, 스스로 움직이지만 지치지도 않는다

−정보를 가진 생기(生氣)인 신(神)의 실체에 관하여 말하는 것 같다.

천하(天下) 만물(萬物)의 어머니가 되지만 그 이름을 몰라서, 도(道)라고 쓰고, 크다(위대하다)라고 부른다.

−범아신(凡我神)에 관하여 말하는 것 같다.

도(道)를 신(神)으로 보는 것은 나의 견해와 일치하지만, 노장(老莊)사상에서는 홀로 구분된 의식체인 신(神)과 구분되지 않는 의식체인 범아신(凡我神)을 구별하지 않고 혼재하여 쓴 것 같다.

에피소드 2 : 정도령(正道靈)의 실체

많은 서적과 포털사이트에서는 정도령(正道靈)이란 세상 사람들을 바른길로 인도하며, 온 세상을 새로운 사상으로 구원할 위대한 성인(聖人) 또는 성인(聖人)들로 묘사하고 있지만 나는 다르게 생각한다.

정도령이란 혼탁할 세상을 구제할 정도령(正道靈)이라는 사람이 아닌 정도령(正道令, 신을 바로 알자는 내용의 글)이라는 율령과 같은 공법으로 세상 사람들에게 신(神)([도(道)=신(神)])에 대하여 바르게([정(正)]) 알려주어 하늘과 땅 그리고 사람의 근본을 알게 함과 동

시에 끊임없이 재창조와 발전을 이룰 수 있는 지혜와 깨달음을 전해주는 말씀【영(令)】을 담은 서적들이라고 본다.

신들의 영적 말씀을 기록하고 정리한 글들이 바로 혼탁한 세상을 구제하기 위하여 세상에 모습을 드러낸 정도령(正道令)이며, 주옥같은 영(靈)적인 말씀을 실제로 기록하였지만 세상에 드러나지 않고 조용하게 사라지는 존재들이 정도령(正道靈)이다.

내가 거주하고 있던 집주인은 자신이 기르던 어미 개가 예쁘게 생긴 하얀 강아지를 많이 낳았다며, 나에게 무료로 한 마리 분양하여 주겠다고 말했다. 그로부터 3개월이 지난 어느 날 나는 새끼강아지들 중에서 나를 보고 제일 반겨주는 한 마리의 강아지를 선택하여 파트라슈라고 이름을 지어주고 분양받아 키우게 되었다.

파트라슈는 출생한 기간이 어느 정도 지나서인지 같은 집에 살고 있는 어미 개에게는 좀처럼 가까이 가지 않았고, 내가 직접 주는 우유를 잘 받아먹으면서 나를 무척 잘 따라 다녔으며, 나 역시 귀여운 파트라슈를 자주 안고 다녔는데, 그러한 나의 행동을 친척 형은 매우 못마땅하게 생각하고 있었다.

모든 살아있는 생물은 기(氣)라는 것이 존재하는데, 사람이 개를 안아서 키우게 되면 사람과 개 사이에 끊임없는 기(氣) 교류로 자신의 주변에 살고 있는 다른 사람들은 전혀 고려하지 않고, 오직 자신과 가족의 구성원만을 생각하는 협소한 마음의 소유자가 된다고 말하면서, 개는 가족처럼 키우는 것이지 가족이 아니라는 생각을 항상 가지고 있으라고 주장하였다.

나는 형에게 개고기를 먹느냐고 물어보았고, 친척 형은 자신도 일반적인 영능력자들과 마찬가지로 부정(不淨)이 생기기 때문에 개고기를 먹지 않으며, 영능력자들과 마찬가지로 먹지 않는 이유는 일반 사람들과 이유와 매우 다르다고 대답해 주었다.

나는 매우 귀엽고 친근한 개들을 먹는 사람들에 대한 친척 형의 견해도 함께 물어보았는데, 친척 형의 대답은 내가 평소 생각하고 있던 것과는 매우 달랐다.

과거 중국 춘추시대 제사에는 말, 소, 양, 닭, 개, 돼지 등 여섯 종류의 가축이 사용되었고, 『예기』에 천자(天子)도 개고기를 먹었다고 전해지며, 과거 우리나라 선조들도 개고기를 즐겨 먹었을 것이라고 생각한다고 말했다.

각 나라의 음식 문화는 거주하는 사람들의 인식 차이에서 생성되는데, 유목 민족의 전통을 가지고 있던 서양에서는 사람들을 대신하여 양이나 염소를 몰아주는 개가 소중한 동물이었기 때문에, 개를 가족의 구성원처럼 소중하게 여기게 되었으며, 사람들이 소중한 개를 잡아먹는다는 것은 야만적인 행위로 판단하였다고 말했다.

그러나 농경 민족의 전통을 가지고 있던 동양에서는 사람들을 대신하여 논과 밭을 갈아주는 소가 소중한 동물이었기 때문에, 소를 가족의 구성원처럼 소중하게 여기게 되었으며, 사람들이 소중한 소를 잡아먹는다는 것은 야만적인 행위로 판단하였다고 말했다.

뜨거운 사막 더위에서 살고 있는 아랍인들이 더위에 쉽게 상하는 돼지고기를 식용할 경우 병을 유발하기 때문에 종교 율법으로 돼지고기의 식용을 금지시켰으며, 나무 땔감이 부족하여 소의 똥으로 나무 땔감을 대체하여 살고 있는 인도 지역에서는 소똥의 제공뿐만 아니라 인도 지방의 딱딱한 토양을 갈아 농사를 짓게 도와주는 소중한 존재인 소를 식용하는 행위를 금지시켰다고 말했다.

소를 숭배하는 인도 사람들의 관점에서는 소고기를 먹는 사람들이 야만인이며, 돼지고기를 먹지 않은 아랍인들의 관점에서는 돼지고기를 먹는 사람들이 야만인이고, 개를 먹지 않는 서양인들의 관점에서는 개를 먹는 사람들을 야만인이라고 생각하는 행태는 다른 사람들이 살고 있는 지역적 환경을 전혀 고려하지 않고 자신만이 살고 있는 지역적 환경으로 세상을 바라보는 매우 협소한 사고관에서 나온 사상일 뿐이라고 말했다.

사람들이 지은 축사에서 태어나고 자랐지만 결국 사람들의 손에 이끌려 도축장으로 향하면서 커다란 눈망울에 눈물이 가득 고인 불쌍하고 애처로운 소들이 존재하는데, 자신들과 조금 더 친근하게 살았던 개는 식용하면 안 되고, 좀 더 친근하지 않았던 소는 식용해도 된다는 생각은 너무 편협한 생각이라고 말했다.

우리나라 개 식용 문제는 비위생적인 사육과 잔인한 도축 환경 개선이 시급하고 당면한 문제일 뿐, 식용 대상이 되느냐 아니냐는 전혀 관련이 없다고 생각한다고 말했다.

영능력자들이 개를 바라보는 관점은 바로 앞 전생(前生)에 나와 인연이 있던 조상이나 자손이었거나, 과거 사람으로 태어난 이후에 다시 개로 환생한 존재이거나 또는 사람으로 환생하기 직전 마지막 동물로 태어난 존재로 보기 때문이며, 특히 자신들이 모시고 있는 신들도 식용하지 못하게 하기 때문이라고 말했다.

또한, 친척 형은 본인도 개고기를 먹으면 자신이 부리던 귀신들조차 자신을 도와주기를 거부하며, 사후세계에 있는 영혼들도 매우 싫어하기 때문에 개인적으로 먹지 않는다고 말했다.

친척 형도 사후세계에 존재하는 영혼들이 현세계에 살고 있는 사람들에게 개를 식용하지 못하게 하는지 모르고 있었지만, 나중에 내가 사후세계와 영계를 여행하면서 그 이유를 자연스럽게 알게 되었다.

에피소드 3 : 부정(不淨)타는 개고기

나는 어떤 사람들은 개고기를 먹어도 부정(不淨)이 없는데, 어떤 사람들은 개고기를 먹으면 왜 부정(不淨)이 생길까 매우 궁금하였다.

또한, 옛날 전설에는 소가 된 조상 등의 이야기가 사람들에게 많이 회자(膾炙) 되었지만, 현재에는 완전하게 사라진 이유를 몰랐지만, 사후세계와 영계의 여행을 다녀온 후 그 해답을 자연스럽게 알게 되었다.

현세계의 삶을 살아가다가 죽음을 맞이하여 바로 영계로 가지 않고, 사후세계에 남겨진 영혼들 중에서 자신들의 후손이나 자신을 신으로 숭배하는 신자들에게 영적 힘을 행사한 경우에는, 향후 영계의 '영적정화소'에서 영과 영의 정산이 아닌 신과 영의 정산을 하게 되어 자신의 영이 찢겨져 낮은 에너지를 소유하게 되어 사람이 아닌 동물로 환생하게 된다.

현세계에서 환생한 동물들이 사람들에 의하여 잔인한 죽음을 맞이하게 된다는 상황을 잘 알고 있는 사악한 영혼들은 신장(神將)들에 의하여 영계로 붙잡혀 오기 전까지 사후세계에서 같이 살던 동료나 친한 영혼들에게 자신이 현세계에서 동물로 환생할 때 사람들에 의하여 잔인한 죽음을 맞이하지 않도록 서로 돕는 협정을 체결하고 규정함으로써 나름대로 안전장치를 해 놓은 것이 부정(不淨)타는 개고기의 유래이다.

사악한 영혼들이 영계의 '영적정화소'에서 자신이 환생할 동물을 선정하는 기준은 과거 가문(家門)과 유대관계를 중시하였던 농경 시대에는 사람들과 제일 친근하였으며, 농경지를 경작할 때 꼭 필요한 동물인 소로 환생하였다.

과거 농경 시대에 살았던 사람들은 자신들에게 꼭 필요한 소중한 존재인 소를 함부로 죽이는 일이 없었기 때문에, 소를 선택하여 환생하였을 뿐만 아니라 심지어는 자신과 직접적 인연이 있는 가문 소속 후손들의 꿈속에서도 나타나 자신이 소로 환생할 예정임을 알려주어 사람들에 의한 비참한 죽음을 모면하고자 하는 각종 노력을 한다.

농경시대가 끝나고 가문이 아닌 가족과의 돈독한 유대관계만 남아있는 현재의 산업시대에서는 사람들과 함께 집안에서 살며 제일 친근한 동물인 애완견을 선택하여 환생하고 있다.
애완견을 기르는 사람들은 자신이 기르는 애완견을 함부로 죽이는 일이 없기 때문에 개를 선택하여 환생하였을 뿐만 아니라 심지어는 가문의 후손이 아닌 동물보호단체에 소속된 사람들의 꿈속이나 마음속에 영감을 주어 사람들에 의한 비참한 죽음을 모면하고자 한다.

영계에서 환생할 영과 제휴한 사후세계에 거주하는 영혼으로부터 영감을 받게 된 동물보호단체에 소속된 사람들은 애완견이 아닌 사육장에서 사육되어 도살되는 개에게도 소나 돼지, 닭들의 죽음보다 훨씬 민감하게 반응하게 된다.

종교를 믿지 않거나 영적 에너지가 활발하지 않는 현세계에 살고 있는 사람들은 사후세계에 존재하는 영혼들의 지배를 받지도 않으며, 영적 교감도 없기 때문에, 개고기를 먹어도 부정(不淨)타는 일이 없다.

반면, 사후세계에 존재하는 영혼들의 지배를 받는 사람들은 개고기를 먹으면 사후세계에 존재하는 자신들의 조상 영혼이나 불가시 존재들의 영혼들에게 즉시 보복을 당하게 된다.

또한, 영적 에너지가 활발한 사람들은 사후세계에 존재하는 영혼들이 개고기를 먹는 사람들에게 분노하는 기운을 무의식적으로 느껴 개고기를 먹으면 부정(不淨) 탄다고 생각하지만, 사후세계에 존재하는 영혼들과 인연을 두고 있지 않다면 사실상 부정(不淨) 타는 일은 없다.

그리고 과거 다른 동물로 태어났다가 환생할 경우에는 대부분이 사육장에서 길러지는 개로 태어나고 있으며, 과거 사람으로 태어났다가 환생할 경우에는 사육장에서 길러지는 개가 아닌 집안에서 귀여움받는 애완견으로 태어나고 있다.

그렇기 때문에 애완견을 잡아먹는 행위는 가엾고 불쌍한 영적 마음의 문제가 될 수 있지만, 사육장에서 길러진 개를 먹는 행위는 다른 동물들이 도축되는 행위와 마찬가지다.

내가 개고기를 먹지 않는 이유는 다음 환생 때에 사람으로 태어날 가능성이 가장 높고, 식용한 개가 사람으로 환생할 경우에도 내가 윤회를 벗어나 신계로 가지 못한 상황에 직면하게 되면, 어쩔 수 없이 함께 현세계에서 악연으로 살아야 한다는 보편적인 사실을 잘 알고 있기 때문이다.

사악한 영들이 자신들이 환생하는 동물을 과거에는 소에서 현재에는 개로 변경하였듯이, 향후 미래에는 환생하기를 원하는 동물의 종류도 점차 다양해지고 있어, 사람들이 잡아먹지 말아야 할 동물을 개로 국한하여 생각하면 안 된다.

나는 사람들이 키우는 애완동물의 종류가 점차 다양해지고 있는 원인이 과거 사람으로 태어났었던 영이 다시 동물로 환생할 수밖에 없는 상황에 직면했을 때 환생하기를 원하는 동물들이 다양해지고 있기 때문이라고 생각한다.

사후세계에 존재하는 사악한 영혼들의 도움이 전혀 필요 없는 사람들에게는 개고기의 식용 여부와 관계없이 부정(不淨) 타는 일이 존재할 수 없으며, 영적 성장에도 어떤 영향을 받지 않는다.

제20장

살(煞)

며칠이 지난 어느 날 친척 형은 신의 기운을 담을 수 있다는 벽조목을 꺼내어 나에게 보여주며 진심으로 신을 만나 볼 생각이 있는지를 다시 한 번 물어보았다.

내가 마음의 준비가 다 되었다고 말하자, 친척 형은 지금부터 한 달뒤 무속인들이 행하는 의식과는 전혀 다른 진짜 신내림의 의식을 나에게 거행할 예정이라고 말해 주면서 일반 사람들은 평생 살아도 겪지 못할 영적 체험이 될 것이라고 말해주었다.

나에게 신의 기운을 전달하고자 하는 친척 형이 모시고 있는 신들과 나에게 거행되는 의식을 방해하려는 반대편에 있는 신들과의 영적전쟁이 지금부터 한 달 동안 시작될 것이며, 반대편에 있는 신들이 만든 살(煞)에 내가 맞으면 곧바로 사망할 수도 있으니, 친척 형의 지시를 잘 따르고 최대한 살아남기 위해 본인 스스로 부단한 노력을 다하라고 당부하였다.

살(煞)

사람을 포함한 생물이나 물건을 해치는 흉악한 기운(氣運)을 뜻하며, 우리나라에서는 살(煞)의 개념을 무(巫)의 살(煞), 풍수지리의 살(煞)과 민간에서의 살(煞)로 크게 구분한다.

일반적으로 사람들이 살(煞)을 맞았다는 뜻은 잡귀 또는 잡귀의 기운이 사람이나 물건에 붙었다는 의미로 해석하지만, 도가(道家)에서는 현세계에 존재하는 총이나 폭탄 같은 무기들처럼 사후세계에 살고 있는 영혼이나 영계에 거주하는 영들이 영계의 '영적정화소'에서 사람들의 설정한 운명의 궤적을 바꾸거나 이탈시킬 때 사용하는 일종의 무기라고 보고 있다.

예로 사냥개의 경우 총소리가 난 후 멧돼지가 사망한다는 사실을 알고 있으면서도 총의 개념을 이해할 수 없듯이, 사람들도 살(煞)을 맞으면 죽거나 크게 다친다는 사실을 알고 있으면서도 죽음을 맞이한 후가 아니라면 살(煞)의 구조를 이해하기 어렵다.

이날부터 한 달간 나는 양쪽 신들의 전쟁으로 인하여 큰 영적 피해를 입게 되어 몸과 마음이 점차 피폐해져 갔다.

에피소드 1 : 반대편 신(神)이라는 영(靈)과의 만남

다음 날 저녁 11시경 친척 형은 나를 죽이려는 신들이 움직이기 시작했다고 말하면서 그 실체를 보여줄 테니 친척 형과 함께 집 밖으로 나가 보자고 말했다. 친척 형의 제안에 나는 약간 두려운 마음이 생겼지만, 친척 형이 나를 보호해 줄 수 있다는 믿음을 가지고 집 밖으로 나와 함께 산책을 하였다.

친척 형은 나에게 교회 철탑 위에서 반짝반짝 빛나는 빛을 가리키며 저것이 바로 너를 해치려고 하는 신이라고 알려 주었지만, 친척 형이 가리킨 장소를 본 나는 친척 형이 말한 빛은 교회 십자가에 설치된 전기 불빛이라고 반문하였다.

내 반문에 어이없는 웃음을 짓던 친척 형이 손가락으로 불빛을 가리킨 순간 교회 철탑 위 십자가에서 반짝반짝 빛나던 불빛이 순식간에 다른 장소로 이동하였지만 그러한 현상에도 불구하고 나는 친척 형의 말을 전혀 믿지 않았다.

그러나 나는 친척 형과 산책에서 집으로 되돌아온 그 날 새벽 1시경에 우리 집 화장실 문틈으로 조그만 불빛이 캄캄한 허공에서 나에게 가까이 왔다가 다시 먼 곳으로 이동하기를 반복하며 허공을 계속해서 돌아다니고 있는 것을 목격하게 되었다.

나는 화장실 문틈 사이로 밤하늘의 허공을 돌아다니는 불빛의 모습을 자세하게 관찰하려고 하였는데, 형이 다급한 말로 신에게 현혹되어 빙의 될 수 있으니 불빛을 자세하게 보려 하지 말라고 신신당부하였다.

내가 관찰하고 있는 반짝반짝 빛나는 불빛은 신이라고 불리는 영혼으로 자세하게 보는 순간 환상(幻想)과 환영(幻影)에 사로잡혀 빙의 될 수 있다고 친척 형은 주장하였다.

멀리서 보았을 때는 샛별처럼 빛나는 아름다운 불빛이지만 가까운 거리에서 보게 되면 화려하고 예쁜 여자의 형태인 환영 등 자유자재로 보이는 형상을 둔갑하여 준비되지 않은 나의 정신을 완전하게 홀릴 수 있다는 설명이었다.

반짝반짝 빛나는 불빛은 새벽 3시까지 내 집 주변에 있는 높은 장소들을 반복적으로 빠르게 이동하면서 계속 빛나고 있었고, 나를 보호한다는 친척 형은 내 곁에서 나와 함께 뜬눈으로 밤을 지새워주었다.

에피소드 1 : 빛나는 신(神)이라 불리는 영혼(靈魂)

사람을 포함하여 생기를 감싼 영을 가진 생물과 미생물로 구성된 모든 만물인 영체는 우리 눈에는 보이지 않지만 영 안에 있는 생기의 빠른 움직임으로 생성된 진동으로 발생하는 고유 파동을 가지고 있다.

영 안에 있는 생기의 빠른 진동으로 생성된 파동은 영체가 정신적·물질적 활동을 할 수 있는 원천인 기(氣) 에너지와 자신의 영을 제외한 모든 영체와 교감할 수 있는 주파수를 생성시켜준다.

생성된 에너지는 다시 물리적 진동 에너지와 영적 진동 에너지로 구분할 수 있으며, 물리적 진동 에너지는 크게 형태 에너지, 소리 에너지, 빛 에너지, 그리고 육체적 힘 에너지와 감정·의식인 정신 에너지의 합인 운동 에너지를 만들어 낼 수 있다.

반면, 영적 진동 에너지는 물리적 진동 에너지가 할 수 없는 특별한 두 가지 에너지를 더 만들어낼 수 있는데 영계의 '영적정화소'에서 설정한 사주팔자라는 운명에 대한 정보 등을 포함하여 주변에 있는 모든 정보를 흡수할 수 있는 흡수 에너지와 다른 사람들의 운명 궤적에 변화를 일으킬 수 있도록 만드는 발산 에너지인 살(煞)이다.

일반적인 사람들의 영은 사람들이 있었던 모든 장소에 손가락 지문처럼 자신으로부터 생성된 에너지의 흔적을 남기고, 남겨진 에너지의 흔적 속에는 과거와 현재뿐만 아니라 영계의 '영적정화소'에서 사주팔자라는 운명을 설정한 기간에 자신이 경험할 삶의 패턴과 일어날 일, 그리고 중요한 선택 기점들에 대한 정보가 남아 있다.

자신 스스로 계획한 영계의 '영적정화소'에서 설정한 운명적 삶의 과정을 다른 존재가 직접 개입하여 계획에 없었던 사건을 발생시켜 자신이 계획했던 운명의 궤적을 변하게 만드는 행위 자체를 살(煞)이라고 한다.

일반적인 영혼은 전구에서 불빛이 나는 원리처럼 영 안에 존재하는 생기가 끊임없이 움직이는 파동으로 발생하는 에너지로 공간을 이동하거나 자신의 생각과 모습의 형태를 바꾸는 환영을 보여줄 수는 있지만 선명한 빛을 발산하지는 못한다.

무속인들이나 영능력자들이 신이라고 부르는 영혼은 자신으로부터 생성된 영적 에너지뿐만 아니라 주변에서 생성된 영적 에너지까지도 흡수하고 활용할 수 있는 능력이 탁월하여 영이 선명하게 빛을 내거나 상당히 밝은 형태를 소유하고 있다.

우리가 직접 보고 느낄 수 있는 환상과 환영을 만들 수 있는 것도 영적 에너지이므로 빛이 강한 영은 사후세계나 현세계에 살고 있는 영혼이나 다른 사람들의 운명에 직·간접적으로 영향력을 행사할 수 있다.

에피소드 2 : 반대편 신(神)이라는 영(靈)이 설치한 살(煞)

그날 이후로 일주일 동안 밤마다 반짝반짝 빛나는 불빛은 나를 끊임없이 찾아왔고, 불빛을 정면으로 마주쳐 빙의되지 않으려고 노력하던 나는 밤마다 잠을 잘 수 없어 심신(心身)이 많이 피곤한 상태였다.

일주일이 지난 후에야 친척 형은 나에게 나를 빙의하려던 신을 잘 방어했다고 칭찬하면서, 그들은 나를 지배하려는 것을 포기하고 이제는 죽이려고 결정한 것 같아 더 큰 걱정이 된다고 말하였다.

친척 형의 불길한 말을 들은 나는 일반 사람들의 삶인 평범한 낮 생활도 힘이 드는데 밤이 되면 영적인 싸움도 함께해야 한다는 괴로움 때문에, 처음에는 친척 형에게서 벽조목을 받는 것을 포기할까 생각도 해 보았지만 아무 죄도 저지르지 않은 나를 무조건 해치려고 시도하는 나쁜 존재인 신에게 마음속 오기(傲氣)가 발동하여 정면으로 맞서보기로 결정하였다.

친척 형은 반대편 신이 나를 죽이려고 설치한 함정을 알기 위해서 밤마다 기도와 명상을 반복하는 행위를 하였고, 나는 죽음이라는 단어가 몹시 두려워 숙면을 전혀 취하지 못하고 있었다.

3일쯤 지났을 때 친척 형은 나를 불러 반대편 신이 설치한 함정을 찾았으며 함정을 피할 수 있는 방법도 알려줄 테니 절대 잊으면 안 된다고 신신당부하면서, 지금부터 내가 죽고 사는 것에 대한 결과와 책임은 오로지 나의 몫이라고 말했다.

이번 주 토요일 새벽에 내 자가용에 살(煞)을 설치하였으니 어떠한 일이 발생하더라도 그날 새벽에는 내가 직접 자가용을 운전하지 말라고 당부하였다. 만약 내가 그날 새벽에 자가용을 운전한다면 죽음을 맞이하거나 크게 다쳐 더 이상 의미 있는 삶을 살 수 없는 상태가 되기 때문이라고 설명해 주었다.

나는 친척 형에게 새벽에 자가용을 운행하지 않으면 해결할 수 있는 아주 간단한 일을 신이라는 존재가 함정이라고 파 놓은 자체가 이해가 되지 않는다고 답변하였지만, 친척 형은 신들의 함정은 내가 생각하는 단순한 것들이 아니라면서 내가 자가용을 운전할 수밖에 없는 상황을 이미 만들어 놓았다고 말했다.

영계에서 보내는 살(煞)은 무속인들이 말하는 살(煞)과 근본적으로 달라 영적인 사람들과 관련 없는 보통 사람들을 대상으로 살(煞)을 쏘거나 설치하는 경우는 거의 없으며, 아무런 능력이 없는 대부분의 일반 사람들 또한 살(煞)을 피할 수도 피할 방법도 전혀 없다고 말했다.

또한 영계에서 한 번 쏘거나 설치한 살(煞)은 100% 작용하기 때문에 풀 수 있는 어떠한 영능력자도 세상에 존재하지 않아 본인만이 직접 피하는 방법밖에는 없다고 말했다.

나는 친척 형과 나눈 이야기를 같은 도시에 살고 있었던 누나에게 말해주었고, 내가 걱정이 된 누나는 나에게 이번 주 금요일은 내 집에서 혼자 잠을 자지 말고 누나네 집으로 와서 함께 잠을 자고 다음 날 아침에 아침밥을 먹고 내 집으로 되돌아가라고 제안하였다.

나는 금요일 직장에서 퇴근하자마자 무거운 마음을 안고 누나가 거주하던 아파트 입구에 있는 주차장에 내 차를 주차하였고, 누나네 집을 방문하여 누나네 가족들과 함께 저녁을 먹은 후 내일 새벽이 빨리 오기를 바라는 마음을 간직한 채 곧바로 잠자리에 들었다.

그 당시 내가 근무하고 있던 장소는 국장님과 서무인 나 그리고 일반직원 3명이 함께 근무하던 곳으로 금융업무도 함께 취급하고 있었다. 새벽 3시경쯤 내 휴대폰에 전화벨 소리가 계속 울려 잠에서 깬 나는 전화기를 살펴보니 112에서 온 전화였지만 친척 형의 말을 기억하고 있던 상태라 처음에는 전화를 받지 않았다.

그러나 계속되는 112에서 온 전화벨소리에 할 수 없이 전화를 받는 순간 경찰관이라고 신분을 밝힌 사람이 많이 화가 난 말투로 지금부터 10분 이내로 빨리 내가 근무하는 사무실로 나오라고 말했다.

2시간 전부터 내가 근무하고 있던 사무실 금고에서 이상이 감지되어 보안업체 직원 2명과 경찰관 2명이 긴급하게 출동하였으나, 사무실 직원 어느 누구와도 전혀 통화가 되지 않는 상태로 업무처리를 진행할 수 없어 화가 많이 난 상태였던 것이다.

누나네 집에서 내가 근무하는 사무실까지는 뛰어가도 한 시간 이상 시간이 소요되는 거리에 있었기 때문에, 내가 근무하는 장소로 10분 내에 이동하려면 택시를 타거나 내 자가용을 직접 운전해야 하는 상황을 맞이하게 된 것이다. 그러나 불행하게도 지금으로부터 10년 전에는 새벽 콜택시가 운행되지 않던 시절로 내가 선택할 수 있는 유일한 방법은 내 자가용을 직접 운전해야 하는 방법밖에는 없었다.

내가 근무하고 있는 사무실 금고에 이상이 발생했다는 다급한 경찰관의 전화를 받고도 10분 이내가 아닌 한 시간 이상 지연되어 사무실에 도착한다면, 이 일로 인하여 나중에 징계도 받을 수 있는 상황이 될 수 있어 나는 신의 함정이란 사람들이 피할 수 없는 상황을 만드는 것이라는 것을 알게 되었다.

나는 누나의 적극적인 만류를 뿌리치고 친척 형이 나에게 말해 준 이야기 등을 복잡하게 머릿속에 떠올리면서 내가 여기서 죽음을 맞이하게 되면 함정을 파놓은 신이라는 존재를 반드시 찾아내어 수천 배로 갚아주어야겠다는 결심을 굳게 한 후 내 자가용이 주차된 아파트 진입구에 있는 주차장으로 천천히 걸어가고 있었다.

그때 갑자기 아파트 진입구에서 끽~소리의 굉음과 함께 택시 한 대가 내 앞에서 급정거하며 멈추었고, 그 장면에 잠시 놀란 나는 택시비를 소지하고 있는지를 확인하기 위하여 바지 주머니를 만진 순간 지폐와 동전이 있음을 확인하였다. 나는 택시 기사에게 반가운 마음으로 내가 근무하는 지점인 행선지를 말하자 택시 기사는 나를 쳐다보지도 않고 아무 말도 없이 고개만 끄덕거린 후 나를 근무지로 데려다주었다.

정확한 택시요금은 기억나지 않지만 내가 바지 주머니에 소지하고 있었던 택시비는 누나네 집과 나의 직장 근무지를 왕복할 수 있는 정확하게 맞는 비용만 가지고 있었다는 사실이 지금도 나를 놀라게 할 뿐이었다.

나는 택시에서 내려 곧바로 내 직장 근무지 안으로 들어가 보니 보안업체 직원 두 명과 경찰관 두 명이 처음 전화상으로 들었던 상황인 화가 난 상태와는 전혀 다르게 미안한 모습으로 나를 반갑게 맞이하였다.

경찰관은 내가 근무하고 있는 직장 사무실 금고에 도둑이 침입한 경보가 울려 바로 출동하였고, 두 시간째 금고 주변을 면밀하게 조사하였지만, 현재까지 특이점을 전혀 찾지 못한 상태로 오늘은 시간상 너무 늦었으니 일단 각자 다시 근무처나 집으로 돌아간 후 내일 오전에 다시 모이자는 제안하였다.

나는 경찰관의 말에 즉시 동의하고 금고 주변을 한 번 더 자세하게 살펴본 후에 직장 근무지가 보안업체 직원에 의해 안전하게 세팅되는 것을 확인하였고, 직장 근무지 밖으로 나오자마자 또 다른 택시 한 대가 끽~소리의 굉음과 함께 내 앞에서 멈춰 섰고 나는 무사히 택시를 타고 누나네 집으로 되돌아올 수 있었다.

며칠이 지난 후 다시 나를 찾아온 친척 형은 나에게 그동안 있었던 일들을 상세하게 들은 후 큰 위기를 잘 대처하였다고 칭찬해 주면서 당일 새벽에 내가 탄 두 대의 택시는 너를 돌봐주는 신들이 보낸 사자(使者)들이라고 말해주었다.

나는 반대편 신이 설치한 살(煞)은 어떻게 되었냐고 물어보았고, 친척 형은 영계에서 보내거나 설치한 살(煞)은 불발되는 일이 없다고 대답하면서 나 대신 다른 사람이 살(煞)을 맞아 불행한 상태가 된 결과를 이미 확인했으며, 그 사람의 상세한 신원도, 어떤 형태로 살(煞)을 맞았는지 알려고도, 죄책감도 가지지 말라고 이야기했다.

내가 신이 쏜 살(煞)을 피했을 뿐이지 나 대신 다른 사람을 대체한 것이 아니라며 위로해 주었고, 한 번 설치된 살(煞)은 계속해서 다음 행선지를 향해 자동으로 작동된다고 설명하여 주었다.

이제 남은 2주 동안만 잘 극복하면 벽조목을 활용하여 내가 원하던 신을 만나게 될 것이라고 말하면서 자만하지 말고 계속해서 반대편에 있는 신이 보내는 살(煞)을 잘 피해보라고 격려하여 주었다.

에피소드 2 : 영계(靈界)에서 보내는 죽음의 살(煞) 작용법 1

무속인들이나 일부 영능력자들은 잡귀나 나쁜 기운이 일반 사람들의 몸에 붙는 현상을 살(煞)을 맞았다고 표현하면서 살(煞)풀이를 해야 한다고 주장하지만 그것은 진짜 살(煞)이 아니다.

초상난 상갓집을 다녀온 후 영적 장애나 고통이 발생했다면 내 몸과 마음에 잡귀나 나쁜 기운이 침입하였다는 증거가 될 수 있지만 아주 특별한 경우를 제외하고는 아주 심각하게 고려할 필요는 없다. 잡귀나 나쁜 기운은 존재를 인정하는 사람에게는 큰 힘을 발휘할 수 있지만 인정하지 않는 사람에게는 전혀 힘을 발휘할 수가 없기 때문이다.

내 몸과 마음의 주인은 나뿐이라는 강한 마음 상태를 유지하고 있다면 마음이나 신체에 침입했던 잡귀도 더 이상 남아있지 못하고 다시 떠나게 되어 무속인들이 말하는 살(煞)풀이가 필요 없기 때문이다.

그러나 무속인들이나 일부 영능력자들의 말만 믿고 귀신을 불러서 해결하는 살(煞)풀이를 할 경우에는 약한 잡귀를 물러가게 하지만, 그 자리에 힘이 센 귀신이나 사후세계에 존재하는 기운이 살(煞)풀이를 의뢰한 사람의 신체나 마음속에 들어오게 된다.

현세계에 살고 있는 사람들이 총이나 칼이라는 무기를 만들어 사용하며 싸움을 하듯이 영계에서는 살(煞)이라는 무기를 만들어 사용하며 싸운다.

그러므로 살(煞)을 만들어 사용하거나 맞게 되는 대상은 일반

242

사람들이 아니며 모두 영능력자이거나 이와 관련되는 일을 하는 사람들이다.

영계에서 보내거나 설치하는 살(煞)은 사람들이 설계한 사주팔자 내 운명이라는 궤적인 이벤트(사건)에서 작용하도록 하는 원리로 운용된다.

한 번 설치된 살(煞)은 목표로 삼은 대상자가 피하게 되면 없어지는 것이 아니라 목표로 삼은 대상자와 가장 유사한 운명을 설정한 다음 대상자를 찾아 곧바로 작용한다.

처음 목표로 삼은 대상자에게 실패한 살(煞)이 작용하는 다음 대상자는 영 능력 유무와는 관계없는 일반 사람들에게도 적용될 수 있어 어떤 사유나 이유 없이 갑작스럽게 사망하는 사람이 있다면 대부분은 영계에서 만들어 설치한 살(煞)을 대신 맞게 된 경우가 많으며 현세계에서는 설치된 진짜 살(煞)을 없앨 수 있는 퇴마사와 무속인들은 존재하지 않는다고 보면 된다.

에피소드 3 : 반대편 신(神)이라는 영(靈)이 보낸 살(煞)

친척 형이 이번 주에는 반대편 신이 너를 죽이기 위하여 살(煞)을 설치하지 않고 직접 보낼 것이라고 말하면서 이번 일이 나에게 마지막 고비가 될 것 같다고 말해주었다. 나는 친척 형에게 살(煞)을 설치하는 것과 살(煞)을 직접 보내는 것의 차이점은 무엇이냐고 물어보았다.

친척 형은 설치한 살(煞)은 처음 목표로 삼은 대상자를 맞히지 못할 경우에는 자동적으로 가장 유사한 대상자를 찾아 작동하지만, 직접 보내는 살(煞)은 처음 목표로 한 대상자를 맞히지 못하면 보낸 자신에게 되돌아와 바로 작용한다고 말했다.

따라서 영계나 사후세계에 존재하는 신이라고 주장하는 영이나 영혼들도 목표로 삼은 대상자를 해하기 위하여 살(煞)을 설치하는 방법을 사용하지만, 특별한 경우를 제외하고는 대상자를 향해 직접적으로 살(煞)을 보내지는 않는다고 이야기해 주었다.

나는 이제 친척 형에게서 벽조목을 받는 것을 포기한다고 선언하였지만, 형은 이미 반대편에 있는 신이 보낸 살(煞)이 사용되어 나에게는 철회할 수 있는 결정권이 없다고 했다.

그 말을 들은 나는 친척 형에 대한 원망과 분노감에 사로잡혀 친척 형과 크게 다투었으며, 그로부터 잠을 자지 못하고 뜬눈으로 며칠을 보내게 되어 몸과 마음은 더욱 피폐해져 갔다.

반대편에 있는 신이 보낸 살(煞)이 온다는 토요일 아침에 나는 친척 형에게 살(煞)을 맞고도 살아남을 수 있는 방법을 알려달라고 간절하게 부탁하였고 형은 나에게 방법을 알려 주었다. 사람은 수많은 윤회 과정 속에서 생사고락(生死苦樂)을 함께한 많은 존재들과 서로 도움을 주고받으며 성장한 존재이기 때문에 언제든지 또다시 도움을 받을 수 있다고 말해주었다.

또한 분신사바 의식 과정에서 나를 도우려는 영적 존재들이 상당히 많은 것을 친척 형의 눈으로 직접 보았기 때문에, 내가 용기만 잃지 않으면 반대편 신이라는 존재가 보낸 살(煞)을 이겨낼 뿐만 아니라 나를 해하려는 반대편에 있는 신들을 모두 섬멸할 수 있을 것이라고 말해주었다.

살(煞)은 토요일 밤 11시에 나에게 도착하여 다음 날 새벽 5시까지 활동할 것이라고 말하면서 살(煞)의 작용은 내 심장을 지속적으로 파고들어 마비시키는 것이라고 말해주었다.

우선 내 방 안에 커다란 두 개의 양초를 세워두고 불을 붙인 후에 나를 도와줄 수 있는 모든 존재들에게 즉시 나를 돕고 지켜달라는 기원을 하라고 하였다.

죽음의 살(煞)이 작용되기 시작하면 내가 방 안에 세워둔 두 개의 양초 불이 꺼지려고 할 것이며, 동시에 나의 심장은 점점 마비가 되는 현상을 겪을 것이라고 말했다. 그리고 마침내 두 양초의 불이 모두 꺼지게 되면 나는 살(煞)을 맞아 사망하게 될 것이니, 어떤 수단과 방법을 가리지 말고 양초의 불이 꺼지지 않도록 최선을 다하라고 당부하였다.

나는 즉시 초를 파는 불교 상점을 방문하여 어떤 상황에서도 꺼지지 않을 것 같은 가장 두꺼운 큰 초로 두 개를 구매하여 집으로 가져왔고, 내 방안에 어떤 바람도 들어오지 않도록 창문과 방문을 모두

닫고 스티로폼을 댔다.

그리고 일전에 검은색 물체가 나의 영을 순식간에 붙잡고 보이지 않는 나락으로 데려갔을 때 내가 느낀 엄청난 공포심에서 관세음보살을 외치고 되살아난 기억을 상기(想起)하면서 카세트와 불교 테이프도 가져다 놓았다.

드디어 토요일 밤 10시 나는 책상 위에 두 개의 커다란 초를 안전하게 설치하고 불을 붙였으며, 초는 반듯하고 곧은 일직선 형태로 안정적으로 불타고 있었다.

나는 곧게 일직선으로 불타고 있는 초를 바라보면서 피곤한 몸과 마음 상태였지만 절대 잠들지 말고 하룻밤을 뜬눈으로 지새워야겠다고 생각하였다.

밤 11시가 되었을 때 갑자기 일직선으로 곧게 타오르던 촛불이 심하게 흔들리면서 춤을 추고 있었고, 그 상황을 보고 몹시 당황한 나는 처음에는 촛불 주위를 손으로 감싸서 안정시켜보려고 노력하였다.

그러나 나의 기대와는 다르게 방 안에는 바람이 한 점 없는 상태였지만 촛불은 꺼질 듯이 내 손 주위에서 크게 흔들리면서 춤을 추고 있었다.

그리고 동시에, 갑자기 내 심장이 점점 오그라들기 시작하면서 신체적 고통이 전해지기 시작하여, 나는 두 손으로 촛불 주위를 감싸는 것을 포기하고 이전에 겪었던 경험을 떠올려 관세음보살을 외치며 두 개의 촛불을 향해 살려달라는 간절한 마음으로 계속해서 절을 하고 있었다. 그러나 이번에는 관세음보살의 외침이 효과를 전혀 발휘하지 못하였고, 내 심장은 점점 오그라들면서 조여와 심한 통증을 느끼게 되었을 뿐만 아니라 마음까지도 함께 무너지는 듯한 경험을 하게 되었다.

나는 관세음보살의 외침과 공경함의 표현인 절을 하는 행위를 중단한 채 '이대로 장가도 가지 못하고 죽는구나'라는 생각을 하며 심하게 흔들리면서 꺼질듯한 두 개의 촛불을 바라보면서 자리에 앉아 있었다.

그때 문득 여섯 글자인 《옴마니반메훔》[15]이라는 글자가 머릿속에 떠올라 다시 촛불을 향해 절을 하면서 《옴마니반메훔》을 외치는 순간 촛불은 일직선으로 다시 곧게 타올랐고, 오그라들던 나의 심장은 다시 원래대로 확장되기 시작하였다.

내가 매우 신기하다고 생각한 점은 촛불을 향한 절과 《옴마니반메훔》의 외침을 멈추게 되면, 다시 나의 심장이 오그라지면서 촛불은 심하게 흔들렸다는 사실이다.

밤 11시부터 새벽 3시까지 쉬지 않고 절과 《옴마니반메훔》을 외쳤던 나는 더 이상 조금도 움직일 수 없을 정도로 심신(心身)이 몹시 피로한 상태가 되었고, 이제는 진짜 포기해야겠다는 생각을 하고 있을 때 갑자기 내가 소장하고 있었던 불교 독송(讀誦) 테이프들이 생각났다.

《옴마니반메훔》만 반복적으로 부르는 육자대명왕진언(六字大明王眞言)

---

15) 육자진언(六字眞言)으로 '온 우주에 충만하여 있는 지혜와 자비가 지상의 모든 존재들에게 그대로 실현된다'라는 뜻을 가지고 있다.

이라는 제목의 테이프를 카세트에서 넣어 틀고 진언(眞言)의 소리를 듣는 순간 내가 《옴마니반메훔》을 소리 내어 외치거나 촛불을 향해 절하지 않아도 초는 일직선으로 곧바로 타올랐으며 나의 심장은 더 이상 오그라들지 않았다.

사후세계와 영계의 여행을 다녀온 후에 알게 된 사항이지만 이날 나에게 살(煞)을 보낸 존재는 불교를 믿다가 사망한 영혼이었다. 그 당시에는 나 역시 불교를 믿고 있던 상태였다.

『신과의 만남 - 전쟁의 서막 하편』 60장 사탄의 눈물 中 트라우마 부분에 대하여 잘 읽어보면 내가 겪은 상황을 이해할 수 있다.

살(煞)을 만들어 보내는 사후세계에 거주하는 영혼이나 영계에 살고 있는 영들에게는 자신이 믿고 있던 종교에 대한 트라우마가 남아 있으며, 같은 종교를 믿는 사람에게만 보다 강력한 살(煞)을 보낼 수 있다.

믿는 사람에게만 영이나 영혼들의 능력이 발현되지만 믿지 않는 사람에게는 영이나 영혼들의 능력이 발현되지 않는다.

새벽 3시에 나는 카세트에서 흘러나오는 《옴마니반메훔》 소리를 크게 틀어놓은 채 두 다리를 뻗고 편안하게 잠을 잤으며, 신이 보낸 살(煞)도 피할 수 있었다.

에피소드 3 : 영계(靈界)에서 보내는 죽음의 살(煞) 작용법 2

퇴마사나 무속인 또는 영능력자들은 영계나 사후세계에 살고 있는 힘이 센 영혼이나 영들을 흉내 내어 살(煞)을 만들어 사용하여 보려고 노력한다. 그러나 그들이 만들었다는 살(煞)은 진짜 살(煞)이 아닌 귀신이나 나쁜 기운을 사람에게 붙이는 수준에 불과하다.

진짜 살(煞)은 발산하는 기(氣) 에너지로 만들어지는데, 만드는 장소가 정(精)·혼(魂)·백(魄)의 힘이 혼재되어 있는 정제되지 않은 장소인 현세계에서는 만들 수 없으며, 정(精)의 힘만 존재하는 정제된 장소인 영계에서만 만들 수 있기 때문이다.

정(精)은 비물질 세계를 통제하는 힘, 혼(魂)은 정신세계를 통제하는 힘, 백(魄)은 물질세계를 통제하는 힘을 각각 말하며, 현세계(現世界)에 살고 있는 영체(靈體)는 정(精)·혼(魂)·백(魄)의 힘을 모두 사용하고, 물질세계를 통제하는 백(魄)의 힘을 잃어버린 사후세계(死後世界)에 거주하는 영혼(靈魂)은 정(精)과 혼(魂)의 힘을 사용하며, 혼(魂)의 힘을 잃어버린 영계(靈界)에 거주하는 영(靈)은 정(精)만의 힘을 사용한다.

살(煞)을 만들 수 있는 기(氣) 에너지는 현세계(現世界), 사후세계(死後世界)와 영계(靈界) 모든 장소에 존재하지만 정제된 기(氣)의 순도는 현세계(現世界)보다는 사후세계(死後世界)가 사후세계(死後世界)보다는 영계(靈界)가 높다.

정제된 기(氣) 에너지로만 살(煞)을 만들 수 있기 때문에 영계(靈界)의 장소에서만 살(煞)을 만들 수 있는 것이다.

진짜 살(煞)은 목표로 한 대상자가 설정한 운명의 궤적 안에 설치하여 놓았다가 약속한 시간이 되어 작동하도록 하거나 혹은 직접 대상자에게 발산하도록 해야 한다.

따라서 상대방 운명의 궤적을 정확하게 알고 있어야 살(煞)을 만들어 설치할 수 있으며, 목표로 한 대상자가 자신보다 약한 존재이어야만 만들어 보낸 살(煞)이 자신에게 되돌아오는 불행한 일이 발생하지 않는다.

영계와 사후세계를 여행하여 알게 된 사실은 영적 에너지가 높은 영은 낮은 에너지를 소지한 영에 대하여 모든 것을 완전하게 파악하여 잘 알고 있었으나, 반대로 낮은 에너지를 소지한 영은 높은 에너지를 소지한 영들에 대한 정보를 전혀 알지 못하고 있었다.

이러한 사실을 잘 모르는 현세계에 살고 있는 퇴마사나 무속인 또는 낮은 수준의 영능력자들이 사후세계에 거주하는 영혼들이 자신보다 낮은 영적 에너지를 가지고 있다고 오판하여 가짜 살(煞)을 만들어 도발하게 되면 자기보다 센 영들에게 진짜 살(煞)을 맞게 된다.

살(煞)을 만든다는 퇴마사나 무속인 또는 영능력자들의 말년 얼굴 모습이 환한 모습이 아닌 점차 썩은 추한 모습으로 변하는 것도 모두 영계나 사후세계에 존재하는 영이나 영혼들에게 우리 눈에는 보이지 않지만 진짜 살(煞)들을 맞은 결과로 오만한 행위에 대한 당연한 결과이다.

제21장

신(神)의 회초리와 양심(良心)의 가책(呵責)

반대편에 있는 신이 보낸 살(煞)을 피한 다음 날, 친척 형은 나를 보자마자 짝짝짝 손뼉을 치면서 모든 고비를 무사하게 넘긴 것을 축하한다고 말하였다.

백신의 효과처럼 신이 보낸 살(煞)을 극복한 영은 앞으로 삶을 살아가면서 조금씩 죽음에 대한 두려움이 사라지는 강한 정신력을 소유하게 되어 나중에는 신조차 마음대로 다룰 수 없는 존재로 성장한다고 말했다.

나는 친척 형에게 이제는 어떤 신도 두렵지 않으며, 지금 상황에서는 많이 지친 정신과 육체를 회복하면 될 것 같다고 말하면서, 신들이 사람들을 지배할 수 있는 영적 힘은 정말 존재하는 것이냐고 물어보았지만 친척 형은 대답 없이 웃을 뿐이었다.

그날 밤 나는 집에서 친척 형과 함께 이불을 덮고 불을 끈 깜깜한 상태에서 잠을 자고 있었다.

252

새벽 1시가 되었을쯤 갑자기 친척 형이 상현아~ 상현아~ 를 혼자서 중얼거리며 헛소리를 하면서 잠꼬대를 계속하고 있었고, 나의 이름을 부르는 잠꼬대를 듣게 된 나는 자리에서 일어나 친척 형을 흔들어 깨우려고 노력하였지만, 친척 형은 잠에서 깨어나지 못했다.

나는 심신(心身)이 많이 피곤해서 친척 형이 잠에서 깨어나지 못하는 것이라고 나름대로 생각하고, 더 이상 친척 형을 흔들어 깨우는 행위를 그만두고 친척 형 옆에서 조용히 눈을 감은 채 누워있었다.

그 당시 내가 살았던 방은 총 4층으로 구성된 원룸 건물이었으며, 나는 3층 304호에 살고 있었다. 친척 형은 어린 자녀와 함께 힘들게 살고 있는 내 앞집 302호 이혼녀인 젊은 엄마의 지난날 힘들었던 삶의 사연들을 잠꼬대의 형식으로 나에게 자세하게 들려주면서, 오늘 그녀가 힘겨운 삶을 마감하기 위하여 자살을 시도하게 될 것이라고 말해주었다.

자살이라는 말을 듣게 된 나는 깜짝 놀라 잠자리에서 벌떡 일어났으며, 친척 형을 잠에서 깨우기 위해 방 안의 불을 켜고 친척 형의 얼굴을 바라본 순간, 친척 형의 두 눈은 검은 눈동자가 하나도 없는 흰자위로 완전하게 변한 상태였다.

흰자위를 한 친척 형이 계속해서 302호에 살고 있는 젊은 여자가 100m 앞까지 왔다고 잠꼬대를 하면서, 원룸 건물 100m 전에 있는 교차로와 상가 건물의 상호명들을 하나씩 구체적으로 부르고 있었으며, 집으로 되돌아오고 있는 그녀의 새벽 귀갓길의 진행 장면을 눈으로 보는 것처럼 실시간으로 나에게 중계하여 주고 있었다.

　그녀가 집 근처 50m에 도달했을 때에는 쓰레기가 모여있는 집하장에 도착하여 자신이 자살할 노끈을 찾고 있는 상황들을 알려주었고, 친척 형이 중얼거리는 내용들은 내가 평소에 보았던 쓰레기 집하장 위치와 모습들 그리고 그녀가 취하고 있을 것으로 예상되는 행동들이 내 머릿속에서 상상력을 발휘하며 계속해서 떠오르고 있었다.

　드디어 쓰레기 집하장에서 자신이 자살할 노끈을 찾아낸 그녀가 원룸 1층 현관문으로 걸어서 들어올 때, 친척 형은 잠꼬대로 현관문을 열기까지 10, 9, 8… 2, 1의 순서로 차례차례 말해주었고, 마지막에 1층 현관문을 연다고 말하자마자 1초 뒤에는 끽~~ 소리와 함께 원룸 1층 현관문이 열리는 소리가 나의 귀에도 정확하게 들려 왔다.

　나는 친척 형이 말이 실시간 중계였다는 사실에 대한 공포심으로 '형! 일어나~'를 크게 외치며 친척 형을 심하게 흔들어 깨웠지만 흰 눈동자를 크게 뜬 채 잠을 자고 있는 친척 형은 계속해서 깨어나지 못하고 있었다.

　원룸 건물 안으로 들어온 그녀가 자살할 장소를 찾기 위해 원룸 지하실로 내려가고 있다고 친척 형이 표현할 때에는 모든 사람들이 잠든 고요한 새벽 시간에 방음까지 잘되지 않는 원룸 건물에서 지하실로 내려가는 여자 발소리를 생생하게 듣게 된 나의 정신과 영혼은 두려움과 공포심으로 이미 혼비백산(魂飛魄散)된 상태였다.

5분이 지난 후에도 지하실에서 자살할 장소를 찾지 못한 그녀가 자신이 살고 있던 302호로 노끈을 든 채 다시 올라오고 있다고 친척 형이 말했다.

계단을 오를 때마다 생생하게 똑깍똑깍 들려오는 하이힐 구두 소리는 자살할 그녀가 점차 한 발자국씩 내 집 앞으로 다가오고 있다는 느낌을 나에게 전달하여 내 영혼은 심각한 두려움과 공포심에 사로잡혀 있었다.

자살하려는 사람이 계단을 한 발자국씩 천천히 걸어 올라오고 있다는 실시간 상황을 중계하는 친척 형의 잠꼬대와 내 귀에 동시에 들려오는 하이힐 구두 소리는 나에게 극한 공포심을 느끼게 하였고, 완전히 이성을 상실한 나는 입고 있던 옷에 오줌을 조금 지렸다.

나는 친척 형의 몸을 발로 마구 걷어차며 일어나라고 했지만, 친척 형은 미동조차 하지 않았고, 그녀가 내 집 안 302호실에서 잠시 멈춘 뒤, 철컥 소리와 함께 집 안으로 들어가는 소리가 들림과 동시에 친척 형의 두 눈이 검은 눈동자로 되돌아오면서 드디어 잠에서 깨어 일어났다.

나는 극심한 공포심과 형에 대한 분노로 왜 지금에서야 잠자리에서 일어났냐고 꽥 소리를 질렀지만, 친척 형은 아무 일도 없었다는 듯이 웃으면서 이것이 신의 회초리라고 말해주었다.

어떤 신도 두렵지 않다는 나의 오만함을 깨우쳐주고, 눈에 보이지는 않지만 신이 존재함을 나에게 알려주라는 의미로 신의 회초리를 한 번 때려준 것이라고 말해 주었다.

아기들이 뜨거운 물을 만지려고 계속되는 시도를 할 때 부모가 한 번만 뜨거운 물컵에 아이의 손을 갖다 대어 말 대신 행동으로 뜨거운 물을 맨손으로 만지는 것이 나쁜 일이라는 것을 알려 주어 아기의 잘 못된 행동을 교정하듯이, 신도 사람들에게 회초리를 사용할 수 있다는 사실을 말 대신 행동으로 알려 준 것일 뿐이며, 향후에는 내가 원하지 않는 한 신이 나에게 회초리를 드는 일은 절대 없을 것이라고 말했다.

친척 형의 말을 듣고 나는 어떤 신도 두렵지 않다는 나의 오만함을 반성하면서, 신의 회초리는 정신과 신체를 직접 때리는 것이 아니라 우리가 상상할 수 없는 사건을 경험하게 하면서 극한 슬픔이나 공포심을 느끼게 하는 형태로 사람들의 영혼을 마비시키는 마음의 작용이라는 사실을 알게 되었다.

다음 날 아침 소방서에서 긴급 구급차가 우리가 사는 원룸 건물에 주차되어 있었고, 직원 중 한 명이 302호에 살고 있던 여자를 데리고 나와 구급차에 옮겼다.

친척 형은 나에게 자살을 시도했던 여자는 앞으로도 자살을 수차례 더 시도하겠지만 결국 성공하지 못한다고 말하면서, 90세 이상 살게 될 것이며 말년의 인생도 매우 좋다고 하면서 내가 걱정하고 있는 생각과 마음들을 버리라고 말해주었다.

에피소드 1 : 신(神)의 회초리

일부 영능력자들은 죄를 짓거나 나쁜 일에 하게 되면 신이라는 존재가 영적인 일과 관련된 일을 하는 사람들에게는 영혼에 직접 채찍질을 가하는 신의 회초리를 사용하고, 일반 사람들에게는 태어날 때부터 신이 부여한 양심에게 채찍질을 가하여 양심의 가책(呵責)을 느끼게 한다고 주장하지만 나는 모두 옳지 않다고 생각한다.

진짜 신은 사람들의 정신, 마음 또는 행위와 직접 관련된 행위를 특별한 사유가 없는 한 전혀 하지 않기 때문에, 신의 회초리를 사용하는 존재란 영계나 사후세계에 존재하는 신을 모방한 영이나 영혼들이다.

따라서 신의 회초리는 현세계에 살고 있는 사람들이 극한 슬픔과 공포심을 직접 체험하게 하고, 그 과정에서 사람들의 영혼을 마비시키거나 나약하게 하는 작용을 하는 영적 무기 중 하나로 사람들의 영적 성장을 위한 것이나 죄를 지은 행위에 대한 처벌과는 전혀 관련이 없으며, 일반 사람들도 직접 맞을 수 있다.

신의 회초리를 맞은 느낌은 심한 공포증을 가지고 태어난 사람이 아주 무서운 공포 영화에 나오는 공포 장면을 보고 있을 때의 느낌이나 고소공포증을 가지고 있는 사람이 롤러코스터를 타고 있을 때의 느낌으로, 신을 받은 무속인들이 신의 천벌을 받기 직전 자신에게 엄습해 오는 영혼이 느끼는 엄청난 두려움 정도로 알고 있으면 된다.

　신의 회초리를 맞고 살아난 영은 죽음과 귀신을 만나는 것을 두려워하지 않는 내면의 강인함을 소유하게 되는데, 영적 무기는 사람이 맞아서 극복하지 못하면 육체는 사망하고 영혼은 나약하게 되지만, 일단 맞은 것을 극복하게 되면 육체는 변함없지만 영혼의 정신력은 매우 강해지는 백신과 같은 효과가 있기 때문이다.
　그러나 신을 받은 무속인들이 사납게 죽은 혼령을 몸에 싣기 전에 느끼는 공포나 빙의된 일반 사람들이 밤마다 귀신들을 만나기 직전에 느끼는 공포는 신의 회초리가 아니기 때문에 죽음과 귀신을 두려워하지 않는 내면의 강인함도 생기지 않을뿐더러 오히려 죽음을 두려워하는 행태만을 보여 영혼의 내면은 더욱 나약해진다.

에피소드 2 : 양심(良心)의 가책(呵責)

　일부 사람들은 누구나 신이 부여한 양심(良心)을 가지고 태어나고 있으며, 잘못된 일과 죄를 지으면 신이 양심(良心)의 가책(呵責)을 행하고 우리에게서 떠나가며, 그 후로도 반성이나 회개를 하지 않으면 결코 다시는 되돌아오지 않는다고 주장한다.
　또한 유명한 어떤 철학자는 힘이 센 권력자들이 힘이 약한 다수의 민중들을 지배하기 위하여 엄격한 법률과 규칙을 만든 후 그것을 지키게 한 결과, 선천적으로 자유로운 본능을 표현할 방법을 잃게 된 힘이 약한 사람들이 선천적으로 가지고 태어난 공격성을 자신에게 돌리는 심리학적 병인 양심의 가책이 생겨났다고 주장하였다.

그러나 이러한 주장들은 단순하게 생각해봐도 이해할 수 없는 모순된 부분들이 너무 많다.

사람들이 태어날 때부터 신이 부여한 양심이었다면 양심의 가책이 모든 사람들에게 동일하게 적용되지 않는 이유는 무엇일까?

부정(不正)한 일이나 죄를 짓게 되면 동일한 사건임에도 선(善)하거나 혹은 영적으로 성숙한 사람들은 양심의 가책을 크게 받고 악(惡)하거나 혹은 영적으로 미숙한 사람들은 양심의 가책을 거의 받지 않는 이유는 무엇일까?

엄격한 법률과 규칙에 구애받지 않고 자유롭게 자신의 양심을 마음대로 표출할 수 있었던 독재 권력자 중에도 어떤 특정한 사건이나 행위로 인하여 갑자기 양심의 가책을 심하게 받았던 이유는 무엇일까?

동일한 사람이 구걸하는 걸인(乞人)들을 지나치거나 불쌍한 동물들을 외면할 때 양심의 가책을 다르게 받게 되는 이유는 무엇일까?

사후세계와 영계의 여행을 다녀온 후 나는 알게 되었다.

양심의 가책은 신이 우리에게 부여한 것도 아니며, 심리학적인 병도 아니었다.

　사람들이 영적 성숙을 위하여 수많은 윤회 과정을 경험하는 동안 행하였던 많은 행위와 만났던 많은 사물(생물과 무생물 포함)과 애증의 관계인 인연을 맺게 되며, 윤회가 반복되면 될수록 인연의 범위와 강도는 더욱 끈끈하게 맺어지게 된다.

　윤회를 많이 한 사람일수록 지식과 경험을 통한 정보를 많이 가지게 되어 영적으로 성숙한 존재로 성장하게 되었으며, 윤회하였던 모든 생애의 많은 행위로 만났던 많은 사물(생물과 무생물 포함)들과 강한 인연으로 맺어져 있었으며, 인연의 과정에서 윤회하였던 모든 생애 동안 자신이 도움을 받았던 것을 무의식적으로 인식하여 강력하게 맺어져 있는 인연된 존재들을 소중하게 여기게 된다.

　만약 윤회하였던 모든 생애에 자신에게 큰 도움을 주었던 사람이 현재 자신의 부모로 태어나 사망하게 되면 영적 성숙한 사람은 자신이 부모에게 그동안 잘해 주지 못했던 것들을 떠올리면서 양심의 가책을 심하게 느끼고 부모의 죽음을 크게 슬퍼하게 된다.

　또한 윤회하였던 모든 생애에 자신에게 큰 도움을 주었던 사람이지만 영계의 '영적정화소'에서 신과 영의 정산으로 영이 크게 위축되어, 현재 자신이 기르던 개로 태어나 사망하게 되면, 자신이 기르던 개에게도 영적으로 성숙한 사람은 자신이 기르던 동안 잘해 주지 못했던 것들을 떠올리며 인연법에 의하여 양심의 가책을 느끼고 자기 부모의 사망처럼 크게 슬퍼하게 된다.

　심지어는 윤회하였던 모든 생애 동안에 요리로 자신의 삶에 큰 도움을 받았던 영적 성숙한 사람이 현생에서 자신이 요리하면서 사용하던 아끼는 그릇인 사물을 깨뜨리게 되면 그릇을 잘 다루지 못했다는 양심의 가책을 크게 느끼고 슬퍼하게 된다.

　그리고 길거리에서 구걸하는 걸인(乞人)을 무심코 지나칠 때에도 윤회하였던 모든 생애 동안 나와 인연이 있었던 걸인(乞人)은 내가 걸인(乞人)에게 돈을 기부하지 못한 행위가 자꾸 생각나게 되어 양심의 가책을 느끼고 몹시 괴로워하지만, 윤회하였던 모든 생애 동안 나와 인연이 없었던 걸인(乞人)에 대하여는 아무런 양심의 가책도 느끼지 못한다.

　양심의 가책이란 모든 생애의 윤회 과정에서 나를 도와준 인연자(사물과 행위 포함)나 내가 도와준 인연자를 내가 외면하거나 배척한 행위에 대한 자기반성의 마음 작용이기 때문이다.

　선행과 기부를 많이 하려고 끊임없이 노력하는 사람들은 수많은 윤회 하였던 모든 생애의 경험을 통하여 많은 인연자와 수많은 도움을 서로 주고받으며 영적으로 성숙한 사람이었던 것이다.

　반면 윤회를 많이 하지 못하여 영적으로 미숙한 사람은 서로 도움을 주고받았던 인연이 약하여 사람을 살해하여도 양심의 가책을 받지 못하는 경우가 많다.

　첫째, 양심의 가책이 모든 사람들에게 동일하게 적용되지 못한 것은 신이 부여한 것이 아니라 사람들이 윤회하였던 모든 생애의 수많은 경험을 통하여 인연을 맺은 강도에 따라 다르게 적용되기 때문이다.

둘째, 동일한 사건으로 죄를 지었음에도 선(善)하거나 혹은 영적으로 성숙한 사람들은 윤회하였던 모든 생애 동안 수많은 도움을 주었거나 받았었던 사건에 관련된 인연자(행위와 사물 포함)와의 강력한 관계를 외면하지 못하기 때문에 양심의 가책을 많이 받게 되지만, 영적으로 미숙한 사람은 윤회하였던 모든 생애 동안 도움을 주었거나 받았었던 사건에 관련된 인연자(행위와 사물 포함)와의 관계가 미약하여 양심의 가책을 거의 받지 않는다.

셋째, 양심의 가책은 인연자(행위와 사물 포함)와의 외면과 배척에 대한 자기반성의 마음 작용이기 때문에, 권력자와 피지배자로 구분되는 권력 지배 구조와는 전혀 관련이 없으며, 동일한 행위를 하여도 양심의 가책을 많이 받는 권력자도 있는 반면 양심의 가책을 전혀 못 느끼는 피지배자도 있다.

넷째, 수많은 윤회 과정을 경험하면서 나와 인연이 있는 구걸하는 걸인(乞人)을 만나게 되면, 마음속에 돕고 싶다는 생각이 저절로 생겨나고, 무심코 지나치게 되면 외면했다는 마음 때문에 양심의 가책을 받게 된다.

그러나 나와 인연이 전혀 없는 구걸하는 걸인(乞人)을 만나게 되면, 돕고 싶다는 마음이 저절로 생겨나지도 않을뿐더러 돕지 않아도 양심의 가책이 느껴지지 않기 때문에, 사람들이 길거리에서 만나게 되는 걸인(乞人)을 외면하였을 때 느끼는 양심의 가책은 본인들의 인연의 강도에 따라 다르게 나타난다.

성인(聖人)이나 위대한 사람들이란 다양한 방식으로 많은 사람들에게 선행이나 기부를 하려고 노력하는 사람들이며, 그러한 끊임없는 노력의 결과로 많은 사람들과 튼튼한 인연을 맺으며 영적 성장을 이룬 사람들이다.

성인(聖人)이나 위대한 사람들이 사망하게 되면 그들의 선행이나 기부로 도움을 받았던 많은 사람들의 마음속에서 성인(聖人)이나 위대한 사람들의 죽음에 자신들이 함께 동참하지 못했다는 양심의 가책이 발동하여 추모하는 마음이 저절로 생겨나게 된다. 그러나 다른 사람들에게 기부나 선행을 전혀 하지 않은 사람들이 죽음을 맞이했을 때에는 도움을 주고받았던 인연자가 매우 적어 불행하게도 그들의 죽음을 추모하는 사람들이 거의 없다.

다섯째, 사람들이 수많은 윤회 과정을 거쳐 영적 성숙을 이루게 되면 부유하거나 미천하게 태어난 환경적 여건을 모두 극복하고 권력가나 재벌가가 되거나 또는 커다란 업적을 남겨 유명인(有名人)이 되지만 이때를 제일 조심해야 한다.

한 번의 윤회는 더 크고 풍부한 영적 성장을 이룬다는 사실은 변함없지만, 권력자와 재벌가 또는 유명인의 인연의 파급 효과와 일반인의 인연의 파급효과는 크게 다르기 때문이다.

권력자와 재벌가 또는 유명인이 좋은 일을 하게 되면, 많은 사람들과 좋은 인연을 맺지만, 나쁜 일을 하게 되면 많은 사람들과 나쁜 인연을 맺게 되어, 다음 생애에서 다시 사람으로 태어난 인연자로 인하여 많은 양심의 가책을 받게 되고, 영계나 사후세계에 남아있던 영과 영혼으로부터 신의 회초리를 맞을 수도 있기 때문이다.

　양심의 가책이란 현세계에 살고 있는 사람들에게 삶을 살아가는 중요한 기준을 제시할 뿐만 아니라 지금 현재 영적 성숙의 수준도 알려주는 또 하나의 이정표인 것이다.

제22장

텔레파시와 『마하반야바라밀다심경』

친척 형은 신의 회초리를 맞고 상당히 소심해진 나를 위로해주기 위하여, 내가 제일 좋아하는 가장 큰 찜질방으로 나를 데리고 갔다. 살(煞)과 신의 회초리를 맞고도 살아난 사람들에게는 영적 능력이 조금씩 생겨난다는 의미심장한 말을 나에게 하면서 그 이야기가 사실인지 여부를 오늘 한 가지 실험으로 알아보고 싶다고 말했다.

나는 친척 형의 말보다는 오랜만에 방문한 찜질방에서 지낼 즐거움을 생각하면서, 나의 평소 습관처럼 최소 8시간 이상 찜질을 하면서 마음껏 즐기고자 결심하였다.

아침 9시에 처음 찜질방으로 들어가서 2시간 만에 지쳐버린 친척 형을 1층에 남겨놓은 채 나는 3층 대나무숲 방에서 잠을 자고 있었다.

그때 나의 마음속 마음 스스로에서 "상현아~ 1시야 3층 식당으로 점심 먹으러 와."라는 소리가 들려 나는 깜짝 놀랐지만 다시 눈을 감았다. 그런데 다시 마음 스스로가 말하는 주체가 형이라는 영감이 떠오르며 "상현아~ 지금 5분 전 1시야 3층 식당으로 점심 먹으러 와."라고 말하는 소리가 또다시 들렸다.

나는 형을 생각하며 마음속으로 "형~ 1시 30십 분에 3층 식당에서 만나자."라고 대답했고 내 마음속에서 마음 스스로가 "알았어, 그때 보자."라고 대답했다.

신비한 경험을 한 나는 1시 20분에 대나무숲 방에서 눈을 뜨고 일어나 3층 식당으로 가 보았지만, 식당 안에는 친척 형은 보이지 않았다.

'내가 드디어 미쳐 가는구나.'라고 생각을 하며 1시 25분을 가리키는 식당 안 시계를 보고 있는 순간, 친척 형이 내 뒤에서 내 어깨를 안마하여 주면서 "1시 30분에 만나자고 약속하지 않았어." 라고 말하는 것이었다.

크게 놀란 나는 친척 형에게 내가 대나무숲 방에서 친척 형이라는 영감을 떠올리며 대화했던 상대가 진짜 친척 형이었는지 물어보았고, 친척 형은 그것이 영능력자들이 사용하는 텔레파시라고 말해 주었다.

느낌과 텔레파시는 근본적으로 다른데, 일반 사람들이 사용하는 느낌이란 지나온 삶을 통해 습득한 경험을 바탕으로 주변 사람들의 기운이나 감정에 순간적으로 반응하는 것으로 주변에 있던 모든 사람들이 느끼지만 느낄 수 있는 거리는 매우 짧다고 했다.

반면 영능력자들이 서로의 의식과 마음을 전할 때 사용하는 텔레파시는 송신과 수신을 할 수 있도록 양쪽 사람들의 영 안의 생기에서 나오는 기(氣) 에너지와 파장을 맞추어 놓아야 하며 거리도 구애받지 않는다는 것이다.

의식과 마음의 결합체인 영은 의식이 생기거나 마음이 움직일 때 영 안의 생기에서 기(氣) 에너지와 주파수 역할을 하는 파장이 생성된다 고 말했다.

생성된 파장으로 의식과 마음을 전달하고자 하는 상대방을 찾아내 고, 기(氣) 에너지로 전달하는 방법이 텔레파시이며 나와 상대방의 의 식이나 마음이 서로 듣고 말하는 것으로 인식하게 된다고 말했다.

따라서 서로의 파장을 맞추려고 노력하는 연인 관계에서는 서로의 파장이 잠시 맞을 때 서로의 마음이 통하는 일들이 종종 발생하곤 한다는 것이다.

다른 사람들의 의식이나 마음을 읽고 싶으면 누구나 그 사람을 생 각하고 파장을 맞추려고 노력하면 극히 일부분을 알 수 있겠지만, 나 와 마음이 잘 통하지 않는 즉 파장을 맞추기 어려운 사람에게는 내가 아무리 파장을 송신하여도 상대방이 수신하지 않기 때문에 시도하는 것은 시간 낭비일 뿐이라고 말했다.

또한, 텔레파시를 말할 때 우리가 알지 못하는 또 다른 4차원의 세 계가 존재한다는 이론 등으로 설명하는 사람들도 있지만 『마하반야 바라밀다심경』만 읽어보아도 텔레파시의 원리는 4차원의 세계에서 존 재하는 것이 아니라 엄연히 우리의 현세계에서 작동하고 있다는 것을 알 수 있다고 했다.

텔레파시 이야기를 마친 친척 형은 나에게 불교 경전 소책자인 『마 하반야바라밀다심경』을 주면서 영적 교감을 소유한 나의 뜻대로 한 번 해석해 보라고 말했다. 나는『마하반야바라밀다심경』을 세 번 읽고 형의 말에 동의했다.

그리고『마하반야바라밀다심경』에 대한 나의 해석은 텔레파시의 작동 원리뿐만 아니라 나중에 귀신들과 싸움을 할 때, 죽음에 대한 두려움과 귀신들에게 빙의된 나를 스스로 치료하는 결정적인 힘이 되어 주었다.

나는 불교 신자가 아니며, 지금은 불교에 대한 관심도 전혀 없다.

『마하반야바라밀다심경』에 대하여 불교인들이 해석하는 견해와 나의 견해는 상당히 다르지만 나의 해석을 잘못된 해석이라고 비난하지 않기를 바란다.

『마하반야바라밀다심경』에 대한 해석은 특정한 종교만이 가질 수 있는 특권이 아닌 누구나 가질 수 있는 권리이기 때문이다. 또한, 일부 특정 종교에서는 아주 복잡하고 심오한 말로 이해하기 몹시 어려운 뜻풀이를 하고 있지만, 내가 보기에는 영적 세계에 관한 아주 기초적이며 단순한 내용이라고 생각한다.

고대 시대에 날아가는 동물들이나 먼 거리에 있는 동물들을 사냥하기 위하여 꼭 필요한 화살이라는 무기를 처음 발명 하였을 때, 당시의 사람들은 발명된 화살을 보고 크게 놀랐을 것이다.

그러나 지금은 아이들조차 화살을 보고 놀라지 않는다.

과거 영적 세계의 일부를 본 그 당시의 성인(聖人)이 크게 놀라 『마하반야바라밀다심경』을 저술했을 것이다. 하지만 그 당시의 성인(聖人)이 저술한 『마하반야바라밀다심경』의 내용은 지금의 영능력자들에게는 아주 기초적 수준에도 미치지 못하는 내용일 뿐이다.

에피소드 1 : 『마하반야바라밀다심경』에 대한 나의 해석

마하(큰), 반야(최고의 지혜), 바라밀다(완성), 심(마음), 경(경전)

위대한 최고 지혜의 완성을 마음에 새기는 경전

• 불자독송집에 해석된 『마하반야바라밀다심경』

관자재보살 행심반야바라밀다시 조견오온개공 도일체고액

(관자재보살이 깊은 반야바리밀다를 행할 때에 오온이 다 실체가 없음을 비추어 보고 모든 괴로움을 여의었느니라.)

사리자 색불이공 공불이색 색즉시공 공즉시색 수상행식 역부여시

(사리자야, 물질이 공과 다르지 않고 공이 곧 물질이며 감각·지각·의지와 지어감·최후 인식도 그러하니라.)

사리자 시제법공상 불생불멸 불구부정 부증불감

(사리자야, 모든 법의 공한 모양은 생기는 것도 아니고 없어지는 것도 아니

269

고 더러운 것도 아니고 깨끗한 것도 아니며 느는 것도 아니고 주는 것도 아니니라.)

시고 공중무색 무수상행식 무안이비설신의 무색성향미촉법 무안계 내지 무의식계 무무명 역무무명진 내지 무노사 역무노사진 무고집멸도 무지역무득 이무소득고

(그러므로 공한 가운데는 물질도 없고 감각·지각·의지와 지어감·최후 인식도 없고 눈·귀·코·혀·몸·뜻도 없으며 빛과 모양·소리·향기·맛·닿음·법도 없고 눈의 대상과 내지 인식의 대상까지도 없으며 무명도 없고 무명이 다함도 없고 늙고 죽음도 없고 늙고 죽음이 다함까지도 없어서 괴로움 번뇌 열반 수행도 없고 지혜도 없고 얻을 것도 없으니, 얻을 것이 아예 없기 때문이니라.)

보리살타의반야바라밀다고 심무가애 무가애고 무유공포 원리전도몽상 구경열반 삼세제불 의반야바라밀다고 득아뇩다라삼먁삼보리

(보살이 반야바라밀다를 의지하여 마음에 걸림이 없게 되고 걸림 없으므로 두려움이 없게 되어 뒤바뀐 망상을 여의고 마침내 열반을 이루며 삼세의 모든 부처님도 반야바라밀다를 의지하기 때문에 「위 없는 높고 바르고 두루한 큰 깨달음」을 이룩하느니라.)

고지반야바라밀다 시대신주 시대명주 시무상주 시무등등주 능제일체고 진실불허 고설반야바라밀다주 즉설즉왈

(그러므로 알라. 반야바라밀다는 크게 신비로운 주문이고 가장 밝은 주문이

고 위 없이 높은 주문이며 동등함이 없는 이와 같은 주문이니 모든 괴로움을 없애주고 진실하여 허망하지 않느니라. 이에 반야바라밀다주를 말하리라.)

아제 아제 바라아제 바라승아제 모지 사바하

(일부 사람들의 해석 ⇒ 간 사람이여, 간 사람이여, 저 건너로 완전히 간 사람이여, 깨달은 지혜가 늘 함께하시길)

• 내가 해석한 『마하반야바라밀다심경』

기본적으로 알아야 할 지식 :

첫째, 지금까지 사람들이 알고 있는 유형·무형을 구성하고 있는 가장 작은 단위는 소립자(素粒子)이지만, 우리가 지금까지는 알지 못하는 더 작은 단위도 존재하고 있다. 여기에서 정확하게 설명하기에는 많이 부족하지만, 지금까지 우리가 알고 있는 소립자(素粒子)로 대체하여 설명하겠다.

둘째, 유형의 소립자(素粒子)는 사람이나 물건 등 우리의 눈에 보이는 형태가 있는 것을 말하고, 무형의 소립자(素粒子)는 생각이나 지식 등 뇌 활동에서 생성되는 뇌파를 포함한 기(氣) 에너지 등 눈에 보이지 않는 형태가 없는 것을 말한다.

셋째, 우리의 눈에 볼 수 있는 종이를 불에 태우게 되면 우리의 눈에 보이지 않는 형태로 사라지지만, 눈에 보이는 종이를 구성한 소립자(素粒子)와 눈에 보이지 않는 소립자(素粒子)는 변함없는 동일한 소립자(素粒子)이다.

다시 말하면 소립자(素粒子)들이 모여 우리의 눈에 보이는 물질을 만들어 내기도 하고, 소립자(素粒子)들이 흩어져 우리의 눈에 보이지 않는 상태가 반복적으로 진행할 뿐, 모든 근원적인 존재인 소립자(素粒子)는 새롭게 생겨나거나 없어지지 않는 불생불멸(不生不滅)의 존재인 것이다.

사람들이 새롭게 생겨났다고 생각하는 물질은 소립자(素粒子)들이 모여 사람들의 눈에 보이는 형태를 말하며, 사람들이 사라졌다고 생각하는 물질은 소립자(素粒子)들이 흩어져 사람들의 눈에 보이지 않는 형태가 되었다는 뜻이며, 온 세상을 가득 채우고 있는 소립자(素粒子)들은 새롭게 생겨나거나 영원히 없어지는 존재가 아니라는 것이다.

예로 핵과 전자로 구성된 수소 원자의 경우 핵을 농구공 크기로 확대하면 핵과 전자의 거리는 00킬로미터나 되며, 00킬로미터 사이의 공간은 사람들의 눈에 전혀 보이지 않아 텅 비어 있다고 착각하겠지만, 사실은 엄청난 에너지로 꽉 차 있어 비어있는 공간은 전혀 없다는 것이다.

사람들이 허공(虛空)이라고 인식하고 있는 부분들도 사실은 비어있는 공간이 아니라 사람들의 눈에 보이지 않을 뿐, 모든 물질을 만들어 낼 수 있는 무한한 에너지로 가득 차 있는 공간이다.

온 세상은 시작이 없는 처음부터 끝이 없는 끝까지 우리 눈에는 보이지 않는 불생불멸(不生不滅)의 소립자(素粒子)로 꽉 채워진 상태로 완전하게 연결되어 있는 것이다.

넷째, 물질의 지배를 받은 현세계에 살고 있는 사람들은 눈에 보이는 물질의 크기로 미시적(微視的) 세계와 거시적(巨視的) 세계로 구분하고, 비물질적 지배를 받는 영계에서는 눈에 보이지 않은 기(氣)와 파장인 에너지의 세기로 미시적(微視的) 세계에서 거시적(巨視的) 세계로 구분한다.

물질적 세계에서 1M의 거리와 이동시간은 사람의 경우에는 매우 짧은 거리와 짧은 시간이 소요되지만, 미세한 박테리아에게는 엄청난 거리며 엄청난 이동 시간이 소요된다.

또한 사람의 경우에는 1초라는 시간은 아주 짧은 시간이지만, 1초 안에 생성하고 소멸되는 박테리아에게는 1회의 윤회가 끝나는, 한 번 생애의 모든 시간으로 어떤 세계에 존재하는지의 여부에 따라 시간과 공간의 상대적 개념은 크게 차이 나게 된다.

그리고 물질적 세계에서 세상을 보는 거리인 시야는 얼마나 큰 형태의 소유 여부 또는 장비를 보유했느냐의 여부에 따라 보다 높거나 먼 장소를 볼 수가 있기 때문에, 일반 사람들은 먼 산을 볼 수 있어도 박테리아는 사람의 전체 형태를 보기도 어렵다.

비물질적 세계에서는 사람의 눈에 보이지 않는 기(氣) 에너지 세기가 인식할 수 있는 거리[16]와 시간과 공간을 인식할 수 있는 구간의 범위로 결정한다.

물질적 세계에 사는 사람이 1초 동안 사물을 바라보는 시야라

---

16) 거리라는 것은 물질적인 거리뿐만 아니라 세상에 존재하는 물질인 유형의 형태와 의식인 무형의 형태를 인식할 수 있는 것을 말한다.

는 범위의 구간이 시력에 따라 차이가 나듯이 비물질적 세계에 존재하는 기(氣)가 1초 동안 시간과 공간을 인식할 수 있는 범위의 구간도 크게 차이가 있기 때문에, 미래의 모습을 알 수 있는 시간의 길이는 존재들마다 차이가 매우 크다.

비물질적 세계에 존재하는 기(氣)가 1초 동안 인식할 수 있는 범위의 구간도 짧게는 1초에서 많게는 수십만 년에 이르기까지 엄청난 차이를 보이기 때문에 기(氣)가 센 높은 영일수록 1구간에 수십만 년을 인식하여 먼 미래를 예언의 형태로 알려줄 수 있는 것이다.

(1초 동안 1구간을 인식한다고 가정할 때 기(氣) 에너지에 따라 A라는 영은 1구간을 10일 단위로 인식한다면 10일 내의 미래만을 알 수 있지만, B라는 영이 1구간을 10만 년 단위로 인식한다면 10만 년 내에 일어나는 미래를 알 수 있다는 뜻이다.)

다섯째, 1일을 사는 박테리아의 일생(一生)에서 아주 작은 단위의 생존 기간에 엄청난 사건이 발생하였더라도 80년을 사는 사람들에는 1초 안의 구간에서 박테리아에게 일어난 엄청난 사건을 전혀 알 수 없으며 알려고도 하지 않을 것이다.

즉 미시적(微視的) 세계에서 일어난 일은 거시적(巨視的) 세계에서는 전혀 알 수 없다는 것으로, 신에게서 나온 생기들의 윤회 과정 기간에서 발생한 엄청난 사건들은 우리보다 훨씬 큰 거시적(巨視的) 세계의 신계에서는 인식조차 하지 못하고 있다는 뜻이다.

다시 말하면, 고려 건국, 프랑스 혁명, 산업혁명 등 사람들이 겪은 굵직한 역사적 사건들을 사람들은 크게 인식하고 있지만, 신계의 신들은 의미도 부여하지 않을뿐더러 인식조차 못 하고 있다는 뜻이다.

그러나 미시적(微視的) 세계에 존재하는 박테리아의 오염으로 거시적(巨視的) 존재인 사람들이 멸종할 수 있기 때문에 사람들이 박테리아에 대하여 끊임없이 연구하고 관찰하듯이, 미시적(微視的) 세계에 존재하는 사람들의 지식과 경험으로 습득하는 정보의 오염으로 거시적(巨視的) 존재인 신들이 멸종할 수 있기 때문에 신들은 사람들에 대하여 끊임없이 연구하고 관찰한다.

이 세상은 미시적(微視的) 세계에서 성장하여 거시적(巨視的) 세계로 진입하는 과정으로 진행되지만, 아이러니하게도 거시적(巨視的) 세계의 발전과 퇴보는 미시적(微視的) 세계의 존재들에게 좌우되고 있다.

• 관자재보살 행심반야바라밀다시 조견오온개공 도일체고액

해석 : 세상 사람들을 고통에서 구하고 싶은 선지자(先知者)(관자재보살(觀自在菩薩)의 뜻)가 세상에 존재하는 모든 것이 실체가 없다는 최고의 지혜를 깨닫고는 모든 괴로움을 잊게 되었다.

풀이 : 소립자(素粒子)가 모여 물질을 만들고, 소립자(素粒子)가 흩어져 물질이 사라진다는 현상인 큰 진리를 깨닫고, 세상에 존재하는 모든 물질적 형태와 비물질적 의식(意識) 등은 소립자(素粒

子)들의 모임과 흩어짐의 반복으로 인하여 고정되지 못하고 변할 수밖에 없다는 사실을 알게 되었다.

과거의 지혜와 지식이 현재에는 가치를 상실하듯이, 지금 알고 있는 물질과 정신의 세계의 모습은 먼 미래에는 완전하게 가치를 상실한다는 진리를 깨닫는 순간 집착하지 않게 되어 깨달아야 한다는 괴로움을 잊게 된 것이다.

• 사리자 색불이공 공불이색 색즉시공 공즉시색 수상행식 역부 여시

해석 : 지혜로운 사람이여, 형태가 있는 물질이 형태가 없는 허공(虛空)과 다르지 않으며, 형태가 없는 허공(虛空)이 곧 형태가 있는 물질이며 감각·지각·의지와 지어감·최후 인식도 같은 것이다.

풀이 : 종이를 태워 허공(虛空)으로 사라지는 예처럼, 소립자(素粒子)가 모여 종이가 되었고, 소립자(素粒子)가 흩어져 허공(虛空)이 되었지만, 처음부터 소립자(素粒子)는 새로 생겨났거나 없어진 것이 아닌 모였다 흩어진 것뿐이다.

소립자(素粒子)는 모이면 물질이 되고 흩어지면 허공(虛空)이 되는데, 물질의 종류에는 종이처럼 사람들의 눈에 보이는 형태가 있는 물질도 있지만 감각·지각·의지(意志)와 지어감·최후 인식(認識)처럼 사람들의 눈에 보이지 않는 비물질로 된 것들도 있다.

• 사리자 시제법공상 불생불멸 불구부정 부증불감

해석 : 지혜로운 사리자여, 모든 것을 구성한 것은 새롭게 생겨나는 것도 아니고 없어지는 것도 아니며, 깨끗하지도 더러운 것도 아니고, 늘어나지도 줄어들지도 않는다.

풀이 : 물질이든 허공(虛空)이든 온 세상은 꽉 찬 상태인 소립자(素粒子)로 구성되어 있으며, 소립자(素粒子)를 모아 허공(虛空)에서 물질을 만들거나, 소립자(素粒子)를 흩어뜨려 물질을 허공(虛空)으로 만들 수는 있어도, 근본 물질인 소립자(素粒子)를 새롭게 만들거나 없앨 수는 없다.

더러운 하수구의 물도 바다의 깨끗한 물도 작은 단위로 분해하여 보면, 더럽거나 깨끗함이 없는 소립자(素粒子)의 모임으로 구성되어 있기 때문에, 더럽거나 깨끗하다는 개념은 근본적으로 존재할 수 없다.

• 시고 공중무색 무수상행식 무안이비설신의 무색성향미촉법 무안계 내지 무의식계 무무명 역무무명진 내지 무노사 역무노사진 무고집멸도 무지역무득 이무소득고

해석 : 그러므로 허공(虛空)인 것은 물질도 없고 감각·지각·의지(意志)와 지어감·최후 인식(認識)도 없고 눈·귀·코·혀·몸·뜻도 없으며 빛과 모양·소리·향기·맛·닿음·법도 없고 눈의 대상과 내지 인식(認識)의 대상까지도 없으며 무명도 없고 무명이 다함도 없고 늙고 죽음도 없고 늙고 죽음이 다함까지도 없어서 괴로움 번뇌

277

열반 수행도 없고 지혜도 없고 얻을 것도 없으니, 얻을 것이 아예 없기 때문이니라.

풀이 : 소립자(素粒子)가 흩어진 상태가 허공(虛空)이며, 허공(虛空)은 소립자(素粒子)가 모여 있는 눈·귀·코·혀·몸·빛과 모양처럼 물질만이 아니며, 감각·지각·의지(意志)와 지어감·최후 인식(認識)·소리·향기·맛·닿음·법(사상을 뜻함)처럼 비물질만도 아니다.

허공(虛空)의 상태는 비록 소립자(素粒子)가 모여 있지 않고 흩어져 있지만, 온 우주에 꽉 찬 상태로 연결되어 있기 때문에, 영(靈)적 기운의 세기에 따라 차이가 있겠지만 궁극적으로 모두 볼 수 있거나 인식(認識)할 수 있기 때문에, 인식(認識) 대상의 끝은 존재할 수 없다.

근본적인 물질인 소립자(素粒子)는 당연히 늙거나 죽거나 새로 생기거나 성장하지 않으며, 소립자(素粒子) 안에는 괴로움·번뇌·열반 수행·지혜 등 비물질적인 정보가 존재할 수 없어 소립자(素粒子)로부터는 얻을 것이 아무것도 없다.

• 보리살타의반야바라밀다고 심무가애 무가애고 무유공포 원리 전도몽상 구경열반 삼세제불 의반야바라밀다고 득아뇩다라삼 먁삼보리

해석 : 수행자(修行者)는 큰 지혜에 의지하여 마음에 걸림이 없게 되고 걸림이 없으므로 두려움이 없게 되어 뒤바뀐 행동이나 의식을 버리고 마침내 인간계(人間界)를 떠나 신계(神界)로 가며, 과

278

거·현재·미래의 모든 부처님도 큰 지혜에 의지하기 때문에 「위 없는 높고 바르고 두루한 큰 깨달음」을 얻었다.

풀이 : 간단한 한 가지 예를 들면 온 세상에 꽉 차있는 소립자(素粒子)의 존재와 작동 원리를 깨달은 수행자(修行者)는 빠른 시간 안에 성불(成佛)하겠다는 다짐이나 인간계(人間界)를 떠나 신계(神界)로 진입하겠다는 것과 출세나 부자가 되는 것을 빠른 시간 안에 성취하겠다는 마음가짐 등 시간과 공간에 대한 마음의 걸림인 집착을 버리게 되고, 결코 소멸되지 않는다는 사실을 알고 있어 죽음이나 죽음 후의 세계에 대한 두려움도 갖지 않는다.

죽음 후의 세계에 대한 마음의 걸림과 두려움이 없어지면 현세계에 살면서 사후세계인 내세의 삶을 추구하는 잘못된 생각이나 의식을 자연스럽게 버리게 되어, 현세계에서는 현세계 삶의 공부를 충실하게 하고, 죽음을 맞이한 영계에서는 영계 삶의 공부를 충실하게 하여 마침내 좋은 성적으로 신이 되어 신계로 진입하게 된다.

과거·현재·미래에 신계로 진입한 모든 사람들도 위와 같은 지혜에 의지하였으며 이 지혜가 현재까지는 가장 바르고 넓게 적용된 깨달음이다.

• 고지반야바라밀다 시대신주 시대명주 시무상주 시무등등주 능제일체고 진실불허 고설반야바라밀다주 즉설즉왈

해석 : 그러므로 알라. 최고의 지혜는 크게 신비롭고 밝아서 그

보다 높거나 동등한 지혜는 현재까지 없으며, 이 지혜를 깨달으면 모든 괴로움이 사라지고 진실하여 허망하지 않을 것이다.

지금 최고의 지혜를 말하겠다.

풀이 : 소립자(素粒子)에 대한 존재 및 작동 원리를 알게 된 지혜를 정확하게 알아, 과거나 현재에 존재하는 것을 고정하거나 유지하려는 헛된 노력으로 인하여 마음의 괴로움에서 벗어나게 되면, 비로소 진실을 알게 되는 죽음을 맞이한 후에도 현세계에서 살았던 삶이 허망하지 않을 것이다. 지금 최고의 지혜를 말하겠다.

• 아제 아제 바라아제 바라승아제 모지 사바하

해석 : 간 사람이여, 간 사람이여, 저 건너로 완전히 간 사람이여, 깨달은 지혜가 늘 함께하시길.

풀이 : 나는 주문(呪文)을 상당히 부정적으로 본다.

나의 견해를 말하자면 『아제 아제 바라아제 바라승아제 모지 사바하』라는 주문은 간 사람이여, 간 사람이여, 저 건너로 완전히 간 사람이여, 깨달은 지혜가 늘 함께 하기를 이란 뜻으로 깨달은 지혜를 설명하지 않고 갑자기 남을 축원하는 기원을 하여 사족[17](蛇足)이라고 생각한다.

---

17) 뱀을 그릴 때 있지도 않은 다리를 함께 그리는 쓸데없는 짓을 하여 도리어 잘못된 상태가 되었다는 뜻.

에피소드 2 : 텔레파시의 작동 원리

느낌이란 우리가 외치는 소리와 비슷하고 텔레파시는 휴대폰 통화의 원리와 매우 비슷하다.

사람들이 분노와 기쁨의 감정을 표현할 때 무의식적으로 기(氣)가 발산되며, 기(氣)는 온 세상에 꽉 차 있는 소립자(素粒子)를 통해 주변에 있던 불특정 다수인 모두에게 수신되며 흡수된다. 사람뿐만 아니라 물건 등 존재하는 모든 것에 기(氣) 에너지가 분산하여 전달되기 때문에 짧은 거리에만 적용된다.

텔레파시는 휴대폰을 가지고 통화할 때처럼 대화할 상대의 주파수를 맞추어 기(氣)를 발산하기 때문에, 에너지가 분산되지 않고 수신하려는 사람에게만 전달되어 사람들이 상상할 수 없는 먼 거리에도 적용될 수 있다.

왜냐하면 온 세상은 소립자(素粒子)로 꽉 채워져 있고 꽉 채워진 소립자를 통하여 기(氣) 에너지를 전달하기 때문이다. 따라서 텔레파시 작동은 사람들이 알지 못하는 4차원 세계에서 작동되는 것이 아니라, 사람들이 살고 있는 현세계에 존재하는 소립자(素粒子)를 활용한 것이다.

제23장

명상(瞑想), 운명(運命)의 조합과 시간

   친척 형은 나를 죽이려고 노력하던 반대편에 있는 신의 무리들에게서 최종 협상이 들어왔다며, 친척 형과 함께 오늘 밤 1시에 00산 아래 공원으로 같이 가자고 제안하였다.

   친척 형의 제안을 받은 나는 살(煞)도 피하고 신의 회초리도 극복했다는 나만의 자부심은 충만했지만, 아직은 신들이라고 불리는 존재들과 혼자 맞서 싸우기에는 나 자신이 매우 부족하다는 불안감이 함께 교차하여 대답을 망설이고 있었다.

   반대편 신이라는 존재는 친척 형이 혼자 만날 것이며, 나는 먼 거리에서 1시간 정도 혼자 공원 벤치에 앉아 기다리고 있으면 된다고 쉽게 말하였지만, 나 홀로 밤 1시에 공원 벤치에 앉아 있어야 한다는 사실 때문에 친척 형의 제안을 받아들이기가 계속 망설여졌다.

   그러나 '갈 때까지 가보자'라는 심정으로 마침내 친척 형에게 00산 아래 공원으로 함께 가겠다고 대답하게 되었고, 친척 형은 내가 꼭 지켜야 하는 한가지 당부사항을 알려 주었다.

친척 형이 반대편에 있는 신의 무리들과 최종 협상을 마친 후 나와 함께 00산 아래 공원에서 출발하여 다시 집으로 되돌아오기 전까지는 내가 절대로 뒤를 돌아보지 말라는 당부였다.

내가 뒤를 돌아보게 되면 상상조차 할 수 없는 모습을 한 귀신이 나의 뒤를 쫓아오고 있는 장면을 보게 될 것이며, 그 귀신을 본 내가 정신을 잃고 쓰러지게 되면, 친척 형 혼자의 힘으로는 나를 집으로 데려오기가 매우 힘들다는 것이었다.

나는 친척 형이 나에게 들려준 이야기가 '황지연못' 전설과 비슷하다며 크게 웃자, 친척 형은 매우 화가 난 표정으로 기도터에서 친척 형이 겪은 실제 경험담을 나에게 이야기해 주었다.

:: 낙동가 발원지 《황지연못》 전설(傳說)

낙동강 발원지로 옛날 노승(老僧)이 연못 자리에 있었던 황부자 집으로 시주(施主)를 받으러 갔을 때, 황부자는 시주 대신 쇠똥을 퍼 주었고, 이를 본 며느리가 노승에게 시아버지의 잘못을 대신 빌고 쇠똥을 털어낸 후 쌀 한 바가지를 시주하였다.

노승이 며느리에게 말하기를 "이 집의 운이 다하여 곧 큰 변고가 있을 터이니, 살고 싶다면 날 따라오시오. 그리고 절대로 뒤를 돌아봐서는 안 되오."라고 당부하였다.

그러나 노승을 뒤따라가던 며느리가 노승의 당부를 잊고 뒤를 돌아보아 돌이 되었고, 황부자 집은 땅속으로 사라져 큰 연못이 되었는데, 그 연못이 바로 지금의 황지연못이다.

한 달 동안 밤낮으로 도반(道伴)들과 함께 기도터에서 신을 만나기 위해 기도를 드리던 중, 도반들이 모두 잠든 어느 날 한 여인이 친척 형에게 가까이 다가와 말을 걸어 깨우면서, 자신이 알려주는 장소에서 기도를 하게 되면 신을 곧바로 만나볼 수 있다고 말했다고 한다.

깜깜한 한밤중에 아주 예쁜 여인을 만난 친척 형은 기쁜 마음으로 즉시 자리에서 일어나 여인을 따라 숲 속을 걸어가게 되었다. 그러나 따라갔던 여인에게서 발소리가 나지 않는 것을 이상하게 여기고 여인의 발을 본 순간 여인은 발이 없었다.

깜짝 놀란 친척 형이 여인의 얼굴을 쳐다보자 아름다운 여인의 얼굴이 눈처럼 창백하게 변했고, 여인이 씽긋 웃으면서 형의 얼굴을 향해 빠르게 다가오는 순간, 공포심으로 바지에 피똥을 싸고 그 자리에서 기절했다고 한다.

자신의 모습을 자신 마음대로 바꿀 수 있는 기(氣)가 센 영혼들을 처음 본 사람들은 순간적인 놀라움과 공포심으로 대부분은 정신을 잃어버리게 된다고 말했다. 나는 친척 형이 당부한 이야기를 마음에 새겨 절대 잊지 않겠다고 답변하면서, 친척 형이 최종 협상하는 한 시간 동안 무슨 일을 하면서 시간을 보내야 할지 고민된다고 말했다.

친척 형은 깜깜한 밤에 홀로 앉아 있으면 마음이 심리적으로 매우 불안정한 상태가 된다고 말하면서, 불안정한 마음을 심리적으로 안정시키고자 한다면 집중이 아닌 명상이 최고라고 알려주었다.

집중은 내면 또는 외부에 집중하는 특정한 대상이 있는 것이며, 특정한 대상을 인식하려고 많은 에너지가 소비되어 정신과 육체 모두가 많이 피곤해진다고 말하였다.

사람들은 삶을 살아가는 과정에서 정신과 육체의 긴장을 반드시 동반하는데, 집중 또한 정신과 육체의 긴장을 동반하기 때문에, 사용하고 있는 에너지의 과열로 피곤해지는 것이라고 말했다.

그러나 명상은 무의식의 상태를 유지하면서, 내 몸 안과 밖에 있는 에너지가 내면에서 외부로 흐르고, 다시 외부에서 내면으로 자연스럽게 흐르게 하여, 정신과 육체의 활동에 추가적으로 사용하는 에너지의 소비를 최소화할 수 있다고 말했다.

특히 육감을 통해 외부의 자극에 집착되었던 의식을 내면의 마음으로 옮기면, 외부와 내면의 균형감으로 심리적인 안정감과 함께 스트레스나 불안 및 통증도 해소될 뿐 아니라, 육체의 건강도 매우 좋아진다고 말했다.

나는 00산 아래 공원에서 친척 형을 기다리는 동안에, 나의 두 눈을 꼭 감아 외부의 자극을 차단하고, 무의식의 상태가 되어 기다리는 지루함을 없애 버리겠다고 마음속으로 다짐했다.

그날 밤 0시 30분쯤 집에서 00산 아래 공원을 향해 친척 형과 함께 걸어가면서, 우리 눈에는 보이지 않는 세계에서 맡은바 소임을 다하고 있는 숨은 영웅들인 영능력자들에 대한 이야기를 친척 형에게 재미있게 들었다.

어느덧 00산 아래 공원에 도착한 나는 친척 형을 산속으로 보내고, 깜깜한 밤에 홀로 벤치에 앉아 두 눈을 감고 명상에 잠겨 있었다.

처음에는 새벽에 홀로 남겨졌다는 두려움과 공포심으로 명상을 하기가 매우 어려웠지만, 20여 분이 지날쯤 자연스럽게 깊은 명상을 하게 되었다. 어느 정도 시간이 흘러갔을 때 나의 마음속에서 어떤 음성이 들리는 듯하였지만, 내용을 도저히 알 수가 없어 하던 명상을 잠시 멈추고 의식에 집중하기 시작했다.

이때 00산에서 내려온 친척 형이 나의 몸을 흔들어 깨우면서, 협상이 잘 끝났으니 빨리 집으로 되돌아가자고 재촉함과 동시에 절대로 뒤를 돌아보지 말라고 나에게 다시 한 번 당부하였다.

반대편에 있는 많은 무리의 신들 중에서 일부는 협상 자체를 반대하고 있으며, 마지막까지 나를 죽여야 한다는 미련을 버리지 못하고 있기 때문에, 내가 뒤를 돌아볼 때를 적극 활용하여 심장마비를 일으키려고 시도하는 중이라고 말했다.

나는 내 뒤에서 작게 들려오는 알 수 없는 소리들과 궁금증을 외면하고, 뒤를 보지 않고 형과 함께 부지런히 00산 아래 공원에서 내 집까지 빠른 걸음으로 무사히 되돌아왔다.

에피소드 1 : 명상(瞑想)

　사람들이 복잡한 삶을 살아가면서 과열로 피로해진 육체와 정신을 잠시 쉬게 하고, 각종 스트레스 및 불안정한 마음을 안정시키기 위해 명상을 권하는 사람이나 단체들이 많이 있다.

　과열된 육체와 정신을 잠시 식히는 정도인 10분 이내의 명상은 우리의 육체와 정신 건강의 증진을 도울 수 있지만, 깨달음을 얻기 위한 명상이나 1시간 이상 매일 반복하는 명상 활동은 사람들의 일상생활에 심각한 부작용이 발생할 수 있다는 사실을 모르는 것 같아 매우 안타깝다.

　사람들이 깊은 명상을 하게 되면, 육체와 정신 그리고 영에 분산하여 사용하던 에너지가 영에만 집중하여 사용하게 되지만, 일반 사람들은 에너지를 사용하지 않는다고 착각하게 된다.
　그러나 생기에서 만들어진 에너지는 저장되는 것이 아니라 만들어서 사용하기를 끊임없이 반복하기 때문에, 육체와 정신에 사용되지 않았다면 영에 집중적으로 사용된다.

　영에만 에너지가 집중적으로 사용하게 되면, 잠재의식이 강화되면서 사후세계에 존재하는 영혼들이나 귀신 또는 신이라고 주장하는 가짜 신이나 신령들과 기운을 서로 교류하는 교감이 발생할 수 있다.
　명상에서 만난 귀신은 나쁜 기운으로, 신 또는 신령이라는 존재들은 좋은 기운으로 설명하는 사람이나 단체들이 있지만, 현세계에서 명상으로 만날 수 있는 존재들은 사후세계에 존재하는 영혼들뿐임으로, 궁극적으로는 모두가 우리에게 해로운 기운일 뿐이다.

사후세계에 존재하는 대부분의 영혼들은 자기들끼리 의사소통을 하기 위해 메시지를 주고받지만, 극히 일부분의 영혼들은 현세계에 살고 있는 사람들에게도 의사소통을 하기 위해 메시지를 보내고 있다.

그런데 명상을 하는 사람들 중에서 일부 어리석은 사람들은 처음 사후세계에 존재하는 영혼들에게 메시지를 받게 되면, 이 메시지가 신 또는 신령이라는 존재가 자신에게만 보내준 깨달음을 주는 가르침의 메시지로 착각하며 상당히 기뻐하고 흥분한다.

하지만 명상을 통해 전해 들은 신이라는 존재가 보낸 메시지 내용이 현세계에 살고 있는 베스트 소설 작가나 박사들의 어록보다 못한 단순하고 허접한 수준임을 잘 알고 있는 현명한 사람들은 이런 메시지에 전혀 의미를 두지 않는다.

명상을 오랫동안 계속하게 되면, 사후세계에 존재하는 영혼의 기운이 사람들의 두뇌에 침투하여 신끼를 발달시켜 점차 귀신도 보게 하고, 나중에는 몸까지 침투하여 신병도 발병하게 만든다.

신끼와 신병의 증세가 나타났음에도 불구하고, 명상을 계속할 경우에는 사후세계에 거주하는 영혼들에게 자신의 정신과 육체를 완전하게 잠식당하고 통제권을 상실하여, 사람으로서 구실을 하지 못하는 빙의로까지 진행될 수 있다.

이유는 자신의 마음을 비운 자리에는 빈 공간으로 남아있지 않고, 항상 타인의 마음이 자연스럽게 채워지는 채움의 원리가 작동되기 때문이다. 그리고 한 번 침투한 사후세계에 존재하는 영혼들은 현세계에 살고 있는 사람들의 육체를 쉽사리 포기하지 않기 때문에, 타인의 영혼을 들어오게 하기는 쉬우나 내보내기는 상당히 어렵다.

위에서 언급한 부작용 이외에도 현세계에서 육체를 가지고 살고 있는 사람이 사후세계에 존재하는 영혼의 침투를 받은 경우, 음과 양의 기(氣) 충돌 작용으로 인하여 육체의 수명이 많이 단축된다. 또한 명상에 의존하고 심취하는 명상도취증(冥想陶醉症)에 걸려 정상적인 사회생활을 할 수 없는 경우도 발생할 수 있다.

나는 10분 이상의 명상을 하기보다는 눈을 감고 몸을 편하게 만든 후, 자리에 누워서 짧은 시간 잠을 자는 것이 어떤 부작용도 없이 육체와 정신을 편하게 쉬게 하여, 불안정한 마음을 안정시킬 수 있는 훨씬 더 효과적인 방법이라고 생각한다.

친척 형은 이제 나에게는 한 개의 커다란 장애물과 신을 만나는 의식만이 남아 있다고 말해 주면서, 모든 사람들은 태어날 때 나름대로 소망하는 목적을 가지고 태어나는 아주 소중한 존재라고 말했다.

또한 태어난 목적을 이루기 위한 삶의 과정은 선택할 수 있는 것을 선택하여 행복하게 살 수 있는 방법도 있지만, 선택할 수 없는 것을 선택하여 불행한 삶을 살아가는 방법도 있다고 말해 주었다.

사람들의 삶의 과정에서 대표적인 선택이란 사람들이 흔히 말하는 거부할 수 없는 운명의 한 축인 인연이라는 것이며, 부부의 인연도 그 속에 당연히 포함된다고 하였다.

부부의 인연이 없는 사람과의 결혼 생활은 처음에는 잠시 행복할 수는 있어도, 종말에는 불행한 삶을 살게 되는데, 그 원인은 사람들이 현세계에 태어날 때 영계에서 계획한 사주팔자라는 운명 때문이라는 것이다.

천간(天干)과 지간(支干)의 5행(목·화·토·금·수)을 모두 갖추고 태어나야 신처럼 편안한 삶을 살며 누구와도 화합할 수 있지만 불행하게도 모든 사람은 천간(天干)과 지간(支干)에 각각 1행 이상이 모자란 팔자(八字)를 가지고 태어나게 되어, 자신과 화합되는 사람이 존재하기도 하고 화합되지 못하는 사람이 존재하기도 한다는 주장이었다.

자유의지로 선택하는 운명이라는 사주팔자의 조합인 결혼은 '진 여

'신전생 Ⅲ : 녹턴 매니악스'[18] 게임에서 등장하는 두 악마들과의 합체로 전혀 예상치 못한 다른 악마가 탄생하는 것처럼, 두 사람 사이의 운명의 조합은 두 사람 모두의 일생(一生) 계획에 커다란 영향을 끼치는 변곡점(이벤트)를 발생시킬 수 있다고 하였다.

나와 내 여자 친구와의 운명의 조합을 자세히 살펴보면, 각자 개인적으로는 둘 다 좋은 사람이며, 서로 아끼면서 평생 행복하게 살 수 있지만, 서로가 태어난 진짜 목적을 상실하게 된다는 것이었다.

사람은 대부분 현세계에서 지식과 경험으로 정보를 영 안의 생기 속에 저장하는 일반적인 목적을 가지고 태어나는 일반적인 삶을 선택하여 태어나지만, 일부는 특정한 목적을 가지고 태어나는 삶을 선택하기도 한다고 말했다.

특정한 목적을 가지고 태어나는 삶을 선택하는 사람들의 특징은 영과 영혼 또는 신과의 접촉으로 인하여, 영계의 '영적정화소'에서 스스로 계획했던 사주팔자라는 운명이 무력화될 수 있는 최고의 난이도를 선택하였으며, 극히 일부의 사람을 제외하고는 대부분은 사상가, 종교가 또는 영능력자의 삶을 살게 된다고 말해 주었다.

내가 이번 생애를 특정한 목적을 선택하여 태어났기 때문에 지금은 친척 형의 말을 믿지 않겠지만, 특정한 때가 도래하면 자연스럽게 사

---

18) 2003년 2월 20일 아틀라스에서 발매된 RPG 게임으로 악마 합체 시스템을 활용하여 전혀 예상치 못한 악마를 만들어 낼 수 있다.인간은 모두 멸망하고 악마들만이 배회하는 도쿄에서 이 세계의 진상(眞相)을 찾는 소년의 여행 과정을 표현한 게임이다.

상가 또는 종교가의 삶을 선택하여 살아가게 될 것이라고 이야기하였다. 또한, 내가 계획한 특정한 목적을 이루려고 영계에서 준비하였던 계획을 추진하게 되지만, 불행하게도 지금의 여자 친구는 일반적인 삶을 선택하여 태어났기에, 너의 사상과 행동을 절대로 이해할 수 없을 것이라고 주장하였다.

선택할 수 있는 것을 선택하여 살아가는 삶이 아닌 선택할 수 없는 것을 선택하여 불행한 삶을 살아가는 방법이 사람들이 말하는 악연이며, 악연은 한 사람의 잘못된 사주팔자로 발생하는 것이 아니라 사람의 운명과 사람의 운명의 조합으로 발생한다고 하였다.

이러한 사유로 악연자와의 인연은 관련된 모든 사람들에게 커다란 피해를 줄 수 있는데 예를 들면 남성 스토커에 의한 살인을 들 수 있다는 것이다.

피해자인 여성은 예기치 못한 죽음으로 인하여 자신이 계획했던 삶을 다하지 못했을 뿐만 아니라, 죽음의 과정에서 엄청난 고통을 받게 되고, 살인자인 남성은 현세계에서는 여러 가지 방법을 동원하여 처벌을 피할 수도 있겠지만, 영계의 '영적정화소'에서 영과 영의 정산을 통한 처벌을 절대 피할 수 없다는 것이다.

태어난 특정한 목적을 달성하고자 정신과 사상 세계에 몰두하여 투쟁하는 나를 전혀 이해하지 못하고, 함께 살게 되는 여자 친구의 인생은 행복보다는 불행이라고 말할 수 있기 때문에, 이제 그만 놓아주라고 당부하였다.

나는 친척 형의 진정 어린 충고의 말과 전반적인 내 주변의 환경뿐만 아니라 여자 친구의 인생을 종합적으로 고려하게 되었고, 그로부터 일주일 뒤 최종적으로 여자 친구와 헤어지겠다는 굳은 결심을 하게 되었다.

에피소드 2 : 운명의 조합인 인연(因緣)

사람들이 영계의 '영적정화소'에서 설정한 사주팔자라는 운명의 계획은 현세계의 삶을 살아가는 과정에서 그대로 반영된다.

그러나 삶을 살아가는 과정에서 만나게 되는 인연을 어떤 방향으로 활용하느냐에 따라 행복한 인생을 사느냐와 불행한 인생을 사느냐가 결정된다.

종교인으로서 무소유(無所有)로 생을 마감한 ㅇㅇㅇ분의 운명은 평생 동안 부(富)를 이루지 못하고 가난하게 생을 마감하는 운명을 가지고 태어났지만, 그분의 삶의 전 과정을 되돌아보면 세상에 존재하는 어떤 재벌가보다도 행복한 삶을 살았다고 주변에서 말하고 있다.

금전을 멀리하는 자가 부(富)를 이룰 수 없듯이, 내가 만나게 되는 사람들을 싫어하는 사람이 결코 행복한 삶으로 생을 마감할 수 없는데, 이 모든 원인이 사람들의 삶에서 만나게 되는 사람과 동물, 사물, 자연 등의 인연들의 효과에 대하여 알지 못하기 때문이다.

　영계의 '영적정화소'에서 계획한 사주팔자라는 운명이 사람들이
선택할 수 없는 단순한 삶의 결과만을 알려주는 것이라면, 인연
이란 사람들이 선택할 수 있는 삶의 과정을 즉흥적으로 만들어
가는 행위이며, 영적 성장은 선택할 수 없는 사주팔자라는 운명
에서 오는 것이 아니라 선택할 수 있는 인연에서 만들어진다.
　그런 사유로 깨어있는 자들은 누구나 운명의 결과를 논하기보
다는 하루하루 만나게 되는 모든 것을 소중한 인연으로 바꾸는
작업에 몰두하는 행복한 삶을 중시하는 것이다.
　또한 좋은 인연은 행복한 삶을 만들고, 행복한 삶은 보다 빠른
영적 성장을 이루어준다는 사실과 악연은 불행한 삶을 만들며,
불행한 삶은 영적 성장에 전혀 도움이 되지 못한다는 사실들을
잘 이해하고 있는 사람들이다.
　따라서 좋은 인연을 만나면 좀 더 오랫동안 내 삶의 주변에 머
물도록 하기 위하여 노력하지만, 악연을 만나면 내 삶의 주변에
머물 수 없도록 어떤 희생을 감수하더라도 단호하게 끊어낸다.

　사람과의 인연은 운명의 조합으로 예상치 못한 일들이 발생하게
되는데, 예를 들면 나에게는 악연인 사람이 타인에게는 좋은 인연
이 될 수도 있고, 사주팔자에 자녀가 1명 있는 사람과 사주팔자에
자녀가 2명 있는 사람이 결혼했지만 운명의 조합으로 인하여 자녀
를 가질 수 없는 무자식(無子息)의 운명으로 바뀌기도 한다.

심지어는 부자(富者)가 될 수 없는 사람이 결혼이라는 변곡점(이벤트)을 통해 자신은 부(富)가 없지만 배우자의 부(富)를 공유하여 부자(富者)처럼 삶을 살아가기도 한다.

폭력적인 배우자를 만났거나 스토커를 만난 사람들이 가해자의 안타까운 주변 성장 환경을 고려하여 주거나, 자녀나 가족의 피해를 걱정하여 단호한 결단을 하지 못하는 경우가 많지만, 폭력적인 배우자나 스토커가 나와 다른 사람과의 인연으로 완전하게 변한 삶을 살 수도 있기 때문에, 악연의 고리는 미련이나 죄책감 없이 바로 끊어 버리는 것이 가해자와 피해자 서로에게 매우 이롭다.

어느덧 사랑하는 사람과 헤어지기로 굳은 결심을 하고 이별을 통보한 지 6개월이 지나가고 있었고, 지난 6개월 동안에는 나는 잠시 0000 사찰의 선생님도 만났으며, 친척 형도 만나 무섭고 신비로운 경험도 많이 하게 되어 정신적으로 많이 단련된 상태였다.

나는 친척 형에게 어느 시점에서 여자 친구가 나에게 더 이상 미련을 두지 않고 이별을 받아들일 수 있는지 물어보았고, 친척 형은 나에게 이번 달 마지막 주 토요일 밤까지라고 말해주면서, 살(煞)은 신(神)만 보낼 수 있는 것이 아니라 극히 일부의 사람도 극단적인 상황을 맞이하면 보낼 수 있다고 말해 주었다.

그 이유는 사람의 영 안에 있는 생기가 신의 일부이자 신이기 때문에 가능한 것이라고 말해주면서, 내가 마지막 주 토요일 밤에 극단적인 사람이 보내는 살(殺)을 맞게 될 것이라고 알려주면서, 극복하지 못하면 생을 마감하게 될 것이며, 내가 선택한 나쁜 행위에 대한 책임으로 맞게 되는 살(殺)임으로 죽음을 맞이하더라도 어느 누구도 원망하지 말라고 당부했다.

이번 달 마지막 주 토요일은 일주일밖에는 남지 않은 기간이라 친척 형의 말을 들은 나는 맞게 될 알지 못하는 살(殺)에 대한 엄청난 두려움과 여자 친구와의 이별을 선택한 후회, 그리고 계속해서 현세계에서 살고 싶다는 욕망의 의식이 머릿속에 끊임없이 일어나고 있었다.

무서운 공포심은 행복한 시간의 흐름처럼 내가 근무하는 직장과 집에서 엄청나게 빠른 속도로 나의 인생에 남겨진 시간들을 삼켜버렸고, 내가 신이 아닌 극단적인 환경에 처한 사람이 보내는 살(殺)을 맞게 되는 날인 토요일이 금방 오고야 말았다.

나는 친척 형에게 신이나 신령이 아닌 사람이 어떻게 살(殺)이라는 무기를 만들 수 있냐고 강력하게 항의하면서, 나를 살릴 수 있는 대책을 당장 마련하라며 심하게 화를 내고 있었다.

친척 형은 오늘 밤 11시에 내가 살(殺)을 맞게 될 것이라고 말해 주면서, 신(神)이 보내는 진짜 살(殺)은 막을 수 없지만, 사람이 보내는 가짜 살(殺)은 친척 형의 능력으로도 충분히 예방하거나 피해를 축소할 수 있다고 주장하면서, 가급적 10분 이상은 계속해서 살(殺)을 맞지 말라고 요구하였다.

나는 친척 형에게 어떤 종류의 살(殺)인지를 알아야 내가 대처할 수 있지 않느냐고 반문했지만, 친척 형은 오히려 내가 살(殺)에 대하여 알게 되면 살(殺)을 맞지 않고 피하려 할 것이라고 대답하면서, 맞게 되는 살(殺)을 해독할 수 있는 살(殺)도 이미 만들어 준비한 상태라고 말하면서, 작동된 살(殺)이 10분 안에는 반드시 멈추도록 조치하겠다고 말했다.

　나는 다가오는 살(殺)에 관한 공포심으로 아침과 점심을 먹는 것을 생략했지만, 나와는 반대로 친척 형은 나를 배짱 없는 놈이라고 놀리면서 맛있게 식사를 하였다. 친척 형도 믿고 배가 많이 고팠던 나는 초등학교 시절 나의 부모님이 내가 운동회 때마다 사주신 자장면이 생각나서, 오후 7시에 마지막 만찬 저녁이 될 식사로 자장면을 선택하여 배달시켜 먹었다.

　그리고 밤 8시부터 10시까지는 불교 경전인 『천수경』을 독경(讀經)하여 불교의 신들을 찬양하면서, 과거에 내가 저질렀던 많은 잘못을 참회하였고, 죽음을 맞이하게 되면 극락의 조그만 장소에 내가 설 수 있는 자리를 마련해 달라고 부탁하였다.

　그러나 밤 11시가 점점 다가오자 불교 경전인 『천수경』 독경도, 신들을 찬양하는 행위도, 나에게는 어떤 마음의 위로가 될 수 없었으며, 마음속에 공포심이 서서히 밀려오면서 머리카락은 곤두선 상태가 되어 있었고, 시간의 흐름은 활에서 발사된 화살처럼 빠르게 진행되어 어떤 방법으로도 전혀 늦출 수가 없었다.

친척 형은 밤 10시 50분 갑자기 나에게 다가와서는 내 손을 굳게 잡고 내 눈을 똑바로 쳐다보면서, 친척 형을 믿고 마음의 준비를 단단히 하라고 말하면서, 이번 일을 통해 친척 형의 또 다른 능력을 곧 확인하게 될 것이라고 말해주었다.

나와 맞잡은 친척 형의 두 손을 놓지 않으면서, 처음부터 살(煞)이 오지 않도록 조치하여 달라고 간절하게 애원했지만, 친척 형은 씁쓸한 미소를 지으면서 내 두 손을 뿌리치고 집 밖으로 나가 버렸다.

내가 집 밖으로 나가고 있는 친척 형을 바로 뒤쫓아가고 있을 때, 갑자기 내 휴대폰에서 전화벨이 세차게 울렸고, 나는 다시 집 안으로 들어가 휴대폰을 들고 수화기를 연 순간 매우 슬프게 흐느껴 울면서 나를 애타게 찾고 있는 여자 친구의 목소리가 전화기 너머로 들려오고 있었다.

사랑하는 여자 친구가 나와의 이별만은 절대로 할 수 없다며 흐느껴 울면서 애원하는 소리는 예리한 비수가 되어 내 심장을 마구마구 베고 있었고, 그 쓰린 아픔에 나도 덩달아 펑펑 울면서 미안하다는 말만 쉴 새 없이 되풀이하고 있었다.

내 울음을 들은 여자 친구는 내가 원한다면 자신의 부모도 떠날 수 있다는 더 구슬픈 울부짖음은 이제는 나의 심장을 아프게 하는 것을 넘어 내 정신까지 슬프면서 강한 충격을 주고 있었다.

서로 울먹이는 전화 통화는 점차 격정적인 울음바다가 되면서, 미안함에서 오는 이별의 아픈 고통이 점점 심해지고 있을 때 나도 모르게 갑자기 내 입에서 "어쩔 수 없잖아."라는 엉뚱한 말이 튀어나왔고, 격정적인 슬픈 상태에서 갑자기 황당한 말을 들은 여자 친구도 울음을 뚝 그치고 나와의 대화를 멈추게 되었다.

나와 여자 친구가 서로 펑펑 울다가 갑자기 싸늘해진 묘한 상황은 서로에게 격정적이었던 감정을 완전히 해소시켜 아주 냉철한 이성으로 되돌아오게 만들었으며, 1분의 무겁고 어색한 침묵이 지나자 여자 친구가 통화를 뚝 끊었다.

그 순간 내가 정신을 차리고 통화가 끊어진 전화기를 든 채 벽시계를 본 순간 밤 11시 9분이었고, 친척 형은 어느새 집안으로 들어오면서 마음이 아플텐데 고생했다며 위로의 말을 전해 주었다.

나는 처음에는 여자 친구와의 전화 통화로 마음이 굉장히 아팠지만, 내가 내뱉은 황당한 말 때문에 지금은 오히려 마음이 싸늘해진 상태라고 대답하였고, 친척 형에게 사람들이 보내는 가짜 살(煞)의 실체를 알고 있었냐고 물어보았다.

친척 형은 사람들이 보내는 가짜 살(煞)도 잘못 맞으면 마음에 깊은 상처가 생겨 평생 동안 정신줄을 놓고 살 수도 있다고 말하면서, 2주 전에 오늘 내가 가짜 살(煞)을 맞게 된다는 사실을 알게 되었다고 말해 주었다.

영능력자들은 신이 보내는 진짜 살(煞)은 피하거나 피해를 막을 수 없다는 사실을 알고 있지만, 사람이 보내는 가짜 살(煞)은 예방할 수도 있고 피해를 최소화할 수 있다고 말했다.

그리고 가짜 살(煞)이 생성되는 원리와 살(煞)을 맞은 이후의 삶을 고려하여 가짜 살(煞)을 원천적으로 예방할 것인지, 아니면 맞는 과정을 경험하여 맞은 살(煞)의 효과를 부정에서 긍정으로 전환시킬 것인지를 판단하여 결정한다고 하였다.

나의 일방적인 이별 통보로 인한 심리적 충격과 고통을 받게 된 여자 친구의 생기에서 분노와 원망의 가짜 살(煞)이 생성되어 나에게로 왔다고 말해 주었다.

처음부터 끝까지 분노와 슬픔이 가득한 울음이 동반된 통화만 이루어졌다면 악연은 결코 평생 멈추지 않고 나의 가슴에 비수로 꽂힌 채 평생토록 이어지면서 고통을 주게 된다는 것이다.

그러나 처음에는 울음이 동반된 심각한 전화 통화 내용이 마지막에 황당한 상황으로 전개된다면, 서로에게 더 이상 미련을 남기지 않게 되어, 악연은 비로소 멈추게 되고 마음에 쌓인 서로의 응어리가 저절로 풀려서, 정신적 통증이 줄어드는 울음의 긍정적 효과만 남게 된다고 말했다.

그래서 친척 형은 여자 친구가 보내는 살(煞)을 내가 직접 맞을 수 있도록 막지 않았고, 살(煞)을 맞은 지 8분이 경과할 때에는 내 입에서는 갑자기 "어쩔 수 없잖아."라는 황당한 말이 튀어나오게 조치하였으며, 동시에 내 여자 친구에게는 감성이 아닌 이성의 정신에 사로잡히게 전환하는 가짜 살(煞)을 순간적으로 보냈다고 이야기해 주었다.

:: 울음의 효과

우리가 알고 있는 대표적인 효과는 스트레스와 고통을 줄이고 "옥시토신"을 분비하여 행복해진다는 것이지만, 그 외에도 다음과 같은 많은 긍정적 효과가 있다.

- 혈압정상화, 뇌활동 활발, 면역 세포 수 증가, 신진대사 원활
- 폐활량 증가, 소화기능 향상, 혈당 저하

이 사건 이후로는 매번 오던 여자 친구의 전화는 더 이상 나에게 오지 않았으며 공식적인 이별이 완성되었다.

에피소드 3 : 시간(時間)

예고된 살(煞)을 기다리는 고통이 시간에 대한 인식과 깊은 관련성이 있음을 알게 되었다.

• 1. 현세계와 영의 시간 인식

1) 절대적 시간의 흐름이 지배하는 현세계

현세계에 살고 있는 사람들이 태어날 때부터 시간에 대한 개념이나 감각을 지니고 있었던 것은 결코 아니다.

유아기에는 일정한 시간이 되면 잠에서 깨어 일어나서 씻고 밥을 먹고 생활하다가 다시 씻고 잠들기를 반복하면서, 자신이 경험한 사실들을 기억에 저장하고 물리적 시간의 흐름이 아닌 자신이 경험한 근거인 기억을 활용하여 시간에 대한 흐름과 감각만을 익히기 때문에 시간을 구분하여 인식할 수 없다.

예로, 과거 경험에 대한 축적된 정보가 상당히 부족하고 물리적 시간의 개념을 알지 못한 상태에서 시간의 감각만을 익힌 어린아이들은 두 시간 후에 간식을 주겠다는 부모의 말을 이해할 수 없어 "간식을 주세요"라는 말을 반복적으로 물어보는 행위를 하게 된다.

유치원 시절에 비로소 시계라는 학습도구를 활용하여 시간의 개념을 배우는 과정에서 초, 분, 시간, 하루 등 시간을 물리적으로 구분하는 기초적 개념을 배우면, 과거, 현재, 미래를 구분할 수 있는 능력이 생겨 '하루 일과표'를 만들 수 있게 되고, 미래 계획을 수립할 수 있는 시간의 개념을 이해하게 된다.
다시 말하면 시간의 개념을 이해한 아이들만이 '하루 일과표'를 만들 수 있다는 것이다.

시간의 개념을 인식할 수 있다는 것은 영원한 시간을 저장된 기억과 정보를 활용하여 구조화된 형식으로 구분하여 인식할 수 있다는 뜻으로 사람들의 의식이 정한 약속일뿐이다.
예로, 2년 전 여름방학 때 대천 해수욕장을 다녀온 사람에게 대천 해수욕장을 언제 다녀왔느냐고 질문하게 되면 2년 전이라고 대답하는 것은 저장된 기억을 활용한 것이고, 2년 전 여름에 어디를 다녀왔느냐고 질문하게 되면 대천 해수욕장이라고 대답하는 것은 시간이라는 정보를 활용한 것이다.

현세계에 살고 있는 사람들의 시간에 대한 인식은 육감을 통해 습득한 저장된 기억인 시간에 대하여 감각과 배움으로 익힌 정보인 시간에 대한 개념을 바탕으로 이루어지며, 낮과 밤, 어린 시절과 노년기 등 서로 비교되고 구분되는 차별과 대립의 절대적·수동적 시간 인식이다.

2) 상대적 시간의 흐름도 인식하는 영

영의 시간에 대한 인식은 영적 성장도에 따라 생기 에너지가 인식할 수 있는 시간에 대한 인식 단위 규모와 분할의 능력을 바탕으로 이루어지며, 운명, 삶 등 구분되지 않고 통합적인 상대적·능동적 시간 인식이다. 예로, 시간에 대한 단위 규모란 다음과 같이 설명할 수 있다.

현세계에서 일생(一生)의 삶은 사람에게는 60년이지만 하루살이에게는 1일이라고 가정한다면, 하루살이에게 1초의 시간은 사람에게는 6시간과 동일한 시간으로 단위의 규모가 설정된다.

절대적 시간의 흐름이 지배하는 현세계와는 다르게 영에게는 상대적 시간의 흐름이 지배하는데, 하루살이보다 영적으로 성숙한 사람도 일생(一生)인 60년을 긴 세월이라고 느끼듯이 사람보다 미성숙한 하루살이도 절대적 시간인 하루를 긴 세월이라고 느끼고 있다.

즉, 영에게는 절대적 시간이 아닌 상대적 시간이 흘러가는 것이다.

이와 마찬가지로 사람에게 60년은 신에게는 신의 등급에 따라 1초 또는 0.00001초가 될 수 있다.

사람의 의식이 절대적 시간인 1초 단위 시간 규모로 인식된다고 가정하면, 절대적 시간인 1초만 사는 세포가 사람과의 영적 교류로 일평생(一平生)의 미래를 알 수 있게 된다.

위와 같이 아주 높은 등급을 가진 신의 1초 단위 시간 규모의 인식은 사람에게는 10만 년 이상의 시간이 될 수도 있어, 높은 등급을 가진 신과 영적 교류를 한 사람은 아주 먼 미래까지도 예언할 수 있는 것이다.

즉, 미래를 예언할 수 있는 근본적인 원리는 4차원을 통해 미래를 다녀오는 것이 아니라 시간에 대한 인식 단위의 규모와 관련이 있는 것이었다.

참고로 신은 사람들처럼 시간에 대한 인식 단위 규모를 소유하고 있을 뿐만 아니라, 사람들에게는 없는 시간에 대한 분할 능력도 가지고 있다.

시간 분할 능력이란 상대적 시간을 절대적 시간으로 나누어 인식하고 삶에 관여할 수 있는 능력으로, 사람들은 1초만 사는 세포의 삶에 관여할 수 없지만, 신은 상대적 시간을 아주 작은 절대적 시간으로 전환하여 1초만 사는 세포의 삶에 직접 관여할 수 있다.

• 2. 시간 인식의 상대적 차이

어린 시절은 시간이 더디게 흘러가다가, 노년이 될수록 시간이 빨리 흘러가며, 행복하거나 유쾌한 사건을 겪을 때에는 시간이 빠르게 흘러가다가, 고통스러운 일이나 불행한 사건을 겪게 되면 시간이 매우 더디게 흘러간다. 이러한 시간 인식의 상대적 차이는 정보를 처리하고, 기억하면서 저장하는 영적 에너지의 사용과 직접적인 관련이 있다.

영은 물리적 시간의 인식뿐만 아니라 상대적 시간의 인식을 가지고 있는데, 이것은 영적 에너지의 사용량과 깊은 관련이 있고, 영적 에너지의 사용량은 생기 속에 경험과 지식을 바탕으로 한 정보의 습득과 저장 용량 등에 직접적인 영향을 받는다.

첫 입학식, 첫 등산 등 모든 것이 처음 겪게 되어 새롭게 기억하고 저장해야 할 것이 많은 어린 시절에는 영적 에너지를 많이 사용하게 되는데, 영은 절대적 시간의 일부를 상대적 시간으로 전환하여 영이 느끼는 시간을 더디게 흘러가게 만들고, 정보를 처리하고 기억하고 저장하는 것에만 영적 에너지를 사용하기 때문에 자신의 미래를 계획하고 생각할 수 있는 추가적인 활동 의식을 좀처럼 가질 수 없다. 부모들이 아이들에게 미래에 하고 싶은 꿈과 직업을 물어봐도 대답할 수 없는 이유다.

새로운 것이 거의 없고 저장할 것도 거의 없는 노인 시절에는 영적 에너지를 적게 사용하는데, 영이 절대적 시간의 일부를 상대적 시간으로 전환하는 일이 드물기 때문에, 시간이 빠르게 흘러간다고 느끼게 되고, 남는 영적 에너지는 자신의 미래인 죽음 후의 상황과 죽음 후에 겪게 될 사후세계에 대하여 생각하고 계획하는 데 사용한다.

노인들이 죽음 이후의 사후세계에 대하여 젊은 사람들보다 더 큰 관심을 가지고 있는 이유다.

행복한 순간인 게임을 할 때는 단순한 패턴으로 인하여 저장하고 기억할 일이 적기 때문에, 영적 에너지가 적게 사용되어 시간이 빨리 흘러간다고 느끼지만, 독서나 고통을 받을 때에는 정보를 저장하고 저장되어 있는 정보를 활용하기 위하여, 절대적 시간의 일부를 상대적 시간으로 전환하고 영적 에너지를 많이 사용하기 때문에, 시간이 느리게 흘러간다고 느끼게 된다.

빨리 어른이 되고 싶은 청소년은 단순하고 평범한 '일생생활 계획표'를 작성하여 실천하면 되고, 시간의 흐름을 멈추고 싶은 노인은 복잡하고 새로운 일로 구성된 '일상생활 계획표'를 작성하여 생활하면 된다.

종교적으로 시간의 흐름을 보는 세 가지 관점이 있는데

첫째, 신이라는 존재가 세상을 창조하고 최후의 심판을 하는 시작과 끝이 있는 직선적인 시간의 흐름으로 보는 관점.

둘째, 계절의 순환처럼 탄생-성장-소멸을 문한 반복하는 회귀적(回歸的)인 시간의 흐름으로 보는 관점.

마지막으로 불교적 시간인 무상(無常)의 개념처럼 시작과 끝이 없이 정해지지 않고, 끊임없이 변화하는 시간의 흐름으로 보는 관점이다.

책에서도 언급되어 있지만 생기는 새로 태어난 것도 아니고 소멸되는 것도 아니며, 생기를 장착한 인류는 회귀적(回歸的)으로 삶을 무한 반복한 것이 아니라, 한 번도 멈추지 않고 끊임없이 변

화한 삶을 살아왔으며, 앞으로도 살 것이기 때문에, 나는 시간의
흐름을 무상(無常)의 관점으로 본다.

제24장

신(神)내림과 영접(迎接)

　친척 형은 나에게 이제 신과의 만남을 위해 의식을 준비하는 일주일 동안, 내가 신께 간절하게 바라는 소원 한 가지만 신중하게 준비하고 있으라고 말했다. 소망하는 소원의 크기에 맞는 신의 기운이 신계 또는 영계에서 벽조목으로 단 한 번만 내려오기 때문에 소망하는 소원의 내용이 매우 중요하다는 주장이었다.

　나는 친척 형의 말을 의아하게 생각하면서 무속인들에게는 '신내림'의 형태로 신이 수시로 내려오고 있으며, '신가림'이라는 의식으로 자신이 모시고 있는 신의 등급을 수시로 상향 조정하는데, 어떻게 신의 기운이 벽조목에 단 한 번만 내려온다고 하는지 이해할 수 없다고 반문하였다.

∷ 신내림과 신가림

1. 신내림

신이 무속인의 몸에 들어와 의식을 지배하는 것을 말한다. 신이 내리면 몸에 있는 기공(氣孔)이 열리게 되어, 주변 환경의 미세한 변화에도 몸의 감각이 민감하게 반응하며, 반의식(半意識) 상태가 되어 극도로 흥분한 상태가 되거나 발작을 일으킬 수도 있다. 또한, 신내림을 받은 무속인은 보통 7가지 능력을 소유하게 된다.

1) 보고 듣지 못한 일을 귀신에게서 귀로 듣게 되는 능력.

2) 원하는 어떤 상황을 거울로 보듯이 눈으로 보는 능력.

3) 기운을 느끼고 좋고 나쁜 에너지를 감지하는 능력.

4) 꿈으로 미래에 발생할 사건을 미리 알게 되는 능력.

5) 자신의 발성 기관을 통해 영적 존재의 말을 표출하는 능력.

6) 점사를 볼 수 있는 능력.

7) 접신을 할 수 있는 능력.

2. 신가림

신가림에서의 신(神)은 신(神) 또는 신(身)의 뜻으로 쓰이며, 가림은 가리다에서 나온 말로 여럿 가운데 하나를 구별하여 고르거나 좋은 것과 나쁜 것을 분간한다는 뜻으로 크게 두 가지로 구분되어 해석되고 있다.

첫째는 신(神)을 가린다는 뜻으로 신(神)내림을 받을 때, 그들이 말하는 신령(神靈)과 함께 잘못 들어온 조상신(祖上神)이나 허주를 내 보낸다는 뜻과 내게 영감을 주는 신명(神明)들의 이름과 능력이 어떤 것인지 정확하게 구분하기 위한 의식을 말한다.

둘째는 신(身)을 가린다는 뜻으로 잘못된 생각과 의식을 버리고, 올바른

신명(神明)이 들어올 수 있도록 마음과 몸가짐을 올바르게 소유하려는 의식을 말한다.

나의 이야기를 들은 친척 형은 박장대소(손뼉을 치면서 크게 웃음)하고, 집을 뛰쳐나간 내 이성을 빨리 찾아오라고 말하면서, 다음과 같은 예를 들어 나에게 질문하였다.

국가 정무(政務)에 바쁘신 대통령이 본인이 처리하고 있던 정무를 잠시 멈추고, 갑자기 주인집에서 기르고 있던 개인 '해피'를 찾아와 개가 잠자고 있던 장소와 먹을 양식을 함께 나누어 먹고 살면서 가르침을 주어야 하는 사유가 있느냐고 나에게 물었다(당시 나는 월세로 살았고 집주인이 기르던 큰 개 이름은 '해피'였다).

내가 그렇게 할 사유가 없다고 대답하자, 친척 형은 대통령과 '해피' 사이의 영적 차이보다 신과 사람 사이의 영적 차이가 훨씬 크다고 말하면서, 온 세상이 이미 신이 다스리는 법당(法堂)이며, 신의 소유물인데 온 세상을 위해 처리하던 정무를 그만두고 한 사람에게 내려올 이유가 있겠느냐고 말해 주었다.

영능력자, 종교가, 무속인들에게 내려왔다는 신이라는 존재는 결코 진짜 신이 아니라 영계나 사후세계에 존재하는 힘이 센 영이나 영혼일 뿐이라고 주장하였다.

그 예로 신을 만나 전수받았다는 내용들이 굉장히 부실하여 사랑, 해탈, 홍익 정신 등 구체적이지 않고 막연한 이야기로, 많은 사람들에

310

게 영적 세계에 대한 궁금증을 해결시키기보다는 세상이 운행되는 원리를 이해하기조차 어렵게 만들고 있다고 주장하였다.

그 이유는 진짜 신을 만나 본 것이 아니라, 신이 되고 싶다는 욕망을 가지고 신을 모방하면서 영계나 사후세계에 오랫동안 살고 있었던 영이나 영혼들이 알려준 내용이기 때문에, 스스로도 신세계뿐만 아니라 심지어는 세상을 움직이는 운행 원리조차도 전혀 알지 못하기 때문에, 현세계에 살고 있는 사람들에게 설명할 수 없다는 것이다.

또한, 신이라는 존재가 세상에 살고 있는 많은 사람들 중 특정한 사람을 지목하여 내려온 명확한 이유를 밝힐 수 없는 이유뿐만 아니라, 신내림을 받는 사람조차도 어떤 사유로 자신이 원하지 않는데 신을 만나거나 받아야 하는지를 전혀 모르면서, 일생(一生)을 마감하는 이유가 처음부터 진실의 만남이 아닌 거짓된 속임수의 만남이기 때문이라는 것이다.

나에게 벽조목를 활용하여 소원을 빌 때 내려오는 것은 신이 아닌 신의 기운이지만, 이 기운으로 나중에 신과 직접 만남을 가지게 될 것이며, 지금부터 시작된 담금질이 10년 후에 끝날 때는 자연스럽게 나에 대한 비밀들과 신들에게서 내가 받은 수기(秀氣)를 모두 알게 될 것이라고 말해 주었다.

친척 형의 말을 다 들은 나는 일주일 동안 소망하는 소원의 내용을 신중하게 고민한 후 한 가지를 선택하였다.

에피소드 : 영적 노예계약의 체결인 신(神)내림과 영접(迎接)

　현세계에 살고 있는 사람들도 다른 사람들을 지배하고 싶은 욕망과 자신의 허드렛일을 담당할 사람들을 소유하고 싶은 욕망으로 노예제도를 만들어 운영하고 있다.

　영계나 사후세계에 존재하는 영들과 영혼들도 현세계에서 삶을 살고 있다가 영계나 사후세계에 새로 진입하고 있는 어리고 나약한 영들을 자신의 노예처럼 부리고 싶어 하는 욕망이 엄청나게 강하다.

　현세계에서 존재하는 노예 계약은 주로 상호간 의사의 합치인 문서로 작성되는 자의적인 방법과 상호간 의사와는 전혀 상관없이 전쟁 포로나 납치 등 문서 등의 형식이 필요하지 않는 타의적인 계약 형태가 있으며, 노예 계약을 인정하는 나라에서는 계약의 불법성에 대하여 직접 관여하지 않는다.

　영계나 사후세계에 존재하는 노예 계약도 자의적인 방법의 노예 계약과 타의적인 방법의 노예 계약으로 나누어지며 사람들에게 자유의지를 부여한 신은 계약의 불법성에 대하여 직접 관여하지 않는다.

　영계나 사후세계에 존재하는 자의적인 노예 계약은 종교령들에 의하여 자행되는데, 영적 전쟁 없이 말씀이라는 교화의 형태로 자신의 영혼을 버리고 자신들이 믿는 종교의 신을 영접하여 신을 자신의 주인으로 섬기는 삶을 살라는 계약이다.

　타의적인 노예 계약은 무속령들에게 의하여 신내림의 형식으로 자행되는데, 말씀이라는 교화의 형태보다는 신병 등 영적 전쟁의 형태로 자신의 영혼을 버리고 무속령을 신으로 믿고 강제적으로 따르게 만드는 계약이다.

종교령에 의하여 자의적인 노예 계약을 체결한 영은 자기 스스로 계약을 해지하기 전까지 영계의 정화되지 않는 장소인 종교령이 지배하는 종교 집단 거주지에서 무한한 삶을 노예로 살아가게 되며, 무속령에 의하여 타의적인 노예 계약을 체결한 영은 자기 스스로 계약을 해지하기 전까지 사후세계에 남아 무속령의 지배를 받으며 무한한 삶을 노예로 살아가게 된다.

현세계에서도 노예 계약은 후손들에게 영향을 미치는 대물림의 계약인 것처럼, 영계나 사후세계에서의 노예 계약도 후손들에게 영향을 미치는 대물림의 계약으로 선조의 한쪽이 특정 종교가이면 노예 계약에 의하여 후손도 특정 종교가가 되기 쉽고, 선조의 한쪽이 무속인이면 노예 계약에 의하여 후손도 무속인이 되기 쉽다.

노예와 같은 동물인 강아지를 양육할 때는 목줄 없이 방임하여 기르다가, 의식이 성숙한 개로 성장하게 되면, 자신이 소유한 물건인 개가 가출할 것을 염려하여, 개의 목에 목줄을 걸게 되듯이, 노예 계약이 체결된 영이 아무것도 모르는 어린아이 시절에는 신이 찾아오지 않다가 의식이 성장한 성인이 되면 직접 찾아와 목에 노예 계약의 목줄을 거는 것이다.

현세계와 사후세계는 영적 교류가 활발한 반면 현세계와 영계는 영적 교류가 이루어지기 상당히 어렵다.

이런 사유로 무속령이 지배하는 사후세계에 남아 있던 조상령들은 자신의 후손이 노예 계약을 체결하는 신내림을 받기 전까지 무속인이 되는 것을 만류하면서 슬피 울며, 무의식적으로 이런 사실을 알고 있는 무속인의 영도 신내림을 받는 기쁨보다는 서러움이 밀려오는 것이다.

현세계와 영적 교류가 거의 이루어지지 않는 종교령이 지배하는 영계에서도 조상령들은 자신의 후손이 노예 계약을 체결하는 영접을 하기 전까지 만류하면서 슬피 울고 있지만, 무속인의 신내림 과정처럼 우리들의 눈에는 보이지도 않고 들리지도 않는 것이다.

조상령들이 후손들에게 신내림이나 영접을 만류하면서 슬피 우는 사유는 본래 신계에서 온 신인 우리가 노예 계약을 체결하여 타인의 영에게 자신의 의식을 빼앗기고, 윤회하게 된 본래 목적도 잃어버려 영생[영(靈)을 깨치고 신(神)이 되지 못하는 무한한 영(靈)적 삶-고통이 수반한다.]만을 살아야 하기 때문이며, 노예 계약을 체결한 자손들에게 태어난 후손들 또한 노예의 삶을 살 수 있기 때문이다.

그러나 더욱 불행한 사실은 신내림과 영접이라는 노예 계약을 조상이 자신의 후손들에게, 부모가 자신의 자녀들에게 대대손손 집안에 내려오는 전통 교육이라는 명목으로 직접 체결하고 이어 주고 있다는 사실이다.

우리를 이 세상에 보낸 진짜 부모인 신은 자녀의 신인 우리가 자신의 의식을 잃어버리기를 바라거나, 다른 자녀의 노예가 되기를 바라지 않는다. 그러나 진짜 부모의 신이 사악한 종교령이나 무속령을 내치지 못하는 이유는 그들도 진짜 신들에게는 무엇과도 바꿀 수 없는 마음 아픈 또 다른 소중한 자녀이기 때문이다.

그런 연유로 노예 계약을 체결한 영은 누구의 도움 없이 스스로 깨달아 영적인 노예 계약을 스스로 해지하고, 본연의 의식을 가진 참다운 삶을 살아야 한다.

마지막으로 자의 또는 타의에 의한 노예화를 반대한 로크의 말로 신내림과 영접 행위를 나는 절대적으로 반대하고자 한다.

'나의 동의 없이 나를 그의 절대적이고 자의적인 권력하에 두고자 하는 것'에 맞서 그를 공격하거나 죽여서 자신을 보존할 권리가 있음을 천명하는 동시에 자발적으로 자신을 타인의 노예로 삼으려는 권리가 없음을 입증한다. - 로크 -

전쟁의 서막
신과의
만남 ㊤

초판 1쇄   2017년 10월 10일

지은이   진상현
그림   경도은
발행인   김재홍
교정·교열   김진섭
마케팅   이연실

발행처   도서출판 지식공감
등록번호   제396-2012-000018호
주소   경기도 고양시 일산동구 견달산로225번길 112
전화   02-3141-2700
팩스   02-322-3089
홈페이지   www.bookdaum.com

가격   20,000원
ISBN   979-11-5622-312-2 04100
SET ISBN   979-11-5622-311-5 04100

CIP제어번호   CIP2017023558
이 도서의 국립중앙도서관 출판예정도서목록(CIP)은 서지정보유통지원시스템 홈페이지(http://seoji.nl.go.kr)
와 국가자료공동목록시스템(http://www.nl.go.kr/kolisnet)에서 이용하실 수 있습니다.

당신은 신(神)을 만나 보았는가?

‥‥

공포는 청량열차가 되고,

전쟁은 망부석이 되며,

죽음은 또 하나의 새싹이 되네.

아름답다 정도령(正道靈)

대지(大地)는 소통(流通)하고

하늘은 동화(同和)되네.